beck'sche reihe

W0094396

b sr

Schon vor Jahrhunderten bildete sich in England ein Humor aus, dessen typisches Merkmal die Respektlosigkeit gegenüber jeglicher Autorität ist. Manche Charakterzüge dieses Humors können geradezu als nationaltypisch gelten. Dazu zählen Exzentrik, Wortwitz, Nonsens und schwarzer Humor. Hans-Dieter Gelfert führt in seinem vergnüglichen Buch anhand einer Vielzahl von Beispielen und Illustrationen durch die Kulturgeschichte des englischen Humors. Das Buch macht verständlich, weshalb Engländer lieber mit dem Störenfried gegen die Ordnung lachen, während der deutsche Gemütlichkeitshumor das genaue Gegenteil tut.

Hans-Dieter Gelfert war Professor für Anglistik an der Freien Universität Berlin; er lebt jetzt als freier Schriftsteller und Übersetzer in Berlin. In der Beck'schen Reihe ist von ihm lieferbar: *Kleine Geschichte der englischen Literatur* (²2005), *Kleine Kulturgeschichte Großbritanniens* (1999), *Shakespeare* (2000), *Englisch mit Aha!* (2003), *Typisch englisch* (⁵2005), *Typisch amerikanisch* (³2006), *Was ist Deutsch?* (2005), *Was ist gute Literatur?* (²2006).

Hans-Dieter Gelfert

Madam I'm Adam

Eine Kulturgeschichte
des englischen Humors

Verlag C. H. Beck

Originalausgabe

© Verlag C. H. Beck oHG, München 2007
Gesamtherstellung: Druckerei C. H. Beck, Nördlingen
Umschlagentwurf: +malsy, Willich
Umschlagabbildung: Jussi Steudle
Printed in Germany
978 3 406 54795 9

www.beck.de

Inhalt

Anhang

> When Adam delved and Eve span,
> Who was then a gentleman?
> Als Adam grub und Eva spann,
> wer war da ein Edelmann?

Dieser Vers, mit dem nach Auskunft der *Historia Anglicana* von Thomas Walsingham der Bauernführer John Ball 1381 bei Blackheath seine Zuhörer zur Rebellion aufrief, zieht sich wie ein heimliches Motto durch die englische Sozialgeschichte. Bei Shakespeare wiederholt der Totengräber in *Hamlet* den Gedanken, wenn er sagt: «Es gibt keinen älteren Adel als den von Gärtnern, Erdarbeitern und Totengräbern – sie üben Adams Beruf aus.» Für Engländer gehören diese Assoziationen zum kulturhistorischen Echo, das die Erwähnung Adams weckt, wie hier in dem Palindrom *Madam I'm Adam*. Nichtbriten werden darin – vorwärts und rückwärts gelesen ergibt sich das Gleiche – nur ein Wortspiel sehen, wie man es auch in anderen Sprachen findet. Wenn sie aber auf einem Cartoon einen nackten Mann mit Regenschirm und Melone sehen, der eine Teetasse hebt und dem Sektglas einer Dame im Abendkleid zuprostet, wissen sie: das kann nur ein Engländer sein. Dabei ist das Englischste an dem Herrn die gleichmütige Selbstverständlichkeit, mit der er sich im Adamskostüm zeigt. Was in anderen Ländern eher Anlass von Peinlichkeit ist, gilt in England als Ausdruck von Humor.

Englischer Humor ist – wie französischer Esprit und deutsche Gemütlichkeit – eine nationale Eigenheit, die international zu einem festen Begriff geworden ist. Einen Vergleich dieses Markenartikels mit seinem deutschen Pendant unternahm in der Beck'schen Reihe bereits das Buch *Max und Monty. Kleine Ge-*

schichte des deutschen und englischen Humors (1998). Anstelle einer Neuauflage hat das vorliegende Buch die Monty-Hälfte zu einer umfassenderen Betrachtung des englischen Humors ausgeweitet. Leser des Vorgängers werden einen Teil des Textes wiedererkennen. Der andere Teil will das Bild des englischen Humors so weit vervollständigen, dass alle seine charakteristischen Merkmale sichtbar werden und darüber hinaus verständlich wird, warum er so ist, wie er ist. Deshalb ist das Buch je zur Hälfte den Wesenszügen und der Kultur- und Sozialgeschichte seines Gegenstands gewidmet. Auch von der zweiten Hälfte ist manches sinngemäß schon in einem früheren Buch unter dem Titel *Typisch englisch. Wie die Briten wurden, was sie sind* angedeutet oder ausgeführt worden. Dort gab es bereits ein Kapitel über den englischen Humor, aus dessen Knospe sich jene Hälfte von *Max und Monty* entfaltete, die nun zur vorliegenden Frucht gereift ist. Um auch der Max-Hälfte ein kurzes Comeback zu gewähren, wurde sie in Kürzestfassung in das Schlusskapitel eingearbeitet. Dass im Humor etwas von dem zum Vorschein kommt, was im christlichen Abendland als ‹alter Adam› bezeichnet wurde, ist offensichtlich. Schließlich hielt es selbst die Kirche für angebracht, diesem eingesperrten Wesen vor Beginn der Fastenzeit noch einmal freien Lauf zu lassen. England hat keinen Karneval, dafür aber einen Humor, der das ganze Jahr über adamitische Züge trägt. Weshalb sich hier der alte Adam so früh, so kontinuierlich und in so ausgeprägter Form Luft macht, ist Gegenstand der folgenden Untersuchung.

Einleitung: *The Importance of Not Being Earnest*

Es wird furchtbar viel Quatsch erzählt über den «englischen Sinn für Humor». Darunter sind patriotische Versuche, die beweisen wollen, dass unser Sinn für Humor irgendwie einzigartig und allen anderen überlegen ist. Viele Engländer scheinen zu glauben, dass wir eine Art Weltmonopol, wenn schon nicht auf den Humor selbst, so doch wenigstens auf bestimmte «Arten» haben - nämlich auf die hochklassigen wie Witz und besonders Ironie. Meine Untersuchungsergebnisse zeigen, dass - auch wenn es tatsächlich etwas Besonderes am englischen Humor geben mag - das eigentlich «definierende Charakteristikum» der Wert ist, den wir dem Humor beimessen, seine zentrale Bedeutung in der englischen Kultur und gesellschaftlichen Interaktion.

Dies schreibt die Anthropologin Kate Fox in ihrem Buch *Watching the English. The Hidden Rules of English Behaviour* (2004), worin sie ihre Landsleute wie die Bewohner eines neu entdeckten Kontinents betrachtet und die Regeln ihres Verhaltens aufzudecken versucht. Gleich im ersten Teil, der den Konversationscodes gewidmet ist, nimmt die Erörterung der «Humorregeln» den größten Raum ein. Diese lassen sich ihrer Meinung nach auf eine einzige Basisregel zurückführen, auf *the importance of not being earnest*, «die Wichtigkeit nicht ernst zu sein».

Wer auch nur für kurze Zeit unter Engländern gelebt hat, weiß, dass sie ein geradezu zwanghaftes Bedürfnis haben, alles, und sei es noch so ernst, mit einem ironischen, spöttischen oder auch nur albernen Kommentar von sich abzurücken, so als wollten sie durch ihren Unernst zeigen, dass der Ernst des Lebens sie nicht tangiert. Die meisten Engländer sehen diese Haltung positiv und fühlen sich, auch wenn nur wenige dies offen aussprechen würden, dadurch anderen Nationen, zumal den ihrer Meinung nach humorlosen Deutschen, überlegen. Es hat aber auch immer wieder britische Intellektuelle gegeben, die in der vermeintlichen Tugend eher eine Untugend sahen. So forderte der Publizist Paul Binding in der Magazinbeilage der Zeitung *The Independent* vom 11. September 1993 seine Landsleute auf, den Götzen Humor vom Sockel zu stoßen. Er schrieb dort:

Der Humor muss von der Position entthront werden, die er in der englischen Kultur einnimmt. Er ist etwas Nebensächliches, bestenfalls ein (moralisch oft fragwürdiges) Trostpflaster; er ist die Sauce zum Gericht, und eine, die man höchst sparsam verwenden sollte.

Dass die Engländer ein besonderes Verhältnis zum Humor haben, wird schon durch die Wortgeschichte nahegelegt. Zwar stammt das Wort aus dem Lateinischen und kam über das Französische ins Englische, doch seine heutige Bedeutung bildete sich erst auf der Insel aus. Das lateinische *humor* bedeutet ‹Feuchtigkeit› und bezeichnete in der antiken und mittelalterlichen Temperamentenlehre die vier Körperflüssigkeiten Blut, Lymphe, gelbe Galle und schwarze Galle, deren Mischungsverhältnis, wie man glaubte, die vier Temperamente - das sanguinische, phlegmatische, cholerische und melancholische - bestimmte. Immer dann, wenn das Gleichgewicht der Säfte gestört sei und ein *humor* dominiere, entstehe ein besonders launisches Temperament. ‹Laune› ist deshalb die Bedeutung, die das französische Wort *humeur* annahm und noch heute hat. Als im 18. Jahrhundert das englische Wort *humour* die heutige Bedeutung erhielt, übersetzten die Franzosen es zunächst mit *humeur*, gingen aber bald dazu über, das englische *humour* zu verwenden. Noch im 19. Jahrhundert sah Hippolyte Taine im Humor etwas spezifisch Englisches, das den Franzosen fremd sei. In seiner *Histoire de la littérature anglaise (Geschichte der englischen Literatur)* findet sich die folgende, nicht eben schmeichelhafte Aussage über die englische Mentalität:

Diese Denkweise produziert «humour» - ein Wort, das sich nicht ins Französische übersetzen lässt, da wir die Sache nicht haben. «Humour» ist die Art von Talent, die ausreichen mag, um die teutonischen Rassen, die Männer des Nordens, zu amüsieren; sie passt zu ihrer Intelligenz, so wie Bier und Brandy zu ihren Gaumen. Für Menschen einer anderen Rasse ist sie unangenehm; unsere Nerven finden sie zu scharf und bitter.

Obwohl die heutige Bedeutung von *humour* auch in England spät aufkam und sich erst im 18. Jahrhundert verfestigte, war die bezeichnete Sache lange vorher etwas, das der englischen Kultur eine charakteristische Würze gab. Schon im Mittelalter wurde den Engländern Humor attestiert. Allerdings sind die Urteile hier nicht einhellig. So zitiert William Ralph Inge, der Dekan der St. Paul's Kathedrale, in seinem Buch *England* (1926) den folgenden Satz aus der um die Mitte des 12. Jahrhunderts geschriebenen *Historia Anglorum* des Henry of Huntington: *Anglia plena iocis, gens libera, digna iocari* (England ist voll von Späßen; das Volk ist freimütig, bereit zu scherzen). Das Gegenteil behauptet ein lateinischer Satz, den J. B. Priestley in seinem Buch *English Humour* (1929) aus ungenannter Quelle als mittelalterliches Sprichwort anführt: *Anglica gens est optima flens et pessima ridens* (Das englische Volk ist das beste im Weinen und das schlechteste im Lachen). Ähnlich widersprüchliche Aussagen gab es auch später noch. So bezeichnet der amerikanische Dichterphilosoph Ralph Waldo Emerson in seiner Schrift *English Traits* die Engländer als *morose* (trübsinnig). Auch der Engländer William Hazlitt brachte dem Humor im Allgemeinen und dem englischen im Besonderen nur mäßige Wertschätzung entgegen, wenn er z. B. sagte, dass ein «gewisses Maß an Barbarität und Ungehobeltheit notwendig für die Perfektionierung des Humors» sei. Das hinderte ihn aber nicht, Falstaff zu vergöttern und öffentliche *Lectures on the English Comic Writers* (1818) zu halten.

Alles in allem lässt sich aber sagen, dass die meisten Autoren, die sich über den englischen Humor äußerten, spätestens seit dem

18. Jahrhundert darin eine typische Eigenschaft der Inselbewohner sahen. Doch selbst wenn die Qualität des englischen Humors seitdem die gleiche geblieben sein sollte, scheint es mit der Quantität nicht mehr zum Besten zu stehen, ging doch 2005 eine Meldung durch die Presse, wonach das tägliche Lachen der Briten von 18 Minuten in den 1950er Jahren auf sechs Minuten gesunken sein soll. Zweifel am englischen Humor weckt auch George Mikes, der sein Buch *English Humour for Beginners* (1980) mit dem Satz beginnt: «Der englische Humor gleicht dem Ungeheuer von Loch Ness, insofern beide berühmt sind und bei beiden der Verdacht besteht, dass sie gar nicht existieren». Doch dann fährt er fort: «Hier endet die Ähnlichkeit; denn das Ungeheuer von Loch Ness scheint ein sanftes Untier zu sein, das niemand etwas zuleide tut, während der englische Humor grausam ist». Mikes, ein gebürtiger Ungar, der als naturalisierter Brite selber viel zum englischen Humor beitrug, schreibt diesem außer der Grausamkeit noch zwei weitere Eigenschaften zu: das Lachen über sich selbst und das Understatement. Ist die Anzahl der typischen Merkmale damit erschöpft? Was ist überhaupt Humor? Wie und warum hat er sich in England so entwickelt? Diesen Fragen wird die folgende Untersuchung nachgehen, unentmutigt durch den Satz, mit dem Mikes sein Buch beschließt:

Der englische Sinn für Humor ist die wunderbarste Sache, auf die eine Nation stolz sein kann; wenn Großbritannien als führende Industrienation überleben will, muss es ihn unverzüglich loswerden.

I. WAS IST HUMOR?

«Humor ist, wenn man trotzdem lacht.» Dieses Motto, das Otto Julius Bierbaum seinem Erzählband *Die Yankeedoodle-Fahrt und andere Reisegeschichten* (1909) voranstellte, dürfte bei Deutschen noch immer die meistzitierte Definition sein. Wenn sie auch nicht durch Scharfsinn besticht, enthält sie doch zwei wesentliche Bestimmungsmerkmale, die man spontan mit Humor verbindet. Erstens hat er etwas mit Lachen zu tun, und zweitens bezeichnet er eine Disposition, selbst da noch zu lachen, wo humorlosen Menschen das Lachen vergeht. Dabei hat das zweite ein deutliches Übergewicht; denn spätestens seit den theoretischen Debatten, die im 18. Jahrhundert darüber geführt wurden, herrscht weitgehend Einverständnis dahingehend, dass der Humor eine Haltung der Welt gegenüber ist, während das Lachen bloß eine reflexhafte Reaktion auf bestimmte Lachreize darstellt. Ein Versuch, dem Phänomen wissenschaftlich beizukommen, muss darum mit einer Analyse des Lachens beginnen und danach zeigen, worin sich der Humor vom bloßen Lachreflex unterscheidet.

Das Lachen

Lachen und Weinen sind Reaktionen, die nur beim Menschen auftreten. Verhaltensbiologen haben zwar auch bei Primaten mimische Signale beobachtet, die man als Lächeln ansehen könnte, und gewisse Reflexe bei ihnen lassen sich als Vorformen des Lachens deuten; doch spontanes herzhaftes Gelächter ist bisher noch bei keinem Tier beobachtet worden. Charles Darwin beschreibt den Lachvorgang so:

Die Lachlaute werden dadurch hervorgerufen, daß auf ein tiefes Einatmen kurze, unterbrochene, krampfartige Kontraktionen des Brustkorbs und besonders des Zwerchfells folgen …, der Mund ist mehr oder weniger weit geöffnet, die Mundwinkel weit zurück und ein wenig nach oben gezogen, und die Oberlippe ist etwas angehoben.

Das Zitat beschreibt den physischen Ablauf des Lachreflexes, sagt aber nichts über seine psychische Funktion. Da kommt Kants berühmte Definition der Sache schon näher: «Das Lachen ist ein Affekt aus der plötzlichen Verwandlung einer gespannten Erwartung in nichts.» Der kurze Satz enthält drei wesentliche Bestimmungsmerkmale: das Plötzliche, die Spannung und deren Auflösung in nichts. Offensichtlich ist das Lachen ein Vorgang, bei dem sich psychische Spannung durch körperliche Konvulsionen reflexhaft löst. Nur zwei andere Vorgänge dieser Art werden am gesunden menschlichen Organismus beobachtet, das Schluchzen und der Orgasmus, wobei letzterer zu einem beträchtlichen Teil physiologisch bestimmt ist und darum wie das Niesen und Gähnen auch bei Tieren vorkommt, während das Schluchzen ein psychisches und darum spezifisch menschliches Phänomen ist. Das legt die Vermutung nahe, dass Lachen und Weinen etwas mit den kognitiven Fähigkeiten des Menschen zu tun haben.

Psychische Spannung kann sich positiv als Erwartung und negativ als Befürchtung darstellen. Wenn das Schluchzen und der Orgasmus zwei spannungslösende Reflexe sind, löst der erste eine Befürchtungsspannung, der zweite eine Erwartungsspannung, nachdem das Befürchtete bzw. Erwartete eingetreten ist. Wenn das Befürchtete aber nicht und das positiv Erwartete auf eine unerwartete Weise eintritt, wird die zur Bewältigung der Situation aufgebaute Spannung überschüssig und muss durch eine Ersatzhandlung abreagiert werden. Eine solche Ersatzhandlung scheint das Lachen zu sein, das sich demnach in zwei Richtungen äußern kann: im ersten Fall als erleichtertes, im zweiten als überraschtbefriedigtes Lachen. Alles, was psychische Spannung hervorruft, kann Anlass für Gelächter sein, vorausgesetzt, die Spannung bleibt unterhalb der Schwelle, jenseits derer sie nicht mehr lachend abreagiert werden kann, sondern ernsthaft verarbeitet werden muss.

Die weitaus meisten Lachanlässe treten auf, wenn an den «Schutzwällen» der Psyche – an der Ekel-, Scham- und Angstschranke – Abwehrspannung aufgebaut wird. Wenn sich dann aber herausstellt, dass es ein falscher Alarm war, wird die überschüssig gewordene Energie durch Lachen abreagiert. Nietzsche gibt dafür die folgende Erklärung:

Wenn man erwägt, dass der Mensch manche hunderttausend Jahre lang ein im höchsten Grade der Furcht zugängliches Thier war und dass alles Plötzliche, Unerwartete ihn kampfbereit, vielleicht todesbereit sein hiess, ja dass selbst später, in socialen Verhältnissen, alle Sicherheit auf dem Erwarteten, auf dem Herkommen in Meinung und Thätigkeit beruhte, so darf man sich nicht wundern, dass bei allem Plötzlichen, Unerwarteten in Wort und That, wenn es o h n e Gefahr und Schaden hereinbricht, der Mensch ausgelassen wird, in's Gegentheil der Furcht übergeht: das vor Angst zitternde, zusammengekrümmte Wesen schnellt empor, entfaltet sich weit, der Mensch lacht. Dieser Uebergang aus momentaner Angst in kurz dauernden Uebermuth nennt man das Komische.

Wenn es richtig ist, dass sich im Lachen eine überschüssige Erwartungs- oder Befürchtungsspannung entlädt, warum lachen dann die höheren Tiere nicht, die doch ebenfalls solche Situationen erleben? Offensichtlich ist dazu die kognitive Fähigkeit erforderlich, das Erwartete oder Befürchtete nicht bloß als ein ungewiss Bevorstehendes zu ahnen, sondern es sich mit möglichen ernsthaften Folgen vorzustellen. Erweist sich die Situation dann aber als harmlos, bricht die Vorstellung gewissermaßen zusammen und setzt die Spannung als Lachenergie frei. Gestützt wird diese Erklärung durch die Tatsache, dass die meisten Lachanlässe gar keine physischen Bedrohungen sind, sondern solche, die eine bloß seelische Verletzung befürchten lassen, weil sie die Scham- und Ekelschranke tangieren. Wenn diese Schranke zusätzlich durch ein Tabu verstärkt wird, ruft die Antizipation einer Verletzung eine besonders starke Abwehr hervor. Gesellschaftlich aufgerichtete Tabus sind sehr viel empfindlicher als die natürlichen Schranken, die nur auf reale Stimuli reagieren. Bei Tabus kann schon die bloße Vorstellung einer Verletzung die Psyche in Alarmzustand versetzen. Deshalb sind sie die ergiebigste Lachquelle. Über nichts wird so gern und so herzhaft gelacht wie über Anzüglichkeiten, die sich auf die tabuisierte Sexual- und Fäkalsphäre beziehen. Selbst eine tatsächliche Verletzung des Tabus kann meist noch durch ein betretenes Lachen abreagiert werden, jedenfalls in den europäischen Kulturen, wo Tabus nicht so stark verinnerlicht sind, dass ein Verstoß gegen sie zum plötzlichen Tod durch Nierenschock führen kann, wie das in polynesischen Kulturen beobachtet wurde.

Wenn das Lachen eine Spannung auflöst, muss am Anfang eine höhere und am Ende ein geringere bestehen. Ein freies, ungehemmtes Lachen endet gewöhnlich auf der Null-Ebene, dem kantischen «Nichts». Das Intervall zwischen dem antizipierten Ernst und dem erkannten Unernst einer Situation ist gewissermaßen die Energiequelle für den Lachreflex. Nicht nur Befürchtetes, sondern alles, was vom entspannten Normalzustand abweicht, ruft im Wahrnehmenden Spannung hervor. Beruht die Abweichung auf Schein, vergrößert sich das Intervall, da die Auflösung des vermuteten Ernstes sich durch das Erkennen der Täuschung gewissermaßen noch unter die Ebene der Realität fortsetzt. Was sehr theoretisch klingt, lässt sich leicht durch ein praktisches Beispiel illustrieren: Wenn wir einen Menschen mit grotesk zuckenden Bewegungen sehen, werden wir befürchten, dass es sich um einen Spastiker handelt, dem wir unser ernsthaftes Mitgefühl entgegenbringen. Sehen wir dann aber, dass er sich gegen einen Mückenschwarm wehrt, werden wir erleichtert lächeln oder lachen. Handelt es sich jedoch um einen Komiker, der den Kampf mit dem Mückenschwarm nur simuliert, werden wir noch bereitwilliger lachen, da hier nicht einmal die tatsächliche Belästigung durch die

Mücken vorliegt und wir uns durch reine Komik amüsieren lassen. Etwas anders werden wir reagieren, wenn der Komiker einen
spastisch Gelähmten imitiert. Das wird uns wohl auch zum Lachen
reizen, da es sich um etwas bloß Simuliertes und damit Unernstes
handelt; gleichzeitig wird uns aber ein Gefühl von Peinlichkeit
beschleichen, da uns unsere gute Erziehung sagt, dass wir über ein
Gebrechen anderer Menschen nicht lachen sollten. Denkbar wäre
als letzte Variante, dass der Komiker einen Menschen parodiert,
den wir aus guten Gründen nicht mögen und der, ohne spastisch
gelähmt zu sein, zu grotesken Bewegungen neigt. In diesem Fall
würden wir aus reiner Schadenfreude lachen. Die Skala reicht
demnach vom bloß erleichterten über das amüsierte hin zum be-
tretenen und zuletzt zum schadenfrohen Lachen.

Witz, Komik und Humor

Wir stehen nun am Ende unserer Aufgabe, nachdem wir den Mechanismus
der humoristischen Lust auf eine analoge Formel zurückgeführt haben wie
für die komische Lust und den Witz. Die Lust des Witzes schien uns aus erspartem Hemmungsaufwand hervorzugehen, die der Komik aus erspartem
Vorstellungs(Besetzungs)aufwand, und die des Humors aus erspartem
Gefühlsaufwand. In allen drei Arbeitsweisen unseres seelischen Apparats
stammt die Lust von einer Einsparung; alle drei kommen darin überein, daß
sie Methoden darstellen, um aus der seelischen Tätigkeit eine Lust wieder-
zugewinnen, welche eigentlich erst durch die Entwicklung dieser Tätigkeit
verlorengegangen ist. Denn die Euphorie, welche wir auf diesen Wegen zu
erreichen streben, ist nichts anderes als die Stimmung einer Lebenszeit, in
welcher wir unsere psychische Arbeit überhaupt mit geringem Aufwand zu
bestreiten pflegten, die Stimmung unserer Kindheit, in der wir das Komische nicht kannten, des Witzes nicht fähig waren und den Humor nicht
brauchten, um uns im Leben glücklich zu fühlen.

Mit diesen Worten fasst Freud das Ergebnis seiner scharfsinnigen Studie über den Witz zusammen, in der er im Jahre 1905 als einer der Ersten konsequent das Funktionieren von Komik als Entlastung des psychischen Energiehaushalts deutet. Allerdings sieht er diese Entlastung ausschließlich im Bereich der Libido. Sein Modell von Hemmung und Freisetzung des «ersparten Aufwands» lässt sich aber auf jede andere Form von psychischer Spannung übertragen. Witze werden grundsätzlich kognitiv wahrgenommen; denn sie müssen verstanden werden. Ihr Medium ist ein Zeichensystem, das dekodiert werden muss. In der Regel ist es die Sprache, es kann aber auch die Bildersprache von Karikaturen sein. Witze rufen im Hörer oder Leser eine fehlgeleitete Erwartungs- oder Befürchtungsspannung hervor, die danach durch eine unerwartete Pointe gelöst wird. Dass Freud den libidinösen Aspekt zu sehr betont, lehrt schon ein flüchtiger Blick auf den großen Bereich der politischen Witze und den noch größeren der reinen Sprachspiele. Bei beiden geht es nicht um die Aufhebung einer Hemmung der Libido, sondern im ersten Fall um politische Unterdrückung und im zweiten um den Zwang zu vernünftiger Kommunikation. Alle psychischen Strebungen – neben den sexuellen Wünschen auch das Verlangen nach Status, Anerkennung, Macht und Freiheit – und die entsprechenden Verlust- und Verletzungsängste kann der Witz als Sprengstoff für die Explosion des Lachens nutzen. Doch der Zünder ist immer ein kognitiver; denn nur wer die Pointe versteht, kann darüber lachen. Deshalb sind Kinder selten in der Lage, Witze zu verstehen. Wenn sie sich welche erzählen, reduzieren sie sie auf einen komischen Vorgang, über den sie dann lachen; denn für Komik sind sie, entgegen der Annahme Freuds, durchaus empfänglich, in vielen Fällen sogar empfänglicher als Erwachsene.

Während der Witz sich auf der semantischen Ebene des Dekodierens von Zeichen abspielt, stellt sich Komik auf der Ebene der Vorstellung von Erscheinungen dar. Alle komischen Sachverhalte lassen sich in irgendeiner Form als semiotische Inkongruenzen erklären, die in der Abweichung von der erwarteten Normalform eines Erscheinungsbildes bestehen. Deshalb wird jede groteske Verzerrung als komisch empfunden, vorausgesetzt, sie verletzt weder das Moralgefühl noch den guten Geschmack. Das erste ist der Fall, wenn es sich um eine real existierende, nicht korrigierbare Abweichung von der gesunden Normalität handelt; das zweite, wenn eine bloß simulierte Abweichung so extrem ist, dass sie als platt oder übertrieben empfunden wird.

Weder das Verstehen von Witzen noch das Reagieren auf Komik hat notwendigerweise etwas mit Humor zu tun. Es gibt humorlose Menschen, die über jeden Scherz, solange er auf Kosten anderer geht, in brüllendes Gelächter ausbrechen. Was ist dann Humor? Auch der Humor löst psychische Spannung auf, aber es ist eine, die weder auf semantischer noch auf semiotischer, sondern auf einer existenziell erlebten Inkongruenz beruht. Humor ist die Fähigkeit, den tatsächlichen Ernst einer Situation nicht gar so ernst zu nehmen oder – wie im Fall des Galgenhumors – den Ernst bewusst zu ignorieren. Freud meinte, dass der Mensch in der durch Witz, Komik und Humor ausgelösten Lust einen Ersatz für das Glück der verlorenen Kindheit sucht. Doch im Kindesalter ist der Mensch dem Tier noch sehr nahe. Kinder erleben jede positive Überraschung mit intensiver Lust, aber auch jede negative mit grenzenloser Enttäuschung und Traurigkeit. Daneben haben sie allerdings eine Welt, in der sich alle Spannungen durch die bloße Kraft der Vorstellung auflösen lassen: das Spiel. Das ist das Paradies, das die Erwachsenen verloren haben. Bei deren Spielen geht es fast immer um Gewinn oder Verlust, um Sieg oder Niederlage. Doch stehen ihnen als Ersatz zwei andere Bereiche offen: die Kunst, die den Ernst des Lebens in eine «heitere» Sphäre überführt, und der Humor, der dazu befähigt, den Ernst nicht ernst zu nehmen.

Wenn das Lachen die Fähigkeit voraussetzt, eine Inkongruenz von Zeichen nicht nur zu durchschauen, sondern kognitiv zu antizipieren, ist damit erklärt, weshalb nur der Mensch dazu imstande ist. Es bleibt aber die Frage, weshalb er einen solchen psychischen Mechanismus überhaupt entwickelt hat. Die bloße Spannungslösung zwecks Herstellung des psychischen Gleichgewichts kann kein ausreichender Grund sein; denn die wäre mit Verhaltensweisen der Tiere auch möglich.

Charakteristisch für die lachende Spannungslösung ist, dass sie mit Signalen erfolgt, die stark an Drohgebärden erinnern: an das Entblößen der Zähne und das zornige Bellen. Der Mensch, der als *zoon politikon* auf das gesellige Zusammenleben mit Artgenossen angewiesen ist, hat diese Signale gewissermaßen umgepolt. Statt zu warnen, kündigen sie Entwarnung an. Dennoch blieb ein Rest der alten Selbstschutzreflexe erhalten, wie aus der vielzitierten Definition des illusionslosen Thomas Hobbes hervorgeht. Der Autor des *Leviathan* nennt das Lachen *a sudden glory arising from some sudden conception of some eminency in ourselves; by comparison with the infirmity of others, or with our own formerly* (ein triumphierendes Gewahrwerden der eigenen Überlegenheit im Vergleich mit der Schwäche anderer oder der eigenen Schwäche in früherer Zeit). Das erste nennen wir Schadenfreude, das zweite «gesunden» Humor.

Das Lachen hebt das Selbstwertgefühl des Lachenden und senkt den Status des Ausgelachten. Gleichzeitig bewirkt es eine Solidarisierung aller Lachenden. Damit kann es sowohl eine vertikale als auch eine horizontale Dimension haben. Daraus ergeben sich die beiden großen Klassen komischer Lachanlässe: solche, die zum Auslachen, und solche, die zum Mitlachen einladen. Lachen ist ansteckend. Wo gelacht wird, sind Menschen meist bereit, auch über Anlässe zu lachen, die sie in anderer Umgebung kalt lassen würden. Angesichts dieser einander widersprechenden Wirkungen des Lachens ergeben sich zwei gegensätzliche gesellschaftliche Entwicklungsmöglichkeiten. Je nachdem, welches die vorrangigen Interessen der Bürger sind, werden diese entweder das Lachen zur Behauptung ihres individuellen Freiraums oder zur Stärkung des Gemeinschaftsgefühls einsetzen. Auf diesen Unterschied soll am Schluss beim Vergleich des englischen Humors mit dem deutschen noch einmal eingegangen werden.

Zur Kulturgeschichte des Humors

Obwohl das Lachen eine allgemeinmenschliche Fähigkeit ist, trat und tritt es doch nicht überall mit gleicher Häufigkeit auf. Es gibt noch heute Gesellschaften, in denen öffentliches Lachen als unschicklich gilt. Während sich die unterschiedlichen Lachkulturen der Gegenwart empirisch leicht erforschen lassen, ist es weitaus schwerer, etwas über vergangene Epochen zu sagen. Vom tatsächlichen Lachen früherer Zeiten ist uns nichts überliefert. Wir können nur an Hand literarischer und künstlerischer Zeugnisse darauf schließen. Doch solche Zeugnisse sind unter einer doppelten Zensur entstanden; sie zeigen das sozial zensierte Lachen in einem Spiegel, der seinerseits einer ästhetischen Geschmackszensur unterworfen war. So viel scheint aber festzustehen, dass das Lachen fast überall und zu allen Zeiten einer gesellschaftlichen Disziplinierung unterlag. «Am Lachen erkennt man den Narren», sagt ein deutsches Sprichwort, worin zum Ausdruck kommt, dass der unkontrolliert Lachende mit einem gesellschaftlichen Statusverlust zu rechnen hat. Lachen, wurde gesagt, hat etwas Nivellierendes. Darum wird in hierarchischen Gesellschaften das Lachen des Untergebenen vom Vorgesetzten als Respektlosigkeit empfunden, während umgekehrt der Vorgesetzte das Gefühl hat, durch eigenes Lachen seine Autorität gegenüber dem Untergebenen zu verlieren. Ungeniert lachen durften hier nur die, die keinen Status zu verlieren hatten, also das gemeine Volk, und die, die ihn nicht verlieren konnten, nämlich Könige und Götter. Letzteren legte der Dichter der *Ilias* das Homerische Gelächter in den Mund, während die Lachlizenz der Fürsten an der Institution des Hofnarren abzulesen ist. Diejenigen aber, die genötigt waren, nach oben Respekt zu erweisen und nach unten Autorität auszuüben, mussten ihr Lachen weitgehend unterdrücken. So verwundert es nicht, dass in der kulturellen Überlieferung das Lachen in umgekehrtem Verhältnis zum Grad der jeweiligen Hierarchisierung steht. Je stärker eine Gesellschaft vertikal sozialisiert war, umso weniger durfte lauthals gelacht werden, während umgekehrt da, wo sich ein sozialer Horizontalisierungsprozess anbahnte, eine Zunahme des Lachens zu beobachten ist. Das gilt für die Zeit der griechischen Demokratie, aus der die Komödien des Aristophanes überliefert sind, ebenso wie für die römische Republik zur Zeit des Plautus. Im christlich-feudalen Abendland ist dagegen erst spät öffentliches Lachen bezeugt, und auch das nur als ritualisierter Bestandteil des Kirchenjahres. Wohl erst im 13. Jahrhundert kam der Karneval auf, der den Menschen vor Beginn der Fastenzeit noch einmal Gelegenheit bot, vom Ernst in den Unernst abzutauchen und für kurze Zeit die Einebnung der strengen Hierarchie zu genießen. Das zweite, noch charakteristischere Lachritual war das Osterlachen, mit dem in der Ostermesse zum Ausdruck gebracht wurde, dass mit der Auferstehung Christi der Ernst der Verdammnis überwunden war. Eine bürgerliche Lachkultur setzte aber erst im Spätmittelalter ein.

Da der Humor gemäß unserer Definition die Fähigkeit des Menschen ist, ernsthafte Spannungen unernst aufzulösen, wird er vor allem dort benötigt, wo Menschen auf engem Raum zusammenleben. Das ist in der Stadt der Fall. So kann es nicht verwundern, dass mit dem Aufblühen der spätmittelalterlichen Stadtkultur die erste Blütezeit des westeuropäischen Humors einsetzte, die nicht nur eine reiche Schwankliteratur, sondern mit Eulenspiegel einen Archetypus jenes Stadtbürgerhumors hervorgebracht hat, der sich nach oben gegen den Adel und die Kirche, nach unten gegen tumbe Bauerntölpel und zur Seite gegen die Konkurrenten im eigenen Gewerbe richtete. Zu den frühesten Darstellungen des Lachens in der bildenden Kunst zählen die Gemälde von Frans Hals. Dafür gibt es eine plausible Erklärung. In den Niederlanden formierte sich die erste nationale Bürgerkultur. Insofern gab es hier die Voraussetzungen für nivellierendes Lachen. Allerdings stand dem zum einen der Kalvinismus entgegen, der lautes Gelächter als Zeichen mangelnden Sündenbewusstseins ablehnte. Zum anderen verhielt sich die traditions- und standesbewusste Kaufmannschaft der kosmopolitischen Weltstadt Amsterdam in vieler Hinsicht ähnlich wie der frühere Adel. Deshalb zeigen Rembrandts Bilder keine Andeutung von Lächeln oder gar Lachen. Anders war es in der Bierbrauerstadt Haarlem, wo Frans Hals herkam und seine Auftraggeber fand. Hier gab es einen jungen, hemdsärmeligen Unternehmertyp, der an einem lachenden Gesicht auf der Leinwand durchaus Gefallen fand. Da auch in England der soziale Horizontalisierungsprozess sehr früh begann – die *Magna Charta* von 1215 und das Model Parliament Eduards I. von 1295 sind seine Vorboten –, überrascht es nicht, dass das Lachen hier früher einsetzte und eine größere soziale Rolle spielte als im übrigen Europa. Zwar bedeutete die Bezeichnung *merry England* ursprünglich nur so viel wie «das angenehme England», doch mit der Zeit wurde sie im Selbstverständnis des Volkes zu einer Formel, die den Humor als nationalen Besitz reklamiert.

Die Behauptung, dass Humor etwas mit sozialer Horizontalisierung zu tun hat, provoziert allerdings die Frage, wie man von einer solchen im Falle der englischen Nation sprechen kann, die bis heute einen Hochadel hat, der sogar durch eine eigene Kammer im Parlament vertreten ist, von der Institution der Monarchie ganz zu schweigen. Als Antwort ist auf eine Besonderheit der englischen Sozialgeschichte zu verweisen, auf die in *Typisch englisch* näher eingegangen wird. Anders als in Deutschland und Frankreich gab es in England seit dem Hochmittelalter zwei Mittelschichten, die gemeinsam in einer Kammer des Parlaments, dem *House of Commons*, vertreten waren: die Abgeordneten der Städte und die Vertreter des Landadels. Die emanzipatorische Auflehnung gegenüber dem Hochadel war in der *Gentry*, zumal nach der Reformation, nicht weniger stark als im Bürgertum. Das Zusammengehen der beiden Mittelschichten hat zum frühen Machtgewinn des Unterhauses geführt, was einerseits Horizontalisierung und andererseits Fortbestehen aristokratischer Traditionen bedeutete. Das Symbiotische der Verbindung zeigt sich am deutlichsten im Ideal des Gentleman, in dem sich das emanzipatorische Sebstbewusstsein des Bürgers mit der Haltungsethik des Adels vereint. Es liegt auf der Hand, dass die sozialgeschichtliche Entwicklung nicht ohne Auswirkung auf den englischen Humor bleiben konnte. Manches an ihm wird erst verständlich, wenn man ihn gegen diesen Hintergrund sieht, der deshalb schon hier kurz angedeutet wurde, bevor wir in Kapitel III ausführlich darauf eingehen.

Metaphysik des Humors

Nirgendwo ist über den Humor so ernst und schwergewichtig nachgedacht worden wie in Deutschland. Selbst auf die Gefahr hin, dass dem Leser bei den Zitaten der Humor vergeht, soll diese Diskussion nicht ganz unterschlagen werden. Dabei muss aber vorausgeschickt werden, dass das tiefgründelnde Metaphyseln erst gegen Ende des 18. Jahrhunderts zu einem Markenzeichen der deutschen Kultur wurde. Bis dahin standen ihre Dichter und Denker in der westeuropäischen Tradition, wobei sie sich anfangs an französischen und später an englischen Vorbildern orientierten. Doch nachdem sie auf dem Fundament der kantischen Philosophie das Gebirge des spekulativen Idealismus aufgetürmt hatten, war im 19. Jahrhundert das deutsche Schrifttum ganz von dieser philosophischen Kraftanstrengung geprägt, die nicht selten in

Kraftmeierei ausartete. Einer der Ersten, die sich philosophisch mit dem Humor befassten, war Jean Paul, der als Romancier unter dem Einfluss von Laurence Sterne stand und den Ehrgeiz hatte, dessen deutscher Nachfahr zu werden. In seiner *Vorschule der Ästhetik* (1804) gibt er die folgende Definition:

Der Humor, als das umgekehrte Erhabene, vernichtet nicht das Einzelne, sondern das Endliche durch den Kontrast mit der Idee. Es gibt für ihn keine einzelne Torheit, keine Toren, sondern nur Torheit und eine tolle Welt; er hebt – ungleich dem gemeinen Spaßmacher mit seinen Seitenhieben – keine einzelne Narrheit heraus, sondern er erniedrigt das Große, aber – ungleich der Parodie – um ihm das Kleine, und erhöhet das Kleine, aber – ungleich der Ironie – um ihm das Große an die Seite zu setzen und so beide zu vernichten, weil vor der Unendlichkeit alles gleich ist und nichts.

Jean Paul gelingt hier der Hakenschlag, einerseits die von Hobbes und anderen Empirikern festgestellte nivellierende und individualisierende Wirkung des Humors zu akzeptieren und andererseits den Humor dennoch zu einer metaphysischen Totalität zu erheben, wie sie dem vom Totalitätsbegriff beherrschten deutschen Idealismus entsprach. Was er als das «umgekehrte Erhabene» definiert, nennt Hegel Tiefe, womit er ebenfalls einer deutschen Tradition folgt, soweit er sie nicht selbst begründet hat. In seiner Ästhetik definiert er den Humor so:

Zum wahren Humor, der sich von diesen Auswüchsen [gemeint ist das Sentimentale und Empfindsame bei Jean Paul, H.-D. G.] entfernt halten will, gehört deshalb viel Tiefe und Reichtum des Geistes, um das nur subjektiv Scheinende als wirklich ausdrucksvoll herauszuheben und aus seiner Zufälligkeit selbst, aus bloßen Einfällen das Substantielle hervorgehen zu lassen. Das Sichnachgeben des Dichters im Verlauf seiner Äußerungen muß, wie bei Sterne und Hippel, ein ganz unbefangenes, leichtes, unscheinbares Fortschlendern sein, das in seiner Unbedeutendheit gerade den höchsten Begriff von Tiefe gibt; und da es eben Einzelheiten sind, die ordnungslos emporsprudeln, muß der innere Zusammenhang um so tiefer liegen und in dem Vereinzelten als solchem den Lichtpunkt des Geistes hervortreiben.

Wenn «Erhabenheit» und der «höchste Begriff von Tiefe» mit Humor in Verbindung gebracht werden, fehlt nur noch das Tragische, um den Gegenstand vollständig philosophisch einzudeutschen. Diesen letzten Schritt tut Julius Bahnsens in seinem Buch *Das Tragische als Weltgesetz und der Humor als ästhetische Gestalt des Metaphysischen* (1877). Ein Jahrhundert später spürt man noch immer den hegelschen Geist in deutschen Schriften zum Humor, so z. B. in Wolfgang Isers Buch *Laurence Sternes «Tristram Shandy»* (1987), wo die folgenden Sätze zu lesen sind:

... der Humor zeigt an, daß Subjektivität als Spiel von Begrenzung und Entgrenzung in der Verselbstung immer zum Verdecken dessen führt, woraus sie ist. Nicht über das zu verfügen, dem man seine Manifestation verdankt, ja diese Unverfügbarkeit durch Verselbstung als eine Abspaltung erzeugt zu haben macht die Subjektivität humoristisch, und das heißt, dieser Sachverhalt läßt sie komisch erscheinen, grenzt aber die der Komik inhärente Lösung gleichzeitig aus. Denn Subjektivität gibt es weder als Ideal noch als Vorstellung einer möglichen Ganzheit, in deren Spiegel die Manifestationen bald als ihre Fragmentarisierung, bald als ihr Mißglücktsein erscheinen.

Wenig später heißt es:

Doch gerade weil Subjektivität nicht ihr eigenes Ideal zu werden vermag, stellt sich ihre Sozialisation als Problem, das Sterne durch ihre Rückbindung an das Gefühl löste. Das aber war eine historische Antwort auf die von ihm entdeckte humoristische Subjektivität. Denn das Gefühl verkörperte in der zweiten Hälfte des 18. Jahrhunderts – modern gesprochen – eine letzte nicht-repressive Totalität, die das zu umfassen vermochte, was im Bereich der Erkenntnis zum Widerspruch auseinandergetreten war.

Das ist eine Betrachtungsweise, die wohl nur solchen Lesern verständlich ist, deren Denken durch die deutsche Geistesgeschichte geprägt wurde; denn sie geht selbst noch in der Negation von dem Totalitätsbegriff aus, den die Deutschen in der Romantik entwickelt hatten und der bis heute eine deutsche Obsession geblieben ist.

Allerdings ist die philosophische Tiefgründelei und das, was hier als «deutsche Obsession» bezeichnet wurde, typisch nur für jene deutsche Kulturelite, die sich nach Kant von der westeuropäischen Tradition der Aufklärung abgewandt und einen geistigen «Sonderweg» in Richtung Innerlichkeit eingeschlagen hat. Die meisten Deutschen, auch wenn ihre Mentalität durch diese Entwicklung geprägt wurde, sind – zumindest was ihre Vorstellungen vom Humor betrifft – mit den Füßen auf der Erde geblieben. Sie teilen nicht das, was Jean Paul und Hegel sagten, sondern das, was Wilhelm Busch in die folgenden Verse goss, die wohl die meistzitierte poetische Definition von Humor enthalten und so sehr zum Volksgut geworden sind, dass sich eine Quellenangabe erübrigt:

> Es sitzt ein Vogel auf dem Leim,
> er flattert sehr und kann nicht heim.
> Ein schwarzer Kater schleicht herzu,
> die Krallen scharf, die Augen gluh.
> Am Baum hinauf und immer höher
> kommt er dem armen Vogel näher.
>
> Der Vogel denkt: Weil das so ist
> und weil mich doch der Kater frisst,
> so will ich keine Zeit verlieren,
> will noch ein wenig quinquilieren
> und lustig pfeifen wie zuvor.
> Der Vogel, scheint mir, hat Humor.

II. Wesenszüge des englischen Humors

Typische Merkmale

Wenn es darum geht, das Typische des englischen Humors herauszuarbeiten, kann es sich dabei nur um einen kleinen Teil der gesamten Humoräußerungen des englischen Volkes handeln; denn die meisten Lachreflexe und sonstigen Anzeichen von Humor sind in allen Nationen, die dem gemeinsamen westlichen Kulturkreis angehören, mehr oder weniger gleich. Selbst kulturell verfeinerte Ausformungen lassen kaum Unterschiede erkennen. So funktioniert die literarische Parodie, also das Lächerlichmachen einer anspruchsvollen Form durch einen banalen Inhalt, überall nach den gleichen Prinzipien, desgleichen die Travestie, die einen anspruchsvollen Inhalt durch Einkleidung in eine triviale Form verulkt. Auch Witze produzieren ihre Pointen überall nach den gleichen Mustern. Unterschiede zeigen sich nur in der Haltung, die sich in ihnen ausdrückt, und in der Stoßrichtung. So wird man bei jüdischen Witzen mehr Galgenhumor und bei den Witzen in einer Diktatur mehr politische Zielscheiben finden; doch die Witzmechanik ist bis auf wenige Ausnahmen die gleiche. Auch die körperlichen Ausdrucksformen von Komik, mit denen Zirkusclowns und Komödianten ihr Publikum zum Lachen bringen, sind größtenteils universell. Unterschiede gibt es hier nur in der Bevorzugung des einen oder anderen Ausdrucksmittels. Als nationaltypisch können deshalb nur solche Eigentümlichkeiten gelten, die in einem Volk signifikant häufiger auftreten als in anderen Völkern. Wie aber lassen sich diese dingfest machen? Zuerst einmal anhand dessen, was von vielen seriösen Beobachtern über das betreffende Volk gesagt wurde und wird. Solche Beobachtungen können auf Vorurteilen beruhen; doch wenn sie regelmäßig wiederkehren und von den Angehörigen des Volkes weitgehend bestätigt werden, wird man sie wohl ernst nehmen müssen. Für den Blick zurück in die historische Tiefe ist dann allerdings die überlieferte Literatur die wichtigste Informationsquelle. An beiden Zeugnissen wird sich die folgende Untersuchung orientieren.

Zu klären ist nun noch, was unter ‹englisch› zu verstehen ist. Deutsche pflegen alle Bewohner Großbritanniens als Engländer zu bezeichnen, was für Schotten und Waliser ein Ärgernis ist. Sie fühlen sich als Briten, doch nicht als Engländer. Die Bewohner Nordirlands gehören nicht einmal zu Großbritannien; denn diesen Namen trägt nur die größte der britischen Inseln. Deshalb lautet die offizielle Bezeichnung «Vereinigtes Königreich Großbritannien und Nordirland». Da alle vier Teilvölker eine eigene kulturelle Identität ausgebildet haben, die auch den Humor einschließt, müssten im Folgenden eigentlich vier Humore betrachtet werden. Das wäre Aufgabe einer ethnologischen Untersuchung. In unserem Fall geht es aber um das, was in den Augen von Ausländern als typisch englisch erscheint. Das ist – wie könnte es anders sein – die dominante Kultur des zahlenmäßig größten der vier Völker; und da sie jahrhundertelang die dominante war, hat sie die anderen Teilkulturen so sehr überformt, dass sich der politische Gesamtstaat kulturell nach außen als ‹englisch› darstellt. In der folgenden Untersuchung wird es nur um den englischen Humor im engeren Sinn gehen. Das heißt jedoch nicht, dass in jedem Einzelfall geprüft werden müsste, ob die genannten Beispiele auch wirklich alle aus England stammen. Als englisch wird im Folgenden alles angesehen, was sich erkennbar an der Kultur Englands orientiert und von den Engländern selber ihrer Kultur zugerechnet wird. Den Schottlandfreunden, zu denen sich der Verfasser zählt, sei an dieser Stelle gesagt, dass sich der schottische Humor hinter dem englischen nicht zu verstecken braucht. Auch wenn die Schotten im Bewusstsein der Deutschen vor allem als Gegenstand von Witzen herhalten müssen, haben sie einen eigenen, sehr herzhaften Humor, der in ihrem Volksgut reich dokumentiert ist. Deutsche würden darin wohl eher als im englischen etwas von ihrem eigenen Humor erkennen. Doch auch dieser nationalen Tradition nachzugehen und ihren kulturellen Niederschlag aufzuzeigen, würde den Rahmen des Buches sprengen. Ein großer Repräsentant schottischen Humors darf jedoch nicht ungenannt bleiben, da er in Deutschland noch immer ein kleines, aber treues Publikum hat. Es ist Robert Burns, der seinem Volk nicht nur die eigenen, humorgesättigten Dichtungen gab, sondern mit *The Merry Muses of Caledonia* (1800) auch eine Sammlung von Folklore zusammentrug, die den schottischen Humor authentischer wiedergibt als vergleichbare Sammlungen den englischen.

Bathos

Der gelehrte Martinus Scriblerus sagte sehr richtig: «Der Geschmack für das Bathos wurde durch die Natur selber in die Seele des Menschen eingepflanzt, bis dieser, pervertiert durch Gewohnheit oder schlechtes Beispiel, gelehrt – oder eher gezwungen – wurde, sich am Erhabenen zu erfreuen.» Bei uns aber scheint alles darauf ausgerichtet zu sein, uns davon abzuhalten, daß wir durch Gewohnheit oder schlechtes Beispiel solcher Perversion erliegen und uns am Erhabenen erfreuen; wir werden um jeden Preis dazu ermutigt, uns unseren natürlichen Geschmack für das Bathos unversehrt zu bewahren.

Mit diesen Worten beschreibt Matthew Arnold, einer der angesehensten und einflussreichsten englischen Kulturkritiker des 19. Jahrhunderts, ironisch eine Neigung, der seine Landsleute spätestens seit Anfang des 18. Jahrhunderts frönten. Martinus Scriblerus, auf den er sich dabei beruft, ist Alexander Pope, der 1728 in seiner Abhandlung *Peri Bathous: or, Martinus Scriblerus his Treatise of the Art of Sinking* den Begriff ‹Bathos› in die englische Sprache einführte, der danach in England zu einem geläufigen Fachterminus wurde, während er in Deutschland unbekannt blieb. Das griechische Wort bedeutet je nach Sichtweise ‹Höhe› oder ‹Tiefe› und wurde von Longinus in dessen klassischer Abhandlung über das Erhabene, *Peri Hypsous*, diesem Begriff an die Seite gestellt. Pope aber, der als Großmeister der geschliffenen Verssatire wenig Sinn für Pathos hatte, machte daraus den Gegenbegriff zum Erhabenen, wobei er sich zunächst nur auf den unfreiwilligen Absturz vom Erhabenen ins Lächerliche bezieht. Doch spürt man in seinen Satiren bereits die Tendenz, bewusst kalkuliertes Bathos zur Kritik an falschem Pathos einzusetzen.

Im 17. Jahrhundert war dem Leidenschaftspathos der elisabethanischen Tragödie zunächst das noch steilere religiöse Pathos gefolgt, das sich in den Gedichten der so genannten *metaphysical poets* und vor allem in Miltons *Paradise Lost (Das verlorene Paradies)* ausdrückte. Als aber nach dem Scheitern des puritanischen Regimes unter Cromwell das Haus Stuart auf den Thron zurückkehrte, hatten die Engländer den religiösen Fanatismus gründlich satt und sehnten sich nach Toleranz und aufgeklärter Vernünftigkeit. Unter dem Schlagwort *latitudinarianism* (= Weitherzigkeit) war die anglikanische Kirche bereit, die verschiendensten Glaubensrichtungen des Protestantismus unter ihrem Dach zu dulden. Philosophisch unterstützt wurde die Bewegung durch den Deismus, der an die Stelle der biblischen Offenbarungsreligion eine der Vernunft zugängliche natürliche Religion setzte.

Das erste große Dokument englischen Humors aus jener Zeit ist Samuel Butlers Satire *Hudibras*, deren drei Teile zwischen 1662 und 1680 erschienen und den religiösen Fanatismus der Puritaner der Lächerlichkeit preisgaben. Butlers Verse bekennen sich bereits eindeutig zum Bathos. Als nach der Glorreichen Revolution die Krone durch die *Bill of Rights* unter Kuratel gestellt wurde, verschwand der letzte Rest von höfischem Absolutismus und es begann der stetige Aufstieg der Bürgerkultur. Von da an trat das Lachen in England seinen unaufhaltsamen Siegeszug an. Wer die Zeit von 1660 bis 1720 durchlebt hatte und dabei fünfmal den

Glauben bzw. die politische Loyalität wechseln musste, der hatte nicht mehr viel Respekt für Bekenntnisse jedweder Art, sondern war bereit, sein Mäntelchen ganz pragmatisch nach dem Wind zu hängen. Das folgende Gedicht, dessen Urheberschaft umstritten ist, gibt dieser damals aufkommenden und für England bis heute typischen Haltung Ausdruck.

Der Vikar von Bray

In König Karls glorreicher Zeit,
als Treue keine Sünde,
war ich zur Königstreu' bereit
und hatte meine Pfründe.
Ich machte meinen Schäflein klar:
es sind von Gottes Gnaden
die Könige, und Gott verdammt
die, die dem König schaden.
Das ist Gesetz, ich bleib dabei
bis ich zum Himmel geh, Sir,
Und welcher König auch regiert,
ich bleib Vikar von Bray, Sir.

Als Jakob dann den Thron bestieg,
und sich zum Papst bekannte,
da predigte ich seinen Sieg
über die Protestanten.
Der Mann in Rom, so fand ich, war
für mein Gefühl goldrichtig.
Ich wär selbst Jesuit geword'n,
hielt' man auch das für wichtig.
Das ist Gesetz ...

Als Wilhelm der Erlöser kam,
um die Nation zu heilen,
da drehte ich mich ohne Scham

und tat mich sehr beeilen.
Ich widerrief den alten Schwur
und schwor gleich einen neuen,
wer passiv dient der Kirche nur,
der möge es bereuen.
Das ist Gesetz …

Als Anna, unsre Königin,
den Ruhm der Kirche mehrte,
zog's mich zu ihrer Seite hin,
ich pries die Tory-Werte:
Wer Treue nur zum Schein beweist,
der tut der Kirche Schaden,
ich predigte den rechten Geist
und hielt auf Gottes Gnaden.
Das ist Gesetz …

Als Georg kam zur Pudding-Zeit,
warn Kleine plötzlich groß, Sir;
ich war erneut sogleich bereit,
und sprach mich wieder los, Sir.
Jetzt war ich Whig, erhielt mein Amt
vom neuen Gottesstreiter,
und hab sogleich den Papst verdammt,
die Stuarts und so weiter.
Das ist Gesetz …

Hannovers hohes Haus herrscht jetzt,
der Thron bleibt protestantisch,
dies ist's, was meine Seel' ergetzt,
mich freut's ganz elefantisch.
Mit meinem Glauben, meiner Treu
dien ich den edlen Spendern,
und stehe jedem treulich bei,

bis sich die Zeiten ändern.

Das ist Gesetz …

Selbst die neue Miltonbegeisterung, die im 18. Jahrhundert aufkam und zusammen mit der aus gleichem Geist gespeisten Begeisterung für die Gotik und den pathetischen Schwulst der Ossian-Dichtungen James Macphersons zur Romantik hinführte, änderte nichts an der englischen Neigung zum Bathos. Wollte man für den erhabensten deutschen Dichter, als den man wohl ohne Widerspruch Hölderlin bezeichnen darf, ein englisches Gegenstück finden, so dürfte die Wahl am ehesten auf William Blake fallen; denn kein anderer hat in so kosmischen Dimensionen gedacht, hat seine Weltdeutung zu einem so umfassenden Mythos ausgebaut und hat sich so bewusst in die Nachfolge Miltons begeben wie er. Und doch findet sich bei ihm ein Gedicht, das bei Hölderlin undenkbar wäre.

> Als Klopstock England den Handschuh hinwarf,
> Erhob William Blake sich, sein Zorn war scharf.
> Old Nobodaddy, der prustete,
> Er furzte, rülpste und hustete,
> Und fluchte quer über den Himmel hinweg
> Und schrie wie wild nach dem Engländer Blake.
> Blake war grad dabei, seinen Darm auszuräumen
> In Lambeth unter den Pappelbäumen;
> Auffuhr er vom Sitz und atmete schwer,
> Drei dreifache Drehungen machte er.
> Der Mond, bei dem Anblick, ward rot wie Mohn,
> Weg warfen die Sterne die Becher und flohn,
> Alle Teufel der Hölle, sie eilten herbei,
> Um Antwort zu geben mit neunfachem Schrei.
> Klopstock verspürte das dreifache Drehen,
> Und in seinen Därmen begannen die Wehen.
> Die dreimal drei Drehungen machten ihm Pein,

sie schlossen ihm neunfach die Seele ein;
Den Körper verlassen vermochte sie nicht,
Bis daß die Posaune furzt zum Gericht.
Old Nobodaddy fluchte und schwor,
nie hätt' er so was gesehen zuvor,
Seit Noah bestieg seinen Archekahn,
Seit Eva sich gab ihrem Höllengalan,
Seit es Mode geworden war, nackt zu gehn,
Seit man überhaupt was Geschaffnes gesehn,
Und er bat, mich zu drehen ein weiteres Mal,
Zu erlösen den Armen von neunfacher Qual.
Wenn Blake dies konnte, als er vom Scheißen aufstand,
Was wird er erst können, nimmt er sein Schreibzeug zur Hand.

Das Erhabenheitspathos, das den deutschen Sturm und Drang und die Jugendwerke Goethes und Schillers prägt, war auch der englischen Literatur nicht fremd. Doch in der Zeit, in der ihr größter Romantiker Wordsworth die Erhabenheit der Natur pries, schrieb auch die dem Pathos von Grund auf abgeneigte Jane Austen ihre Romane, in denen die heutigen Engländer sich viel eher wiederfinden als in *The Prelude*, der poetischen Autobiographie des Romantikers. Das Ossianfieber war in England schnell überstanden; und auch die von Deutschland zurückflutende Welle der Wertherbegeisterung blieb eine kurzlebige Angelegenheit, wie das folgende Gedicht zeigt:

William Makepeace Thackeray

Die Leiden Werthers

Werther liebte heiß Charlotte,
inniger als seine Mutter.
Wie sie ihm zuerst erschienen?
Sie schnitt grade Brot und Butter.

Lotte war schon fest gebunden,
und moralisch war Herr Werther.
Nicht für allen Reichtum Indiens
hätt ihr Eheglück zerstört er.

Und er seufzte, stöhnte, glubschte,
seine Liebe kochte über,
darauf schoss er sich das Hirn aus,
und kurierte so sein Fieber.

Lotte sah den Leichnam liegen,
dachte ans Familienfutter,
und als wohlerzogne Hausfrau
schnitt sie weiter Brot und Butter.

Auch das ist ein typisches Beispiel für die englische Neigung zum Bathos, die danach das 19. Jahrhundert so anhaltend prägte, dass sich Matthew Arnold zu der eingangs zitierten Aussage veranlasst sah. Dabei gibt er ironisch vor, dem Satz des Scriblerus zuzustimmen, der schon im frühen 18. Jahrhundert die englische Liebe zum Bathos dokumentiert. Tatsächlich meint er aber das Gegenteil. Aufschlussreich ist dabei, dass er im gleichen Zusammenhang bei seinen Landsleuten einen Sinn für die Idee des Staates als einer über den politischen Interessen stehenden moralischen Autorität vermisst. Das ist der metaphysische Staatsbegriff, den er aus der deutschen Philosophie kannte und bewunderte und der in England so auffallend fehlt. Arnold gehört zu den ganz wenigen Engländern, die darin einen Mangel sahen. Die große Masse der Briten blieb ihrer Tradition des Bathos treu und trieb die Respektlosigkeit bis zu solchen Exzessen, wie wir sie aus *Monty Python's Flying Circus* kennen.

Als Stilmittel ist Bathos überall in der humoristischen englischen Literatur zu finden, so z. B. in folgendem Essay, den P. G. Wodehouse gegen die um sich greifende Epidemie einer bestimmten

Form von Sensationsliteratur, die Mystery Thrillers, schrieb. Dort steht der folgende Satz:

Das Ergebnis ist, dass dieser Thron von Königen, dies zepterliche Eiland, Land der Majestät, Wohnsitz des Mars, dies zweite Eden, halbes Paradies, dies Bollwerk, das Natur erschuf sich vor der Seuche Krieg zu schützen, dies glückliche Geschlecht von Menschen, dies kleine Universum, dieser Edelstein, gefasst in Silbersee, die ihm als Schutzwall und als Festungsgraben dient, ..., um die Sache kurz zu machen machen, England ...

Wodehouse zitiert hier wörtlich und beinahe in voller Länge die Rede John of Gaunts aus Shakespeares *Richard II.*, die für Engländer das Patriotischste und Pathetischste ist, das der große Dichter je über sein Land geschrieben hat. Doch auf dem Höhepunkt des Pathos folgt der Absturz ins Bathos.

Selbst da, wo es nichts Erhabenes vom Sockel zu holen gibt, nutzen englische Humoristen gern das Mittel, die Erwartung von etwas Gewichtigem zu wecken, um sie gleich darauf mit etwas Banalem zu enttäuschen. So etwa in der Karikatur von F. S. Townshend in *Punch*, wo die Dame ihren Gesprächspartner, der mit dem Heldentod eines Vorfahren auf dem Schlachtfeld von Waterloo renommiert, auf den Teppich holt, indem sie reagiert, als habe er den Londoner Bahnhof Waterloo Station gemeint (Abb. 1). Typisch englisch ist auch die Art, wie John Donegan in seinem Cartoon das vermeintliche Loblied auf den Herrn auf dem Bild buchstäblich auf den Hund kommen lässt (Abb. 2). Bathos ist Ausdruck jener Respektlosigkeit gegenüber Autoritäten, die in England schon mit der Magna Charta anfängt, mit dem Aufstieg des Landadels und des Bürgertums weiter zunimmt und spätesten nach der Glorreichen Revolution zu einer nationalen Grundhaltung wird. In *Typisch englisch* hat der Verfasser ausführlich dargelegt, dass drei Begriffe, die in der deutschen Kultur seit dem 18. Jahrhundert höchste Wertschätzung genossen – der Staat, der philosophische Totalitätsbegriff und das ästhetische Ideal des Er-

Abb. 1: «Einer meiner Vorfahren ist bei Waterloo gefallen.» –
«Ah? Auf welchem Bahnsteig?» Karikatur von F. S. Townshend.

habenen – im englischen Ideenhaushalt im gleichen Zeitraum nicht vorkommen. Sie hatten gegen das Bathos keine Chance, und Matthew Arnold gehörte zu den wenigen, die das bedauerten.

Respektlosigkeit

Respektlosigkeit ist ein Grundzug des englischen Humors. Jede Respektsperson und jede Respekt heischende Autorität reizt ihn zum Spott. Selbst Werte, die anderswo sakrosankt sind, bleiben, mit wenigen Ausnahmen, nicht verschont. Schon im 18. Jahrhundert zogen englische Karikaturisten die Inhaber der Macht gnadenlos durch den Kakao. George Bickhams Karikatur auf den

Abb. 2: «Das ist Marcus in seinen besten Jahren, stolz, arrogant
und immer an der Spitze, doch die Zärtlichkeit in Person zu denen, die er liebte.
Wer der Mann ist, weiß ich nicht mehr.» Karikatur von John Donegan.

Premierminister Robert Walpole ist ein frühes Beispiel dafür
(Abb. 3). Walpole regierte nach der Devise «jeder Mensch hat seinen Preis», was zu einer langen Friedenszeit, aber auch zu einem
Sumpf von Korruption führte, der die Karikaturisten herausfor-
derte. Heute sind die englischen Medien geradezu berüchtigt dafür, dass sie über ihre Opfer erbarmungslos herfallen. Ihre Pietätlosigkeit gegenüber hochgestellten Persönlichkeiten wurde in
den deutschen Medien besonders nach dem Tode von Prinzessin
Diana viel diskutiert. Die Berichterstattung über sie und Prinz
Charles empfand man hierzulande als so taktlos und ehrabschnei-
derisch, dass man am englischen Sinn für Fairness zu zweifeln begann. Dabei sind gerade Charles und Diana typische Repräsentanten der beiden Normensysteme, an denen sich die englische
Mittelklasse orientiert. Charles steht für die Werte der aristokrati-
schen Gentry-Kultur, während das Volk in Diana eine bürgerliche

Abb. 3: Götzendienst oder der Weg zur Beförderung.
(Der Weg nach oben führt durch den Arsch des Premierministers Robert Walpole.)
Karikatur von George Bickham (1740).

Rebellin gegen das Königshaus sah. Als solche stand sie in einer
langen Tradition, die von Robin Hood über die Bauernführer Wat
Tyler und Jack Cade zu John Wilkes, dem dubiosen Volkshelden
des 18. Jahrhunderts, reicht. Diese anarchische Tradition ist in der
englischen Kultur genauso tief verwurzelt wie die der Gentry. Nur
wenn man beide Traditionen kennt, wird man verstehen, weshalb
ein Volk, dessen Höflichkeit sprichwörtlich wurde, zugleich einen
grausamen Humor pflegt, und weshalb eine Gesellschaft, die seit

Abb. 4: «Sie sagten: ‹Du wirst in der Gemeinde niemals Erfolg haben.›
Sie sagten: ‹Du wirst diesen schmallippigen Haufen von Puritanern
niemals beeindrucken.› Sie sagten: ‹Du wirst niemals den Schlüssel zum
Weinschrank finden.› Nun, zwei Treffer bei drei Versuchen ist nicht übel.»
Karikatur von Holte (Trevor Holder).

der Mitte des 17. Jahrhunderts keine gewaltsamen inneren Kon-
flikte mehr kannte, zugleich so rabiat mit hochrangigen Personen
umgeht. Deutsche wundern sich, weshalb Engländer ihren grausamen Humor ausleben können, ohne gesellschaftliche oder recht-
liche Sanktionen befürchten zu müssen. Hier ist daran zu erinnern, dass es in England keinen Straftatbestand der Beleidigung
gibt. Außer Gott und der Königin darf jeder ungestraft beleidigt
werden, sofern kein nachweislicher Schaden entsteht, für den
zivilrechtlich Kompensation eingeklagt werden kann. Die persönliche Ehre ist nur durch den Höflichkeitscode des Gentleman, aber
nicht durch das Strafgesetz geschützt. Es liegt nahe, darin eine
Folge der frühen sozialgeschichtlichen Horizontalisierung zu
sehen. Tödliche Duelle um der Ehre willen, wie sie in vertikal geprägten Gesellschaften bis ins 20. Jahrhundert üblich waren, gab
es zwar auch in England, doch hier verschwanden sie früher und

spielten eine geringere Rolle. An ihre Stelle trat der Verhaltenscode des Gentleman, von dem Höflichkeit und Fair Play erwartet wird.

Im privaten Umgang wird dieser Code auch heute noch weitgehend eingehalten. Im Humor dagegen lebt sich die Pietätlosigkeit ungehemmt aus. Filme wie *The Life of Brian (Das Leben des Brian)*, die blasphemisch mit dem Leben Jesu Spott treiben, scheinen bei Engländern keinerlei Anstoß zu erregen. Selbst der Schutz, den das Ansehen der Krone genießt, ist erst neueren Datums. Das ganze 18. Jahrhundert hindurch empfanden die Engländer herzliche Verachtung für ihre Könige aus dem Hause Hannover. Wenn die großen Karikaturisten Gillray, Rowlandson und Cruikshank ihre Federn an den Mächtigen der Zeit wetzen, hat man den Eindruck, dass es ihnen nicht um die Geißelung von moralisch Verwerflichem, sondern vor allem um das Niedermachen von Autorität geht. Diese antiautoritäre Respektverweigerung ist auch heute noch ein Grundzug englischer Karikaturen. Wenn sie eine Person oder einen Wertanspruch dem Gelächter aussetzen, scheint sich darin nicht so sehr moralisierende Verachtung, sondern eher amoralische Missachtung auszudrücken. Statt Verwerfliches zu bekämpfen, wird ein Befreiungsakt dargestellt. Das führt dazu, dass die Sympathie nicht selten auf der Seite des Unmoralischen liegt. Wenn beispielsweise Holte, alias Trevor Holder, einen betrunkenen Pfarrer von der Kanzel herab die Gemeinde beschimpfen lässt, zeigt er dies so, dass der Betrachter mit dem Täter statt mit den Opfern sympathisiert (Abb. 4).

Understatement

So unbekannt den Deutschen der Begriff ‹Bathos› ist, so vertraut ist ihnen das Wort ‹Understatement›. Dass die bezeichnete Sache etwas typisch Englisches sein muss, wird schon dadurch nahegelegt, dass Deutsche den englischen Begriff gebrauchen und nicht die Übersetzung ‹Untertreibung›. Diese bezieht sich immer nur auf einen konkreten sprachlichen Ausdruck, Understatement hingegen schließt auch noch die Haltung ein, die sich darin ausdrückt.

Von Anglisten, die sich mit altenglischer Literatur befassen, hört man gelegentlich, dass schon die Angelsachsen eine Neigung zum Understatement gehabt hätten, da in ihren literarischen Zeugnissen auffällig oft die rhetorischen Figuren der Litotes und Meiosis vorkommen. Unter Litotes versteht man einen Ausdruck, der das Gemeinte durch die Verneinung des Gegenteils bezeichnet – ‹nicht übel› für ‹sehr gut› –, während Meiosis wörtlich ‹Verkleinerung› bedeutet, z. B. Häuschen für ein stattliches Haus, was dem Understatement nahe kommt. Doch in beiden Fällen handelt es sich um bloße Stilfiguren, die man überall in den europäischen Literaturen des Altertums und Mittelalters antrifft. Understatement hingegen ist viel mehr als ein rhetorisches Mittel, es ist ein sozialer Habitus, der sich auch in England verhältnismäßig spät ausgebildet hat.

In der Shakespearezeit war davon noch nichts zu bemerken. Shakespeare machte sich in seinen Stücken zwar lustig über stilistische Wortakrobaten wie z. B. den Höfling Osric in *Hamlet*; das hinderte ihn aber nicht, seine ganze rhetorische Kunstfertigkeit aufzubieten, um die Zuschauer im Theater und die Leser seiner Verse mit einer komplexen, bilderreichen Sprache zu beeindrucken. Es war die Zeit des Manierismus, in der in England ein elaborierter Stil Mode war, der nach dem Titel des Romans *Euphues* (1578) von John Lyly als Euphuismus bezeichnet wird. Das war der gleiche manieristische Stil, der in Italien nach dem Dichter Giambattista Marino als Marinismus und in Spanien nach Luis de Góngora als Gongorismus bezeichnet wurde. Statt Understatement herrschte hier das Gegenteil. Erst nach der Glorreichen Revolution, als das Bürgertum sich im Bunde mit dem Landadel zu emanzipieren begann, setzte die Abkehr vom höfisch geprägten Wortprunk ein, was in der aufkommenden Liebe zum Bathos und zum Understatement zum Ausdruck kommt.

Der allmähliche Aufstieg eines neuen, bewusst auf Schlichtheit ausgerichteten Stilideals vollzog sich das ganze 18. Jahrhundert hindurch und zeigte sich am augenfälligsten in der Mode. Während auf dem Kontinent noch der aufwändige Stil nach dem Vorbild des französischen Hofs dominierte, kam in England eine einfache, zweckmäßige Kleidung auf, die den Bedürfnissen ausreitender Landadliger entsprach. Auch in der Architektur setzte sich in England das Ideal der Einfachheit durch, das im *Georgian style* zum Ausdruck kommt. Der gleiche Stilwandel vollzog sich im Schrifttum. Hier waren es vor allem die von Richard Steele und Joseph Addison herausgegebenen sogenannten moralischen Wochenzeitschriften, der *Tatler* und der *Spectator*, die die neue Einfachheit beförderten. Die gesamte englische Literatur vom Beginn des 18. Jahrhunderts bis heute ist mit wenigen Ausnahmen durch einen einfachen, unangestrengt erscheinenden Stil geprägt. Es ist ein Stil, in dem sich die englische Haltungsethik ausdrückt, die sich damals zusammen mit dem Gentleman-Ideal ausbildete. Ein Gentleman darf seine Überlegenheit nicht durch ostentative Tüchtigkeit zeigen, sondern allein dadurch, dass er Haltung bewahrt und sich nicht anmerken lässt, dass ihn etwas anstrengt.

Kodifiziert wurde das Gentleman-Ideal, zumindest in den Augen der Kontinentaleuropäer, durch den Grafen Chesterfield, der in den Erziehungsbriefen an seinen unehelichen Sohn detaillierte Anweisungen gab, wie ein Gentleman sich zu verhalten habe. Es ist die erste und ausführlichste Formulierung der oben erwähnten Haltungsethik. Obwohl darin an zahlreichen Beispielen Verhaltensnormen beschrieben werden, die sich allesamt auf den Nenner Understatement bringen lassen, ist dabei von Humor wenig zu spüren. Was hat dann Understatement überhaupt damit zu tun? Liest man Chesterfield genau, wird man merken, dass für ihn eine Sache wichtiger ist als jedes Streben nach Erfolg, nämlich sich nicht lächerlich zu machen. Das legt die Vermutung nahe, dass der englische Kult des Understatement in nicht geringem Maße eine Abwehrstrategie gegen die Angriffe des allseits lauernden Bathos ist. In einer Gesellschaft, in der die Neigung, Autoritäten vom Sockel zu stoßen, zu einer nationalen Disposition geworden ist, kann man sich gegen den Sturz nur dadurch schützen, dass man gar nicht erst auf den Sockel steigt.

Dass das Understatement aber auch selber Ausdruck von Humor und Anlass für Gelächter oder zumindest für Schmunzeln sein kann, ließe sich an unzähligen Beispielen der englischen Literatur aufzeigen. Das folgende stammt aus Dickens' Roman *Great Expectations (Große Erwartungen)*. Als dort der Held Pip, nachdem er einen Mordanschlag mit knapper Not überlebt hat, am Krankenbett von seinem alten Freund Joe besucht wird, erkundigt er sich bei diesem nach Miss Havisham, die er lange Zeit für seine Wohltäterin gehalten hat. Als Joe zögert, fragt Pip: «Ist sie tot?» Joe druckst herum und antwortet schließlich: «Ich würde nicht soweit gehen, das zu behaupten, denn das bedeutet eine ganze Menge, aber sie …» «Lebt nicht mehr, Joe?» «Das kommt

Abb. 5: «Verbinden Sie mich mit dem Zoo, bitte, Miss Winterton.»
Karikatur von Ronald Searle.

der Sache näher», sagt Joe, «sie lebt nicht mehr.» Obwohl das Understatement naturgemäß vor allem in reinen Sprachtexten auftritt, wird es oft auch von Karikaturisten eingesetzt, wo es dann allerdings durch die Bildunterschrift expliziert werden muss. Eine beliebte Zielscheibe für Karikaturisten ist auch das, was Engländer als *stiff upper lip* bezeichnen. Es ist das körperliche Äquivalent für Understatement; denn es bezeichnet die Gelassenheit des wahren Gentleman, der sich nicht anmerken lässt, dass ihn etwas tangiert. Da dieses Verhalten in Zeiten des hochgehaltenen Gentleman-Ideals von Engländern in extremer Form kultiviert wurde, holten Karikaturisten es natürlich vom Sockel, so wie Ronald Searle es in unserem Beispiel tut (Abb. 5).

Abb. 6: THE BRITISH CHARACTER
Geduld
Karikatur von Pont.

Selbstironie

Die Fähigkeit, über sich selbst zu lachen, wird von Engländern meist mit einem gewissen Stolz als ein besonderes Merkmal ihres Humors angesehen. Das gilt für die individuelle Selbstironie des Einzelnen ebenso wie für den Spott, den sie gegenüber der eigenen Nation äußern. Ausländer machen dagegen nicht selten die Erfahrung, dass den Briten der Humor schnell vergeht, wenn Nicht-Briten über sie lachen; denn das drückt Kritik aus, während die Selbstverspottung nur anzeigt, dass man die Souveränität hat, sich nicht so ernst zu nehmen. Die alltägliche Selbstironie der Engländer lässt sich schwer dokumentieren, da sie sich in Sprachritualen ausdrückt, die oft so subtil sind, dass ein Ausländer die Nuancen gar nicht versteht. Leicht verständlich ist dagegen der Spott, mit dem Engländer ihre nationalen Marotten ironisieren.

Abb. 7: THE BRITISH CHARACTER
Anpassungsfähigkeit an fremde Verhältnisse
Karikatur von Pont.

Besonders erfolgreich tat dies der Karikaturist Graham Laidler, der unter dem Künstlernamen Pont in *Punch* eine Serie herausbrachte, die unter dem Titel *The British Character* 1940 auch in Buchform erschien und ihn über die Landesgrenzen hinaus bekannt machte (Abb. 6/7). Manche der dort ironisierten Eigenheiten muten inzwischen anachronistisch an, doch die meisten sind heute noch so präsent, dass sich die Federn der Karikaturisten weiter daran wetzen. Die Zeitschrift *Punch* war voll von Karikaturen wie beispielsweise die von Fougasse alias Kenneth Bird, der sich über die englische Liebe zum Cricket lustig macht (Abb. 8).

Für die Selbstironie gilt das gleiche, was über das Understate-

Abb. 8: «Natürlich gibt es da etwas, was kein Ausländer jemals verstehen wird, das ist unsere Begeisterung für Cricket.» Karikatur von Fougasse (Kenneth Bird).

ment gesagt wurde. Auch sie ist eine Strategie, der Herabsetzung durch das Bathos zuvorzukommen und dadurch den Gesichtsverlust zu vermeiden. George Mikes, der die Fähigkeit, über sich selbst zu lachen, zu den drei Merkmalen des englischen Humors zählt und sie für eine besondere Tugend der Briten hält, sieht dennoch darin *a great deal of inverted snobbery* (eine Menge umgekehrten Snobismus); denn – wie er einleuchtend argumentiert – wer bereitwillig die eigenen Fehler betont, muss mit Tugenden so reich gesegnet sein, dass er sich die Selbstironie nicht nur leisten kann, sondern durch sie die Tugenden erst ins rechte Licht rückt.

Grausamkeit

Wer als Deutscher Zeugnisse des englischen Humors betrachtet – seien es Karikaturen, Sketche, satirische Verse oder Alltagsszenen –, wird wohl am meisten das vermissen, was hierzulande häufig mit Humor assoziiert wird: Gemütlichkeit. Der englische Humor ist ausgesprochen ungemütlich. George Mikes ist nicht der Einzige, der ihm Grausamkeit attestiert. Das Wort mag zu hart sein, um die Grundqualität des englischen Humors zu bezeichnen, doch eine latente Aggressivität ist fast immer zu spüren. Kate Fox hat an ihren Landsleuten ein geradezu zwanghaftes Bedürfnis nach *banter, teasing, irony, understatement, humourous self-deprecation, mockery or just silliness* beobachtet. Diese Liste deckt eine breite Skala von Strategien ab, mit denen Engländer ihr Gegenüber auf Distanz halten oder sich durch ironische Selbsterniedrigung gegen den aggressiven Humor der anderen immunisieren. *Banter* ist harmloses Necken, *teasing* schon etwas stärkeres Aufziehen, *irony* ist der hinterlistige Nadelstich, *understatement* die Selbstimmunisierung gegen Gelächter, verstärkt durch *humorous self-deprecation* – d. h. Selbsterniedrigung, die dem Gegenangriff zuvorkommt – und schließlich *mockery or just silliness*, also Spott bis hin zu purer Blödelei. Das gemeinsame Merkmal ist der Selbstschutz nach der Devise: Angriff ist die beste Verteidigung.

Abb. 9: Illustration von Walter Goetz zum Witz von der angeblichen Nudistenparty.

Die Grausamkeiten beschränken sich nicht auf verbale Nadelstiche. Engländer lieben *practical jokes*, die vor Peinlichkeiten nicht zurückschrecken. Ein Witz, den Mikes erzählt und mit einer Zeichnung von Walter Goetz illustriert, zeigt, mit welch diebischem Vergnügen Briten ihre Mitmenschen aufs Glatteis führen: Ein Mann wird zu einer Nudistenparty eingeladen und in dem Glauben gelassen, dass dort alle nackt erscheinen. Als er den Salon betritt, sieht er sich einer Gesellschaft in Festgarderobe gegenüber (Abb. 9). In der Realität gehen die Gemeinheiten nicht ganz so weit, aber dennoch weit über das hinaus, was Deutsche als Humor gelten lassen würden.

Ein Hang zur Grausamkeit ist an der öffentlichen Unterhaltung in England schon seit vierhundert Jahren beobachtet worden. Zu Shakespeares Zeiten hetzte man Hunde auf Bären und Bullen, ein Spektakel, das den Massen noch besser gefiel als die Stücke im Theater. Später waren es dann die öffentlichen Hinrichtungen, die bis ins 19. Jahrhundert Volksfestcharakter hatten. Noch 1837 schrieb Heinrich Heine: «Nächst Boxen und Hahnenkampf gibt es für einen Briten keinen köstlicheren Anblick, als die Agonie eines armen Teufels, der ein Schaf gestohlen oder eine Handschrift nachgeahmt hat und vor der Fassade von Old Bailey eine Stunde lang mit einem Strick um den Hals ausgestellt wird, ehe man ihn in die Ewigkeit schleudert.» Mikes fragt in seinem Buch *English Humour for Beginners*, wie es kommt, dass ausgerechnet die so höflichen, freundlichen und hilfsbereiten Briten einen grausameren Humor haben als andere Nationen, und er gibt darauf die folgende Antwort:

Die Erklärung ist einfach. Alle Menschen müssen ein gewisses Quantum an Ärger, Frustration und Hass loswerden, so wie ein Verbrennungsmotor seine stinkenden Abgase ausspuckt. Manche Menschen begehen Morde und schreckliche Taten; die Briten befreien sich von ihrer Gehässigkeit in Form von Witzen über Folterknechte, Mörder, Kannibalismus und über das Verbrennen junger Damen aus Smyrna [Anspielung auf einen bekannten Limerick]. Danach fühlen sie sich entlastet, auch ein bisschen sauberer und befreit von Spannungen.

In einer Gesellschaft wie der deutschen, die jahrhundertelang von außen bedroht und im Inneren instabil war, werden sich die Menschen eher nach einer aggressionsfreien, «gemütlichen» Form von Gemeinschaft sehnen. Wo aber wie in England weder ein Angriff von außen noch innere Unruhe zu befürchten ist, wird sich eher die Neigung ausbilden, auf gewaltlose Weise die Ellenbogen auszufahren, um sich selber größtmöglichen Freiraum zu verschaffen. Es ist bezeichnend, dass die drei Denkmodelle, die von der Vorstellung eines Kampfes aller gegen alle ausgehen – Hobbes'

Staatstheorie, Adam Smiths Wettbewerbsmodell und Darwins *natural selection* nach dem Prinzip *survival of the fittest* – von Engländern entwickelt wurden. Sie entstammen der gleichen Haltung wie der grausame Humor, der inzwischen dank *Monty Python's Flying Circus* auch außerhalb der Britischen Insel als englisches Markenzeichen angesehen wird.

Kälte

Deutsche verbinden mit Humor meist die Vorstellung von warmer Gemütlichkeit. Der englische Humor hingegen ist in seinen typischen Ausprägungen kalt. Auch da, wo er nicht grausam im en-

EIN ECHTES EKEL
Abb. 10: Ehefrau: «Ach, mein lieber William, wie die Zeit verfliegt! Heute sind wir doch tatsächlich schon zehn Jahre verheiratet!»
Ehemann: «Sind wir das, meine Liebe? Ich war überzeugt, es sei schon viel länger.»
Karikatur von John Leech.

geren Wortsinn ist, zeichnet er sich oft durch Herzlosigkeit aus. Die Zeitschrift *Punch* ist voll von Karikaturen, in denen die Gefühlskälte zwischen Familienmitgliedern Zündstoff für Lacher bietet. So nimmt John Leech, einer der ersten prominenten Mitarbeiter der Zeitschrift, die Gefühllosigkeit eines Ehemanns aufs Korn, wobei die Kälte nicht eigentlich im Humor, sondern im Gegenstand liegt (Abb. 10). Doch die Häufigkeit des Motivs und seine Verwendung zu humoristischen Zwecken lassen darauf schließen, dass der Karikaturist Pont Recht hat, wenn er ein Jahrhundert später in seiner Serie *The British Character* die «englische Fähigkeit, herzlos zu sein» als nationale Eigentümlichkeit aufspießt (Abb. 11).

Abb. 11: THE BRITISH CHARACTER
Die Fähigkeit herzlos zu sein
Karikatur von Pont.

Schon in der frühen Neuzeit beobachteten ausländische Besucher mit Verwunderung, dass Engländer ohne Bedenken ihre Kinder in sehr jungen Jahren in Internate oder zu fremden Handwerksmeistern in die Lehre gaben. Noch heute ist es für wohlhabende Familien Ehrensache, ihre Kinder fern von der Familie in Public Schools erziehen zu lassen. Welche seelischen Folgen das haben kann, weiß die Öffentlichkeit von Prinz Charles. Diese Erziehung zielte auf das stoische Ideal der Selbstdisziplin, das schon zu Shakespeares Zeiten hochgehalten wurde und seit dem 18. Jahrhundert ein Kriterium des wahren Gentleman ist. Sein sichtbarer Ausdruck ist die bereits erwähnte *stiff upper lip*. Ihr Äquivalent im Bereich des Humors ist das *deadpan face*. Der Begriff wurde aus dem Amerikanischen übernommen und bezeichnet eine gefrorene Miene, wie man sie aus Filmen von Buster Keaton kennt. Es ist eine Maske, mit der man sich gegen die Herabwürdigung durch das Bathos schützt, die aber noch viel häufiger dazu benutzt wird, um humoristisch Hiebe auszuteilen, die dann ausgesprochen kalt anmuten. Auch hierin kommt die Grausamkeit des englischen Humors zum Ausdruck, wobei erwartet wird, dass die kalte Dusche mit der gleichen Ungerührtheit hingenommen wird, mit der sie ausgeteilt wurde.

Hinterlistige Nackenschläge

Das offene Lachen, das Deutsche am liebsten haben, trifft man in England seltener an. Wenn der englische Humor seine Grausamkeit nicht offen zeigt und auch nicht mit dem *deadpan face* maskiert, bedient er sich eines anderen, noch typischeren Mittels, das mit dem Ausdruck *tongue-in-cheek* bezeichnet wird. Es ist ein nur angedeutetes Zeichen dafür, dass eine Äußerung oder Handlung nicht ernst gemeint ist. Da sich hinter der Andeutung in der Regel eine harmlose Grausamkeit verbirgt, kommt darin so etwas wie Hinterlist zum Ausdruck. Im zwischenmenschlichen Umgang geht es für den «Täter» darum, dem «Opfer» den Unernst zu signalisieren, während es für das «Opfer» darauf ankommt, das

Signal zu verstehen und den Stich mit «gutem Humor» wegzustecken. Dabei reicht die Skala vom harmlosen Aufs-Glatteis-Führen bis hin zu emotional schmerzhaften Nadelstichen.

In englischen Karikaturen ist Hinterlist ein durchgängiger Zug, sei es, dass sie als hinterlistiges Verhalten gezeigt oder im Betrachter als hinterlistige Schadenfreude hervorgerufen wird. Für letzteres ist Frank Reynolds Karikatur (Abb. 12) ein typisches Beispiel. Sie zeigt einen soignierten Adligen, der in seinem vornehmen Wohnzimmer Pfeile auf ein Dartboard an der Tür wirft und dabei schon einige Möbelstücke getroffen hat. Als die Lady den Butler hereinbittet, weil sie meint, ihr Gatte habe den letzten Pfeil geworfen, weiß der Betrachter, dass der alte Herr noch einen hinter dem

Abb. 12: *«Sie können jetzt reinkommen, Gover. Sir Henry hat, glaube ich, seinen letzten Pfeil geworfen.» Karikatur von Frank Reynolds.*

Rücken hat, der den armen Kerl treffen wird. Die Wirkungsweise dieses Humors ist strukturell ähnlich wie die des Bathos, doch inhaltlich das Gegenteil; denn bei diesem stürzt eine hohe Erwartung auf die Ebene des Banalen, während beim hinterlistigen Humor statt eines erwarteten Banalen ein unerwarteter Nackenschlag eintritt. Während in Reynolds Karikatur die Hinterlist erst im Betrachter aufkommt, liegt sie in Ken Pynes Cartoon in der kühlen Beiläufigkeit, mit der die Ehefrau die Erwartung von etwas Positivem weckt, um dann ihren Nackenschlag zu führen (Abb. 13). Auch hier funktioniert der Witz wie ein umgekehrtes Bathos. Hinterlist ist, wie Kälte, nur eine andere Form von Grausamkeit.

Gespielte Scheinheiligkeit

Heuchelei gilt spätestens seit dem Viktorianismus als eine nationale Untugend der Engländer. Sie selber haben sich dieses Lasters oft bezichtigt und es satirisch an den Pranger gestellt. Schon im 18. Jahrhundert hatte das Wort *cant* die Bedeutung ‹wohlfeile Phrasen und gefälliges Nach-dem-Mundereden› angenommen und war

Abb. 13: «Ich bin immer eine Ein-Mann-Frau gewesen,
Gerald, und in den letzten vier Jahren warst nicht du es.»
Karikatur von Frank Reynolds.

Abb. 14: «Sorry, Sir – im Museum ist Rauchen verboten.»
Karikatur von Ronald Searle.

in diesem Sinn zu einem zeitkritischen Schlagwort geworden. Dr. Johnson wird im *Oxford English Dictionary* mit dem Satz zitiert: *My dear friend, clear your mind of cant* (Lieber Freund, mach deinen Geist frei von Phrasen), und in Laurence Sternes *Tristram Shandy* findet sich der Satz: *Of all the cants which are canted in this canting world… the cant of hypocrites may be the worst* (Von allen Phrasen in dieser phrasendreschenden Welt dürften die der Heuchler die schlimmsten sein). Wenn *cant* eine so weit verbreitete Untugend war, konnte es nicht ausbleiben, dass sie einerseits Gegenstand humoristischer Kritik und andererseits eine Ausdrucksform des Humors selber wurde, wobei sich beides oft nicht trennen lässt. Der hinterlistige englische Humor scheint selbst

Abb. 15: «Solche Rahmen machen sie heutzutage nicht mehr.»
Karikatur von ffolkes (Michael Davies).

da, wo er die Scheinheiligkeit humoristisch entlarvt, auf ihrer Seite zu stehen. Die beiden Karikaturen von Ronald Searle und ffolkes alias Michael Davies sind typisch für dieses Verfahren (Abb. 14 u. 15). Bei Searle tut der Museumswärter so, als sähe er die schamverletzende Nacktheit nicht; und bei ffolkes versteckt der Betrachter des Aktbildes seine Lüsternheit hinter einem vorgetäuschten Interesse am Rahmen. In beiden Fällen wird der Betrachter eher Sympathie für die humoristische Bewältigung der Schamverletzung als Antipathie für die Scheinheiligkeit empfinden. Wie bei den zuvor betrachteten Merkmalen ist auch hier der Bezug zu den gesellschaftlichen Normen offensichtlich. Je strenger die Normierung, umso größer die Herausforderung an den Humor, sich dagegen zu wehren. Während der ernsthafte, gewissermaßen «ehrliche» Heuchler sich der Konformität unterwirft, benutzt der humorvolle die Scheinheiligkeit, um sich Freiraum zu verschaffen. In beiden Karikaturen zeigt sich der alte Adam, der sich weder durch *cant* noch durch andere Formen von *hypocrisy* unterdrücken lässt.

Exzentrik

Seit mehr als zwei Jahrhunderten gilt exzentrisches Verhalten als eine nationale Eigenheit der Engländer. Das steht in merkwürdigem Widerspruch zu der Tatsache, dass das englische Verhalten im gleichen Zeitraum vom Ausland als ein extrem ritualisiertes empfunden wurde. Die Exzentrik wie die Ritualisierung bildete sich im 18. Jahrhundert aus, wobei erstere als eine notwendige Entlastung der letzteren anzusehen ist. Verhalten, das von gesellschaftlich akzeptierten Normen abweicht, gab und gibt es zu allen Zeiten. Als eine kollektive Eigentümlichkeit kann es aber erst dann auffällig werden, wenn sich die Norm ebenfalls kollektiv verfestigt hat. Das geschah, als sich die englische Gesellschaft vom französischen Vorbild löste und auf allen Gebieten des Geschmacks einen eigenen Stil entwickelte.

Im 18. Jahrhundert wurde der europäische Kontinent jahraus jahrein von englischen Bildungsreisenden heimgesucht, die über Boulogne und Paris ihre Grand Tour nach Italien unternahmen, um dort ihrer geistigen und gesellschaftlichen Bildung den letzten Schliff zu geben. Auf dem Rückweg kamen viele auch nach Deutschland, wo sie Heidelberg und München besuchten und nicht selten einen Abstecher nach Hannover machten, der Hauptstadt jenes Kurfürstentums, das in Personalunion mit Großbritannien verbunden war. Von dort war es nicht weit nach Göttingen, wo sich an der Universität eine Art Vorposten der englischen Kultur auf dem Kontinent etabliert hatte mit dem Schriftsteller G. F. Lichtenberg als dem prominentesten Göttinger Anglophilen. Auf diese Weise wurden die Deutschen mit einem Verhalten bekannt, das für lange Zeit ihr Bild vom Engländer prägte. Er erschien ihnen als ein Mensch, dem mehr Freiheiten gestattet waren als ihnen selber, der darüber hinaus eine aufgeklärte, pragmatische Vernünftigkeit an den Tag legte und der die bereits erwähnte sportlich moderne Kleidung trug.

Außer ihrer Mode brachten die englischen Touristen aber auch noch ihren Spleen mit. Das Wort bedeutet eigentlich ‹Milz› und bezeichnet damit das Organ, in dem man den Sitz eines spezifisch englischen Gemütsleidens vermutete, das unter dem Namen Melancholie schon zu Shakespeares Zeiten in England häufiger aufzutreten schien als anderswo. Jedenfalls gehörte der Melancholiker zu den typischen Bühnenfiguren des elisabethanischen Theaters. Prominentestes Beispiel ist Hamlet. 1621 erschien Robert Burtons Buch *The Anatomy of Melancholy*, das zu den meistgelesenen, meistdiskutierten und meistzitierten Büchern seiner Zeit zählte. Falls die Literatur die Realität angemessen widerspiegelt, muss man annehmen, dass das Gemütsleiden der Melancholie in England weit verbreitet war. Die Gründe dafür wurden schon damals diskutiert. Einige schoben es auf das trübe Wetter, andere auf den übermäßigen Fleischgenuss der Briten. Eine plausiblere Erklärung scheint zu sein, dass sich die alte festgefügte Feudalordnung, in der jeder seinen Platz hatte, in England früher auflöste als auf dem Kontinent. Shakespeare hat diesen Verlust an Ordnung – er spricht von *degree* – in seinen Stücken immer wieder als Tatsache oder als drohende Gefahr thematisiert. In einer sich auflösenden Ordnung, in der der Mensch frei ist, seinen Platz zu verlassen, wird sich ein Gefühl der Unsicherheit breit machen, das bei sensiblen Menschen Melancholie auslösen kann.

Eine andere Form, auf gesellschaftlichen Druck zu reagieren, ist exzentrisches Verhalten. Shakespeare lässt in seinen Stücken nicht nur Melancholiker, sondern auch Exzentriker auftreten, die in den Komödien Lachanlässe bieten, entweder indem sie als weise Narren durch ihre Exzentrik die gesellschaftlichen Normen bloßstellen oder indem sie wie Malvolio in *Twelfth Night or What You Will (Was ihr wollt)* aus der Norm herausfallen und selber lächerlich werden. Wenn Zuschauer bereit waren, mit Melancholikern wie Hamlet mitzuleiden und mit exzentrischen Narren mitzulachen, dann darf man annehmen, dass Exzentrik für sie kein durchweg negatives Phänomen war. Offenbar war das zur Emanzipation ansetzende Londoner Stadtbürgertum in einer Situation, in der es die Freisetzung von den Feudalzwängen sowohl als Freiheit wie auch als Unsicherheit empfand.

Der Spleen der Engländer im 18. Jahrhundert, der nun der Milz und nicht mehr wie zu Shakespeares Zeiten der *melaina chole*, der schwarzen Galle, zugeschrieben wurde, war nicht länger die Schwermut der elisabethanischen Bühnenmelancholiker, sondern etwas, was den Menschen auf harmlosere Weise aus der Reihe tanzen lässt, wenngleich gerade in jener Zeit der Selbstmord als etwas spezifisch Englisches galt (‹Den Engländer machen› war zu Goethes Zeiten ein anderer Ausdruck für Suizid). Doch der weitaus größte Anteil am Spleenigen der Briten bestand in einer Neigung zu skurrilen Verstößen gegen gesellschaftliche Normen. Historische Beispiele dafür sind Legion. Die in London zu jener Zeit schon hoch entwickelte Sensationspresse war voll von Berichten über Menschen, die durch bizarres Verhalten öffentliche Aufmerksamkeit erregten. Das tat z. B. am 10. August 1749 der Gastwirt Thomas Topham in Islington, indem er auf seinem Kopf Kokosnüsse zerschlug und sein Pferd über einen Schlagbaum stemmte. Besonders gefördert wurde exzentrisches Verhalten durch die stark ausgeprägte Wettleidenschaft der Engländer. So kam es im Juni 1795 zu einem Wettrennen zwischen Ned Denny, dem Norfolk-Samson, und Seth Blowers, dem Suffolk-Riesen. Ned zog über zehn Meilen eine Kutsche mit zehn Passagieren, Seth trug auf seinem Rücken Lord Beauchamp, den Initiator der Wette. Im Endspurt brach Ned tot zusammen, wurde aber von der bergab rollenden Kutsche als Sieger ins Ziel getragen. Seth, der lebend ins Ziel kam, brach danach ebenfalls zusammen und starb drei Tage später an Erschöpfung.

Auf der höchsten gesellschaftlichen Ebene tobte sich die Exzentrik oft in extrem eigenwilliger Bautätigkeit aus. Ihr Hauptschloss auf dem Lande ließen sich die Adligen zwar meist in strengem Klassizismus bauen, doch daneben ließen sie in ihren Parks völlig nutzlose Bauwerke errichten, sogenannte *follies* (Narrheiten), die nur den Zweck hatten, der Landschaft einen charakteristischen Blickpunkt zu geben. William Beckford, Sohn eines reichen Bürgermeisters von London und Autor eines orientalischen Schauerromans, baute sich nach seiner Rückkehr von der *Grand Tour* das neugotische Schloss Fonthill Abbey, dessen gewaltiger Turm so überdimensioniert war, dass er später wegen des zu weichen Untergrunds einstürzte. Ein anderer Exzentriker, der fünfte Herzog von Portland, war so menschenscheu, dass er ab 1854 sein Landschloss Welbeck Abbey mit einem System von Maulwurfsgängen untertunnelte, um es jederzeit ungesehen verlassen zu können.

Bis zum Ende des 17. Jahrhunderts hielt auch England an den beiden ästhetischen Idealen fest, die im 18. Jahrhundert mit den Begriffen des Schönen und des Erhabenen bezeichnet und als alternative ästhetische Normen diskutiert wurden. Doch schon gegen Ende des 17. Jahrhunderts – bezeichnenderweise zeitgleich mit der Glorreichen Revolution – hatte William Temple ein drittes Ideal lanciert, das bis zur Mitte des 18. Jahrhunderts als *Sharawadgi* bezeichnet wurde, was angeblich auf einen chinesischen (oder japanischen?) Satz zurückgehen soll, der so zu übersetzen ist: das, was durch Unregelmäßigkeit gefällt. In der zweiten Hälfte des 18. Jahrhunderts wurde der Begriff durch das Wort *picturesque* ersetzt und bezeichnet seitdem ein Geschmacksideal, das der Kunsthistoriker David Watkin als *the English vision* bezeichnet. Das Pittoreske ist gewissermaßen der ästhetische Ausdruck des Exzentrischen.

Dass die englische Gesellschaft allen Auflösungserscheinungen zum Trotz noch immer stärker ritualisiert ist als beispielsweise die deutsche, wird jeder Englandbesucher mit bloßem Auge wahrnehmen. Die Lockerung der Zwänge scheint aber bewirkt zu haben, dass in der Mittelschicht die Neigung zu exzentrischem Verhalten abgenommen hat. Jedenfalls dringt davon nur noch wenig in die Öffentlichkeit. Überall da aber, wo es um humoristische Unterhaltung geht, ist Exzentrik weiterhin ein englisches Markenzeichen. Mr. Bean ist dafür ein typisches Beispiel.

Anti-Intellektualismus

Harold Nicolson, der als Diplomat ausreichend Gelegenheit hatte, die Mentalität seines eigenen Volkes durch den Vergleich mit anderen Völkern besser verstehen zu lernen, zählt in seinem Essay *The English Sense of Humour* (1956) die *specific components* seines Untersuchungsgegenstands auf. Darunter befinden sich zwei, die er so benennt: *Against intellectual superiority* und *Making fun of knowledge*. Beispiele für diese Haltung finden sich

Abb. 16: THE BRITISH CHARACTER
Importance of not being intellectual (Pont)
Die Wichtigkeit kein Intellektueller zu sein.

in der englischen Literatur und besonders in Karikaturen zuhauf. Pont widmet ihr in seiner Serie *The British Character* ein eigenes Bild (Abb. 16). Dabei waren die Engländer nie und sind auch heute nicht bildungsfeindlich. Im Gegenteil, ihre Wertschätzung für Bildung schießt in einem Punkt sogar über das Ziel hinaus: Bei Menschen, die nicht den Akzent der akademisch Gebildeten, sondern einen regionalen Dialekt sprechen, vermuten sie Unbildung und ordnen sie deshalb auf einer sozial niedrigeren Stufe ein. Was sie aber ganz und gar nicht mögen, ist, wenn Gebildete ihre Bildung zur Schau stellen. Offenes Protzen mit Wissen und geistigen Fähigkeiten ist auch in anderen Ländern verpönt. In England geht die Abneigung aber so weit, dass man es Hochgebildeten schon übel nimmt, wenn sie sich ihre Bildung überhaupt anmerken lassen. Diese Haltung hat den gleichen Ursprung wie die Neigung zum Bathos. Geistige Überlegenheit, so sehr man sie objektiv schätzen mag, stellt eine Autorität dar, die den englischen Humor zum Spott herausfordert, erst recht, wenn der Überlegene auch nur die leiseste Spur von Arroganz zeigt. Das zwingt englische Akademiker und Intellektuelle zu einer selbstironischen Haltung, die es Ausländern, zumal Deutschen, schwer macht, die wahre geistige Potenz ihres Gegenübers einzuschätzen. Andererseits hatte es die wohltuende Wirkung, dass der intellektuelle Diskurs in England Bodenhaftung behielt. Selbst die alltägliche Schaumschlägerei, die sich mit Wissenschaftsjargon betreiben lässt, hält sich auf der Insel in Grenzen. Es liegt auf der Hand, dass auch hier die Angst vor dem Bathos ihre Wirkung zeigt.

Geschmacklosigkeit

Wer die Tendenz zur Geschmacklosigkeit als Merkmal des englischen Humors bezeichnet, muss mit der Gegenfrage rechnen, ob das nicht ein Grundzug des westlichen Humors überhaupt sei; denn vieles, was dem deutschen Publikum im Fernsehen als «Humor» angeboten wird, dürfte in den Augen der anspruchsvolleren Zuschauer durchaus als geschmacklos gelten. Man darf mit einiger

Sicherheit annehmen, dass solche Sendungen noch vor einem halben Jahrhundert hierzulande undenkbar, weil unerträglich gewesen wären. In England ist der Angriff auf den guten Geschmack noch viel ausgeprägter. Vor allem hat er dort eine viel längere Tradition. Zwar gibt es aus der zweiten Hälfte des 20. Jahrhunderts dank Ton- und Videoaufnahmen von Spike Milligan und der *Goon Show* über *Monty Python's Flying Circus* bis hin zu den jüngsten Film- und Fernsehproduktionen ein viel reicheres Material als aus früheren Epochen, doch die Tendenz zur bewussten Geschmacksverletzung ist schon in den Karikaturen von Gillray und Rowlandson unübersehbar. Manches, was dort zu sehen ist, kann sich in puncto Geschmacklosigkeit mit Sacha Baron Cohens Film *Borat* messen, der 2006 Furore machte. Dessen Amoklauf gegen den guten Geschmack steht durchaus in der langen Tradition des englischen Humors.

Nach einer Erklärung wird man nicht lange suchen müssen. Wenn Humor ein Mittel zur Lösung sozialer Spannung ist, dann ist zu erwarten, dass er überall da eingesetzt wird, wo Spannungen in besonderem Maße auftreten. Das war in England der Fall, als mit dem Aufkommen des Gentleman-Ideals der Normierungsdruck auch auf dem Gebiet des Geschmacks stetig zunahm. Wenn von den Menschen erwartet wird, dass sie in allen Lebenslagen das Gesicht wahren und sich normgerecht verhalten, muss zugleich ein starkes Verlangen aufkommen, dieses Korsett zu sprengen und gegen die Norm zu verstoßen. Geschmacksverletzung ist dann nichts anderes als Exzentrik im Ästhetischen. Es gibt allerdings einen auffälligen Unterschied zwischen deutscher und englischer Geschmacklosigkeit. Als am Nachmittag des Eurovision Song Contest 1998 in Birmingham, bei dem Guildo Horn für Deutschland antrat, der Verfasser von einem Rundfunksender befragt wurde, welche Reaktion auf den deutschen Beitrag er von Seiten der Engländer erwarte, lautete seine Antwort sinngemäß so: «Einerseits entspricht Guildos bewusste Geschmacklosigkeit durchaus englischen Humorerwartungen; insofern dürfte sein unappetitliches Erscheinungsbild die englischen Zuschauer eher amüsieren als abstoßen. Andererseits passt aber seine Botschaft eher zu dem, was die Briten als deutsche Gemütlichkeit belächeln; denn sie lautete: ‹piep-piep-piep, Guildo hat euch lieb›. Darum ist vom britischen Publikum eine Bewertung in der Mitte der Skala zu erwarten.» Die Prognose erwies sich als Punktlandung. Da der englische Humor sich durch den Verstoß gegen den guten Geschmack aus dem Korsett einer Norm befreien will, hebt sich der Befreiungsakt selber auf, wenn er mit dem deutschen Gestus der Vereinnahmung in einen Gemütlichkeitskonsens erfolgt. Auf der anderen Seite zeigte Guildo Horns ostentative Geschmacklosigkeit aber auch, dass die Deutschen heute ebenso heftig gegen das normative Korsett rebellieren wie die Briten, nur tun sie es in Erwartung eines gutmütigen und nicht bloß befreienden Gelächters.

Im Widerstreit zwischen Humor und Geschmack liegt allerdings ein grundsätzliches Dilemma. Wenn es richtig ist, dass der Lachende sich über das Ausgelachte erhebt, hat das Lachen etwas Emanzipatorisches. Nicht minder emanzipatorisch ist aber auch der kultivierte Geschmack, durch den sich der Mensch über die Befriedigung tierischer Bedürfnisse erhebt. Schillers Definition von Schönheit als «Freiheit in der Erscheinung» mag zu theoretisch klingen, aber dass eine den Geschmack befriedigende Form dem Inhalt mehr Freiheit gewährt als eine geschmacklose, ist eine Tatsache, die aus der Mode hinreichend bekannt ist. In einer zu engen, zu weiten oder zu geschmacklosen Kleidung fühlt man sich unfrei. Hebt sich ein geschmackloser Humor dann nicht selber auf? Hier müsste eine theoretische Analyse der gegenwärtigen Trivialkultur ansetzen, was den Rahmen dieses Buches sprengen würde. Wenn der Humor ein wesentlicher Motor des neuzeitlichen Horizontalisierungsprozesses ist, drängt sich die Vermutung auf, dass es irgendwann nichts mehr zu horizontalisieren gibt. Ob sich dann der emanzipatorische Humor in der Uniformität einer reinen Spaßkultur auflöst und zur bloßen Lachroutine wird, bleibt abzuwarten.

Schon die Tatsache, dass im Deutschen für Unsinnspoesie meist das englische Wort verwendet wird, zeigt an, dass es sich um ein typisch englisches Phänomen handeln muss. Als Erfinder des literarischen Nonsens gilt Edward Lear, der 1846 *A Book of Nonsense* herausbrachte und damit den Begriff für einen neuen Phantasiebereich der seriösen Kultur kreierte. Weltberühmt wurde englischer Nonsens aber erst durch *Alice's Adventures in Wonderland* (1865) des Oxforder Mathematikprofessors Charles Lutwidge Dodgson, den alle Welt nur unter seinem Künstlernamen Lewis Carroll kennt. Frühe Ansätze von Nonsens finden sich aber schon bei Shakespeare. Man denke nur an das Rüpelspiel in *A Midsummer Night's Dream*. Shakespeares Zentralproblem, der Widerstreit von Vernunft und Leidenschaft, wurde im Verlauf des 17. Jahrhunderts durch den von Hobbes und Locke entwickelten Empirismus aufgelöst. Während auf dem Kontinent der Rationalismus Descartes' die alte Vertikalität beibehielt und Erkenntnis «auf geometrische Weise», *more geometrico*, deduktiv aus der Vernunft abzuleiten versuchte, hatte sich in England parallel zur politisch-sozialen Entwicklung eine entsprechende Horizontalisierung des Denkens durchgesetzt; denn für den Empirismus ist die einzige Erkenntnisquelle die sinnliche Wahrnehmung. So kam es, dass in dem Land, das den gesunden Menschenverstand, den Common Sense, ebenso für sich reklamiert wie den Humor, die Vernunft paradoxerweise am stärksten relativiert wurde.

Fasst man die hier skizzierte Entwicklung ins Auge, kann es nicht verwundern, dass England nicht nur zur Wiege des romantischen Gedankenguts wurde, sondern auch zur Geburtsstätte des Nonsens. Beides bildete sich im 18. Jahrhundert heraus. Der Name, mit dem sich die spezifisch englische Form von volkstümlichem Nonsens verbunden hat, ist Mother Goose. Die Figur der «Gänsemutter» wurde zwar zuerst von einem Franzosen popularisiert, nämlich von Charles Perrault, der 1697 unter dem Namen

*Abb. 17: Die Cheshire Katze aus Alice im Wunderland.
Gezeichnet von John Tenniel (1865).*

seines zehnjährigen Sohnes Perrault d'Armancourt sein Epoche machendes Buch *Les Contes de la Mère l'Oye* veröffentlichte. Doch dabei handelt es sich um eine Märchensammlung, während in England unter Titeln wie *Mother Goose's Melody: or, Sonnets for the Cradle* (1765) Sammlungen volkstümlicher Kinderverse, sogenannte Nursery Rhymes, herauskamen. Die erste erhaltene Sammlung solcher Nonsens-Verse für Kinder ist *Tommy Thumb's Pretty Song Book* aus dem Jahr 1744. Allerdings glauben amerikanische Literaturpatrioten standhaft, dass eine gewisse Elizabeth Foster Goose die wahre Mother Goose sei. Die Verse, die sie ihren Enkeln vorgesungen habe, sollen von Thomas Fleet unter dem Titel *Songs for the Nursery, or Mother Goose's Melodies* 1719 publiziert worden sein. Doch von dem Buch gibt es weder ein

Abb. 18: «Ich bin nicht übermäßig stolz auf den da. Er glaubte, ich fotografiere ihn.»
Karikatur von John Donegan.

Exemplar noch einen sicheren Beweis seiner Existenz. Wer auch immer der erste Sammler gewesen sein mag, im 18. Jahrhundert folgten in England Bücher mit Nursery Rhymes in immer kürzeren Abständen, und mit der Zeit verband sich diese Form kindlicher Nonsenspoesie mit dem Namen Mother Goose zu einem festen Begriff. Lewis Carroll führte den Nonsens in die Prosa ein, und durch die Monty Python-Serie des BBC wurde er schließlich zu einem Markenartikel der englischen Unterhaltungsindustrie.

Bei genauerem Hinsehen ist englischer Nonsens selten völlig frei von Sinn. Oft verbirgt sich dahinter eine satirische Spitze, eine parodistische Anspielung oder eine überdrehte Form von Realitätsdarstellung. So liegt beispielsweise in Edward Lears bekanntem Gedicht ein parodistischer Bezug vor. Es beginnt so:

On the Coast of Coromandel
Where the early pumpkins blow,
In the middle of the woods
Lived the Yonghy-Bonghy-bo.
Two old chairs and half a candle, –
One old jug without a handle, –
These were all his worldly goods.

In neun weiteren Strophen erzählt das Gedicht eine absurde Werbungsgeschichte. Doch darunter liegt als Subtext eines der meistparodierten Gedichte jener Zeit, nämlich Henry Wadsworth Longfellows Gedicht *The Song of Hiawatha* (1855). Dessen rhythmisches Schema, das seinerseits dem finnischen National-epos *Kalevala* entlehnt ist, muss damals jeder Gebildete sofort aus dem Nonsens-Gedicht herausgehört haben.

Unsinnspoesie gibt es auch in der deutschen Literatur. Christian Morgenstern ist dafür ein hochgeschätztes Beispiel. Doch bei ihm vermutet man als Leser immer einen Tiefsinn, selbst wenn man ihn nicht findet. Mit reinem Nonsens, noch dazu wenn er sich mit schwarzem Humor verbindet und in geschmacksverletzender Form daherkommt, tun sich die Deutschen schwer. Engländer hin-gegen scheinen mit Nonsens das zu bezwecken, was ihr Humor ganz allgemein anstrebt, nämlich die Sprengung des Korsetts einer einengenden Ordnung, des Zwangs zu vernünftiger Kommunika-tion. Das bedeutet aber nicht unbedingt Sinnfreiheit. Gerade *Alice im Wunderland* ist das klassische Beispiel dafür, wie das Zerstören der alltäglichen Sinnerwartung die prekäre Basis des Vertrauens in Sinnzusammenhänge bewusst macht und zu tiefsinnigen Über-legungen Anlass gibt. Nonsens findet man auch in Cartoons. Den Anstoß dazu gab ebenfalls Lewis Carrolls Buch. Die Illustrationen, die John Tenniel dazu schuf, wurden genauso bekannt und berühmt wie das Buch selber (Abb. 17). Während Tenniels *Cheshire Cat* ih-ren Nonsens bildlich zum Ausdruck bringt, geht er in John Done-gans Cartoon erst aus dem Bildtext hervor (Abb. 18).

Auch der schwarze Humor gilt als so typisch englisch, dass er von Deutschen oft mit dem englischen Begriff *black humour* bezeichnet wird. Eine Neigung der Briten zum Makabren lässt sich schon im elisabethanischen Drama beobachten, wo in manchen Stücken die Grausamkeit so übertrieben wird, dass der heutige Zuschauer nicht weiß, ob er lachen oder weinen soll. In Shakespeares frühester Tragödie, *Titus Andronicus*, wird vergewaltigt, eine Zunge herausgeschnitten, es werden Hände abgehackt und Kinderköpfe in Pasteten gebacken, von geringeren Grausamkeiten zu schweigen. Ob Shakespeare dies wirklich ernst meinte oder ob er nur der Konkurrenz zeigen wollte, dass er es genauso gut konnte wie sie, ist schwer zu entscheiden. Immerhin geht es in seinen späteren Tragödien nicht ganz so wüst zu, obgleich auch da Kinder ermordet und Augen ausgestochen werden. Dabei bedient er sich wiederholt eines Kunstgriffs, der in der Fachsprache der Literaturwissenschaft als *comic relief* bezeichnet wird. Das wohl berühmteste Beispiel dafür ist die Pförtner-Szene in *Macbeth*. Der Kunstgriff besteht darin, dass unmittelbar nach dem Mord am König die kaum noch zu steigernde tragische Spannung erst einmal aufgelöst wird, indem ein betrunkener Pförtner auftritt, der über die nächtliche Ruhestörung schimpft, als die verspätet eintreffenden Getreuen des Königs, Macduff und Lennox, ans Tor klopfen. Der Wortwechsel mit dem Betrunkenen steht in makabrem Gegensatz zu der vorausgegangenen Szene, in der Macbeth und seine Frau mit blutbeschmierten Händen auftraten, und zu der folgenden, in der der Königsmord publik wird.

Was im elisabethanischen Drama noch der tragischen Wirkung diente, wurde im 18. Jahrhundert im Zeitalter des Klassizismus zu satirischem Zweck eingesetzt. Berühmt für seinen schwarzen Humor ist Jonathan Swift, der in *A Modest Proposal (Ein bescheidener Vorschlag)* (1729) den Iren den Rat gab, ihre Babys zu schlachten, weil das die Ernährungslage verbessern und das Bevölkerungswachstum drosseln würde. Natürlich war der Vorschlag nicht ernst gemeint, sondern sollte schockieren, um die Leser auf das Elend der irischen Bevölkerung aufmerksam zu machen. Aber auch da, wo es nicht um soziale Anklage ging, liebte es Swift, seinem Ekel vor der Menschheit Luft zu machen und sie in schwärzesten Farben darzustellen.

Gegen Ende des 18. Jahrhunderts erhielt der schwarze Humor durch die Mode der Schauerromane einen neuen Impuls, der durch die Romantik fortgesetzt wurde und in de Quinceys Essay *On Murder Considered as One oft the Fine Arts (Der Mord als schöne Kunst betrachtet)* eine ironisch-makabre Blüte trieb. Schwarzer Humor wurde danach in immer ausgeprägterem Maße zu einem Merkmal der englischen Literatur. Auch Dickens war ein Meister des Makabren, wenngleich bei ihm die Grausamkeit und das Böse immer noch auf der Gegenseite zum Humor lagen. Gegen Ende des 19. und zu Beginn des 20. Jahrhunderts traten dann immer mehr Spezialisten des *black humour* auf den Plan, so beispielsweise H. H. Munro, der unter dem Pseudonym Saki bekannt wurde, Max Beerbohm mit seinem erfolgreichen Roman *Zuleika Dobson* (1911) und Ronald Firbank mit seinen blasphemischen Phantasien in *Concerning the eccentricities of Cardinal Pirelli* (1926; *Die Exzentrizitäten des Kardinals Pirelli betreffend*). Agatha Christie, die grand old lady des englischen Kriminalromans, kann man ebenfalls in diese Tradition einreihen. Nach dem Zweiten Weltkrieg hat sich vor allem Roald Dahl einen Namen als schwarzer Humorist gemacht. Sein *Küßchen, Küßchen* (1959) war auch in Deutschland ein großer Erfolg. Außerhalb der englischen Grenzen erfreute sich der schwarze Humor englischer Provenienz vor allem im Film großer Beliebtheit. *Ladykillers* wurde zu einem Klassiker. Mit *Monty Python's Flying Circus* ging dann eine regelrechte Woge des schwarzen Humors durch die Fernsehprogramme vieler Länder; und auch außerhalb der Serie war deren tragende Säule, John Cleese, an zwei Filmen von schwärzestem Humor beteiligt: *The Life of Brian* (1978) und *A Fish Called Wanda* (1988).

Abb. 19: «Sieh's doch von der guten Seite, Schatz.
Wenigstens hast Du ein Haarwuchsmittel erfunden.»
Karikatur von Mike Williams.

Auch in englischen Karikaturen ist schwarzer Humor ein charakteristisches Element. Für deren Neigung zur Grausamkeit
wurden bereits zwei Beispiele gegeben. Wenn die Grausamkeit
sich nicht mehr nur in der Kaltherzigkeit gegenüber dem Unglück anderer zeigt, sondern von den Betroffenen verlangt, dass
sie ihr Unglück mit Humor tragen, nimmt dieser die schwarze
Farbe an. Das ist in Mike Williams' Karikatur der Fall (Abb. 19).
Das Wesensmerkmal des schwarzen Humors ist seine Respektlosigkeit gegenüber der Moral. Er greift sie nicht satirisch an, um
sie durch eine bessere zu ersetzen, sondern tut so, als gäbe es sie
gar nicht. Statt nach der Autorität einer Übermoral zu suchen,

löst er die Fesseln jeder ethischen Norm und überlässt den Leser oder Zuhörer seinem individuellen moralischen Bewusstsein.

Schwarzer Humor ist darum nur dort zu erwarten, wo Individualität stark ausgeprägt ist und normative Autoritäten mit Misstrauen betrachtet werden. Genau das traf auf England nach der Glorreichen Revolution zu. Zwar war parallel dazu die Moralphilosophie an die Stelle der Metaphysik getreten, so dass man eigentlich eine besondere Neigung zu moralischer Normierung hätte erwarten müssen. Doch die englischen Moralphilosophen waren durchweg Empiristen, die die moralischen Probleme nicht von einem allgemeinen Sittengesetz, sondern von der Psychologie her zu lösen versuchten, was dann auch ein Interesse am Bösen in der Psyche hervorrief. Im Übrigen ist die Moral eine Zuchtmeisterin, gegen deren Peitsche sich die Menschen zur Herstellung ihres seelischen Gleichgewichts wohl überall von Zeit zu Zeit auflehnen müssen, vorausgesetzt, sie können es sich leisten; denn nur da, wo man um die gesellschaftliche Ordnung nicht fürchten muss, wird man den Mut haben, an den Pfeilern der sittlichen Ordnung zu rütteln. Das war in England seit der Glorreichen Revolution gegeben, während die Deutschen bis ins 20. Jahrhundert im Staat und der durch ihn garantierten Moral ihren Beschützer sahen, den sie wegen der politischen Instabilität bitter nötig hatten. Über einen Beschützer aber macht man sich nicht lustig. Wenn die institutionelle Moral allerdings so schwach ist, dass man von ihr kaum Schutz erwarten kann, dann kann das zu einem schwarzen Galgenhumor führen, wie er aus vielen jüdischen Witzen spricht.

Rumbustiousness

Wer in einer gut illustrierten Geschichte der englischen Karikatur blättert, wird darin einen Grundzug wahrnehmen, der im Englischen mit Adjektiven wie *boisterous, scurrilous, unabashed* oder *rumbustious* bezeichnet wird. Die vier Wörter, zu denen man noch ein gutes Dutzend bedeutungsverwandter hinzufügen könnte,

Abb. 20: Thomas Rowlandson, Die Jagdgesellschaft (um 1790).

sind nicht deckungsgleich, doch sie bezeichnen Facetten einer charakteristischen Eigenschaft des englischen Humors. Für keinen der genannten Begriffe gibt es eine adäquate Übersetzung. Nicht einmal das zweite Wort ist mit ‹skurril› bedeutungsgleich. Während das deutsche Wort nur etwas harmlos Groteskes und komisch Überdrehtes bezeichnet, wird *scurrilous* in Wörterbüchern mit ‹ordinär-scherzhaft›, ‹unflätig› und ‹zotig› übersetzt. Hier überwiegt die negative Bewertung, was in abgeschwächter Form auch für *unabashed* gilt, das ‹unverfroren› mit einem Schuss Schamlosigkeit bedeutet, zugleich aber ein Moment von unerschrockener Offenheit und Ehrlichkeit enthält. Dem steht mit positiver Bewertung *boisterous* gegenüber, das eine vital lärmende Fröhlichkeit bezeichnet. Alle drei Momente – das Zotige, Mutige und Vitale – kommen in dem vierten Wort zusammen, dessen Etymologie ungeklärt ist. *Rumbustious* geht auf das Substantiv *rumbustion* zurück, das als Variante zu *rumbullion* das alkoholische Getränk bezeichnet, das später nur noch ‹Rum› genannt wurde.

Abb. 21: «Mädchen, Mädchen – etwas weniger Lärm, bitte.»
Karikatur von Ronald Searle.

Rumbustiousness bezeichnet jene Mischung aus Frechheit, frivoler Zotigkeit, überdrehter Fröhlichkeit und bewusster Verletzung des guten Geschmacks, die schon bei Shakespeare zu beobachten ist und danach zu einem Grundzug des englischen Humors wurde. Was Falstaff und der Ritter Bleichenwang mit ihren Kumpanen treiben, hat bereits diese Qualität, die später in den Karikaturen von Gillray und Rowlandson ihre volle Ausprägung fand, weshalb die 1989 in London zu besichtigende Ausstellung von Werken des Letztgenannten den Titel *The Rumbustious World of Thomas Rowlandson* trug (Abb. 20). Im 19. Jahrhundert verschwindet *rumbustiousness* aus der englischen Karikatur, kehrt aber im 20. Jahrhundert bei Zeichnern wie Gerard Hoffnung und Ronald Searle mit neuer Vitalität zurück. Vor allem Searle wurde durch die makabren Späße seiner wilden Mädchen vom St. Trinian College weit über die Grenzen Englands berühmt (Abb. 21).

Spielerische und groteske Obszönität

Sexualität ist vermutlich in allen Kulturen einer der ergiebigsten Lachanlässe. Da sie überall durch eine Schamschranke gesichert und darüber hinaus in unterschiedlichem Maße tabuisiert ist, ruft jede drohende Verletzung der Scham und erst recht eine solche des Tabus psychische Spannung hervor, die durch Lachen abreagiert werden kann. Die konkreten Reize, mit denen sich Lacher herauskitzeln lassen, sind so stereotyp, dass man sie durchnummerieren könnte. Abgesehen davon, dass schon jede Andeutung von Sexuellem Abwehrspannung zum Schutz der Intimsphäre und damit Bereitschaft zum Lachen weckt, kommt vor allem bei Männern die Angst vor sexuellem Versagen hinzu. Das erklärt, weshalb Sammler von erotischer Folklore fast nur bei Männern fündig werden. Für Märchen, Volkslieder und Volksballaden waren und sind alte Frauen die ergiebigsten Quellen, obszöne Verse und Witze werden beinahe ausschließlich von Männern weitergegeben. Die einzelnen Motive, die darin vorkommen, lassen sich durchweg auf jene Angst zurückführen; denn es geht darin um männliche Potenz, um die Unersättlichkeit von Frauen oder um ihre Verweigerung und um alle sexuellen Manöver, die sich in diesem Spannungsfeld abspielen. Da es sich hier um etwas Allgemeinmenschliches handelt, dürfte sich das englische Verhalten nicht grundsätzlich von dem anderer Völker unterscheiden. Allerdings muss alles, was darüber gesagt wird, mit einem Fragezeichen versehen werden; denn gerade auf diesem Gebiet stellt das überlieferte Material nur einen winzigen Ausschnitt dar und ist zudem so stark gefiltert, dass Rückschlüsse auf das allgemeine Verhalten auf schwankendem Boden stehen.

Von Chaucer über Shakespeare, John Donne und die Restaurationskomödie bis in die Mitte des 18. Jahrhunderts geht die englische Literatur recht offenherzig mit Sexualität um, wenngleich das bürgerliche Lager schon seit dem Puritanismus eine zunehmende Lustfeindlichkeit erkennen lässt. Im 18. Jahrhundert wird zudem von England-Reisenden immer wieder berichtet, dass englische Männer eine auffällige Vorliebe für sado-masochistische Praktiken zeigten, weshalb diese in ganz Europa als *le vice anglais*, das englische Laster, bezeichnet wurden. Offenbar führte damals der Formzwang des Gentleman-Ideals dazu, dass viele Männer, zumal solche in höheren Positionen, sexuelle Lust nur erleben konnten, wenn sie mit Erniedrigung und Bestrafung einherging. Die später sprichwörtlich gewordene englische Prüderie kam aber erst im viktorianischen Zeitalter auf. Sie brachte den Engländern den Ruf ein, sexuell gehemmt zu sein und, wie George Mikes es ausdrückte, «statt eines Liebeslebens Wärmflaschen im Bett» zu haben.

Bei einem Blick auf das, was an volkstümlicher niederer Erotik in England überliefert ist, fällt auf, dass – außer in bewusster Pornographie – drastische Direktheit eher selten ist. Engländer scheinen es vorzuziehen, den anzüglichen Gegenstand in eine ironisch-spielerische Form zu kleiden, statt ihn mit Schlüpfrigkeiten auszumalen. Typisch dafür sind die obszönen Limericks, die die Peinlichkeit der Schamverletzung mit sprachlicher Virtuosität überspielen. Das gleiche Verfahren ist aber auch sonst sehr beliebt. Als Beispiel sei nur das folgende Gedicht genannt, das der humoristische Autor Sir Alan P. Herbert um 1928 während einer Schiffsreise schrieb, als er im Wartezimmer des Schiffsarztes in dessen Anatomiebüchern blätterte und dabei zu folgendem Kommentar über den weiblichen Unterleib inspiriert wurde.

The portions of a woman which appeal to man's depravity
  Are constructed with considerable care,
And what appears to you to be a simple little cavity
  Is really an elaborate affair:

And doctors who have troubled to examine the phenomena
  In numbers of experimental dames
Have made a list of all the things in feminine abdomina
  And given them delightful Latin names.

There's the vulva, the vagina, and the jolly perineum,
  The hymen (in the case of many brides),
And lots of other gadgets you would like if you could see 'em,
  The clitoris, and God knows what besides.

What a pity then it is that, when we common fellows chatter
  Of the mysteries to which I have referred,
We should use for such a delicate and complicated matter
  Such a very short and unatttractive word!

Zeilen auf ein vom Schiffsarzt ausgeliehenes Buch

Der Teil der Frau, der die Verkommenheit des Mannes reizt,
  Er ist mit größter Sorgfalt konstruiert.
Der schlichte Hohlraum scheint, wenn sie die Beine spreizt,
  Auf einmal unbeschreiblich kompliziert.

Doktoren haben dieses Phänomen studiert
  An extra dafür ausgesuchten Damen
Und jedes Teil des untren Weibes registriert
  Und auf Latein belegt mit hübschen Namen.

Da ist die Vulva, die Vagina und das gute Perineum,
  Das Hymen (was bei Bräuten oft der Fall ist),
Und Schnickschnack, den man lieben würde, könnte man ihn sehen:
  Die Klitoris, der Himmel weiß, was sonst noch alles.

Ist's nicht ein Jammer, dass die Männersprache
  Dies Urmysterium, das uns so bewegt,
Die ganze delikate, komplizierte Sache
  Mit so 'nem kurzen, wenig schönen Wort belegt!

Dieses Gedicht fand in mündlicher Überlieferung so große Verbreitung, dass Alan Bold in seiner Anthologie *The Bawdy Beautiful. The Sphere Book of Improper Verse* (1979) vier Fassungen abdruckte. Es hat alle Merkmale, die für den englischen Humor charakteristisch sind. Zunächst einmal nimmt es die typische *bottom up*-Haltung ein, die sich darin ausdrückt, dass der Sprecher einerseits sein Unwissen bekennt, andererseits aber über das «Mysterium» nicht mit ehrfürchtigem Staunen, sondern mit spielerischer Respektlosigkeit spricht. Der nächste typische Zug sind die weithergeholten Reime mit so genannten *hard words*, die nicht Gelehrsamkeit zur Schau stellen, sondern im Gegenteil den wissenschaftlichen Jargon lächerlich machen, was nichts anderes als Bathos ist. Die erotische Volkstradition Englands ist reich an Texten, die die Tabuspannung durch Bathos auflösen. So hat der große Henry Purcell einen Kanon auf einen anonymen Text komponiert, in dem von einem Kutscher die Rede ist, der die bildschöne Zofe seiner Herrin geheiratet hat. Als die Lady ihn darauf verwundert fragt, wie er an ein so schönes Weib gekommen sei, antwortet er *very blunt*: «*Even as my Lord got you.*» – «*How's that?*» – «*Why, by the cunt.*» Auch Herberts Gedicht kursiert in seiner Populärversion mit einer Schlussstrophe, die mit dem «wenig schönen Wort» *cunt* für die weibliche Scham endet.

Wenn das Stilniveau aber zu derb ist, um spielerische Ironie zu-

Abb. 22: Thomas Rowlandson, Die Gaukler.

zulassen, kann die Schamverletzung auch durch groteske Übertreibung bis hin zu obszöner Geschmacklosigkeit neutralisiert
werden. Diese Form des erotischen Humors hat Thomas Rowlandson in seinen obszönen Cartoons bis zum Exzess getrieben.
Hier fallen *rumbustiousness* und Rücksichtslosigkeit gegenüber
dem guten Geschmack zusammen (Abb. 22). Weniger offen, doch
ungebrochen hielt sich diese Tradition selbst im 19. Jahrhundert.
Die deftigen Lieder aus der Frühzeit der *Music Hall* bis etwa 1840,
die George Speaight im Britischen Museum entdeckte und als
Bawdy Songs of the Early Music Hall publizierte, müssen vielen
Männern bekannt gewesen sein; und noch um 1880, als England
sich gerade wegen seiner Prüderie dem verdorbenen Kontinent
gegenüber gesund und stark fühlte, erschienen achtzehn Ausga-
ben des pornographischen Untergrundmagazins *The Pearl*, das in
vielen Männer-Clubs zirkuliert haben muss.

Neben dem Lachen gibt es eine zweite, weniger humorvolle, aber immer noch unernste Form des Spannungsabbaus, das Fluchen. Dass Engländer hierfür mit Vorliebe Wörter aus dem Sexualbereich wählen, während die Deutschen den Anal- und Fäkalbereich vorziehen, kann Zufall sein, scheint aber doch eher erklärbare Gründe zu haben. Für eine Gesellschaft, die geschützt und in sicheren Verhältnissen auf einer Insel lebt, dürfte das relativ enge Zusammenleben ein hohes Maß an Respekt vor der Privatsphäre des Einzelnen erfordern. Unter diesen Umständen ist zu erwarten, dass die Intimsphäre besonders tabuisiert wird, so dass an dieser Schranke der Druck sehr groß wird und nach regelmäßiger Entlastung verlangt. Für die Deutschen, die jahrhundertelang in einem Gemeinwesen mit offenen Grenzen und instabilen Verhältnissen lebten, scheint Reinlichkeit einen höheren Wert gehabt zu haben. Das könnte der Grund sein, weshalb sie mit Vorliebe das Fluchwort ‹Scheiße›, wählen, um den Druck an dieser Schranke zu entlasten. Im Übrigen ist der Anal- und Fäkalbereich nicht nur Lieferant von Fluchwörtern, er liefert vor allem Lachanlässe. Für diesen Zweck nutzen ihn die Engländer mit gleichem Gusto und mit noch weniger Rücksicht auf den guten Geschmack.

Bottom up-*Humor*

Die fünfzehn hier betrachteten Eigentümlichkeiten des englischen Humors haben eins miteinander gemein: sie verstoßen gegen eine Ordnung. Bei einigen ist dies offensichtlich. So verletzen Exzentrik und *rumbustiousness* die gesellschaftlich akzeptierten Umgangsformen, Hinterlist und Sprachspiele verstoßen gegen die Verlässlichkeit sprachlicher Kommunikation, Nonsens untergräbt deren logische Ordnung, und schwarzer Humor verstößt eklatant gegen die Moral. Aber auch die anderen Merkmale sind auf ihre Weise «ordnungswidrig». So verweigert Bathos den Respekt für anerkannte Werte, während das Understatement ebenso wie das *deadpan face* die Offenheit vermeidet, die für einen vertrauensvollen Umgang der Menschen miteinander erwartet wird. Fasst man die betrachteten Merkmale zusammen, so ergibt sich ein Humor, der sich auffällig vom deutschen unterscheidet.

Wenn man unter deutschem Humor das versteht, was als solcher im 19. Jahrhundert aufkam und, in sich abschwächender Form, bis zum Ende des 20. Jahrhunderts und noch darüber hinaus weiterlebt, dann ist es das, was noch heute im Fernsehen in zwei typisch deutschen Unterhaltungsformen erscheint: im Volkstheater und in gemütlichen Familiensendungen mit Volksmusik, Trachtenlook und romantischer Landschaftskulisse einerseits und im moralisierenden Kabarett à la *Scheibenwischer* andererseits. Gemütlichkeit und Moralisieren, diese beiden Grundzüge des deutschen Humors, sind dem englischen Humor weitgehend fremd. Deutsche verbinden mit Humor die Erwartung eines spannungsfreien Innenraums, in dem sie sich ausgelassener Fröhlichkeit hingeben können. Wenn jemand durch ein Fehlverhalten diese Spannungsfreiheit stört, wird er moralisierend hinausgelacht. Das Wort ‹auslachen› bringt dies sinnfällig zum Ausdruck. Das bedeutet, dass der deutsche Lacher auf der Seite der Ordnung gegen den Störer lacht, d. h. von oben nach unten, *top down*. Der englische Lacher hingegen lacht auf der Seite des Störers gegen die Ordnung, *bottom up*. Warum der deutsche Humor so grundsätzlich anders ist als der englische, hat der Verfasser in seinem Buch *Max und Monty. Kleine Geschichte des deutschen und englischen Humors* zu erklären versucht. Am Schluss des vorliegenden Buches werden wir darauf zurückkommen.

Der *bottom up*-Charakter des englischen Humors zeigt sich nicht nur in der Respektlosigkeit sprachlicher Äußerungen, er tritt oft auch in bildhaften Darstellungen sinnfällig in Erscheinung. Der herausfordernd-aufmüpfige Blick von unten nach oben ist charakteristisch für Darstellungen von John Bull, auf die wir später noch zu sprechen kommen werden. Die hier abgedruckte Karikatur (Abb. 23) ist vom Thema her unspezifisch, doch in ih-

Abb. 23: «Ich kann dich nicht bedienen».
«Gut, dann holen Sie den Kerl, der's kann».
Karikatur von G. L. Stampa.

rem Gestus um so bezeichnender. Englische Leser werden sich beim Anblick einer solchen Szene wohl spontan an den hungrigen Oliver Twist erinnert fühlen, der im Armenhaus mit seinem leeren Teller vor den Aufseher tritt und den zum geflügelten Wort gewordenen Satz ausspricht: *Please, Sir, I want some more.* Diese anrührende Szene (Abb. 24) erhält trotz der in ihr enthaltenen sozialen Anklage dank Dickens' Kunst der Groteske einen Hauch von rabenschwarzer Komik. Anders als bei den anderen leidenden Kindern in seinen Romanen tritt hier an die Stelle von Rührselig-

Abb. 24: George Cruikshank, Oliver bittet um mehr.
Illustration aus Dickens' Oliver Twist (1837).

keit ein makabrer Humor; denn Oliver ist in diesem Moment
nicht das Opfer, sondern der Rebell. Dass der Satz bei Engländern
so bekannt ist wie Hamlets *To be or not to be*, ist ein weiteres Indiz
für ihren *bottom up*-Humor.

Typische Ausprägungen

Neben den typischen Merkmalen, die sich in der jahrhundertelangen Überlieferung des englischen Humors und in seiner heutigen Praxis beobachten lassen, gibt es kulturelle Erscheinungen, in denen sich diese Merkmale zu stereotypen Ausprägungen verfestigt haben. Die sechs, die im Folgenden betrachtet werden, haben jenseits der englischen Grenzen nicht alle den gleichen Bekanntheitsgrad, und einige davon sind auch in England auf London oder größere Städte beschränkt. Doch dürften sie allesamt von Briten wie Nicht-Briten für typisch englisch gehalten werden.

Sprachspiele

Das Palindrom *Madam, I'm Adam* ist kein spezifisch englisches Sprachspiel, es signalisiert aber die typisch englische Neigung, mit der Sprache zu spielen. Die Wochenzeitschrift *The Economist*, die sich in der äußeren Aufmachung neben dem deutschen *Spiegel* wie eine graue Maus ausnimmt, lässt trotzdem keine Gelegenheit aus, in den Überschriften der Artikel ein Wortspiel, eine subtile Anspielung oder ein verstecktes Zitat unterzubringen. Obgleich das Verstehen der Anspielungen ein beträchtliches Maß an Bildung erfordert, ist es in England verpönt, diese Bildung hervorzukehren. Deshalb wird der in Deutschland übliche direkte Griff in den Zitatenschatz meist vermieden, weil der Sprecher sich dadurch dem Verdacht aussetzt, mit seiner Bildung zu protzen. Stattdessen werden die Anspielungen versteckt und spielerisch eingesetzt, so dass derjenige, der sie erkennt, Stolz auf seine Gewitztheit ist, während die anderen sich nicht minderwertig fühlen müssen, weil sie den Satz auch ohne Kenntnis des Zitats verstehen.

Besonders beliebt sind *puns*, wie Wortspiele im Englischen heißen. Der Verfasser erinnert sich noch an das erste, das er als Schüler mit Bewusstsein wahrnahm. Es war in der Frühzeit der NATO, als ein englischer Politiker sagte: *NATO reminds me of the Venus of Milo, much shape and no arms.* Die NATO erinnere ihn an die Venus von Milo, doch nicht, weil sie eine üppige Figur *(shape)* und keine Arme, sondern weil sie ein aufgeblähtes Hauptquartier SHAPE *(Supreme Headquarters of the Allied Powers in Europe)* und keine Waffen *(arms)* hat. Das Bemerkenswerte aus deutscher Sicht ist, dass sich Wortspiele in England auch bei Gebildeten großer Wertschätzung erfreuen, während sie in Deutschland eher als Kalauer bezeichnet werden, was einen negativen Unterton hat. Deutsche erwarten traditionell von einer sprachlichen Äußerung ernsthafte und verlässliche Information. Je ernster der Gegenstand, umso mehr erscheint ihnen das Sprachspiel fehl am Platze. Bis vor nicht allzu langer Zeit wurde es nur im Feuilleton und auf der Witzseite von Zeitungen geduldet.

Für Engländer ist das Wortspiel ein Kunstmittel, das durch ihren größten Dichter geadelt wurde. Deutsche Shakespeare-Leser bekommen allerdings kaum etwas davon mit. Die Schlegel-Tieck'-sche Übersetzung bewahrt zwar bewundernswert viel von der Poesie des Originals, doch vor den Wortspielen musste sie die Waffen strecken. Erst die taufrischen Übersetzungen von Frank Günther versuchen im Rahmen des Möglichen Zweideutigkeiten wenigstens anzudeuten. Wenn beispielsweise Hamlet zu Beginn des Spiels-im-Spiel Ophelia fragt, ob er «in ihrem Schoß liegen» dürfe, und diese ihn entrüstet abweist, sagt er mit Unschuldsmiene: «Ich meine, den Kopf an Ihrem Schoß», und fügt hinzu: *Do you think I meant country matters?* Die erste Silbe von *country* wird wie *cunt* ausgesprochen, was das Vulgärwort für die weibliche Scham ist. In der Schlegel-Tieck'schen Übersetzung fragt Hamlet: «Denkt Ihr, ich hätte erbauliche Dinge im Sinn»?, was keinen Sinn ergibt. Günthers Version kommt der Sache schon näher: «Sie meinen, ich meinte was Anschößiges?»

Zu den Großmeistern des Sprachspiels gehören Frank Muir und Denis Norden, deren BBC-Radiosendung *My Word* ab 1956 zu einer Institution wurde. Kernstück der Sendung war jedesmal eine Geschichte, die zu einem englischen Sprichwort improvisiert werden musste, wobei der Witz darin bestand, dem Sprichwort durch eine geringfügig veränderte Aussprache einen ganz anderen und meist völlig absurden Sinn zu geben. So verwandelte sich beispielsweise der Satz *You can't have the cake and eat it* (Du kannst den Kuchen nicht gleichzeitig behalten und essen) in den absurden Ausdruck *You can't have the kayak and heat it* (du kannst das Kajak nicht gleichzeitig behalten und heizen). Ein anderes Sprichwort, *Enough is as good as a feast* (Genug ist so gut wie ein Festmahl), mündete nach einer aberwitzigen Geschichte von einem Engländer, der zufällig in eine französische Hochzeit platzt und durch den Wurf eines hartgekochten Eis ein blaues Auge davonträgt, in den Satz: *Un œuf is as good as a fist* (Ein Ei ist so gut wie eine Faust).

Was das *punning* im Englischen so einfach macht, ist der Umstand, dass durch die Verschmelzung des Angelsächsischen mit dem Französischen nach der normannischen Eroberung die Flexionsendungen der Wörter weitgehend weggefallen sind, sodass unzählige Homophone entstanden, d. h. Wörter, die bei gleicher Aussprache etwas völlig Verschiedenes bedeuten. So werden beispielsweise die Wörter *soul* (Seele), *sole* (Schuhsohle), *sole* (einzig) und *sole* (Seezunge) gleich ausgesprochen, was zu witzigen Sprachspielen geradezu herausfordert. Aus dem reichen Repertoire doppeldeutiger englischer Wörter und Satzkonstruktionen schöpft auch der Witz seine Wirkung.

Vermutlich lassen sich sämtliche Witze der Welt wie die Volksmärchen auf einen sehr kleinen Bestand wiederkehrender Motive reduzieren, die man katalogisieren und durchnummerieren könnte. Insofern dürfte es schwer sein, einzelne Witze als typisch englisch oder deutsch zu identifizieren. Der einzige auffällige Unterschied ist die englische Vorliebe für Wortspiele. So gibt es beispielsweise im Deutschen wie im Englischen Witze über Irre, Schwerhörige und sonstige Zielscheiben von Gelächter; doch der folgende Witz ist nur in England möglich: Zwei Schwerhörige sitzen einander in einem Londoner Vorortzug gegenüber. Fragt der eine: *Is this Wembley?* – Darauf der andere: *No, Thursday.* – Der erste: *So am I.* Obwohl das doppelte Missverständnis von Wembley als *Wednesday* (Mittwoch) und *Thursday* (Donnerstag) als *thirsty* (durstig) kein echtes Wortspiel ist, dürfte es dennoch schwerfallen, im Deutschen eine ähnlich missverständliche Konstruktion zu finden. Eine andere, ebenso reich sprudelnde Quelle für witzige Doppeldeutigkeiten ergibt sich daraus, dass im Englischen manche Präposition auch adverbial als Teil eines sogenannten *phrasal verb* gebraucht werden kann. Hier ein Beispiel: Eine alte Dame kauft am Schalter eines Postamts eine Marke für einen Brief und fragt: *Must I stick this stamp on myself?* Sie erhält die Antwort: *No, stick it on the envelope.* (Nein, kleben Sie sie auf den Umschlag.) Die Antwort bezieht sich auf eine Frage mit *on* als Präposition vor *myself*, was dem Satz die Bedeutung gibt: «Soll ich die Marke auf mich selber kleben?» Tatsächlich liegt aber ein *phrasal verb* vor, nämlich *to stick on* = ‹aufkleben› (Soll ich die Marke selbst aufkleben?).

Wer es darauf anlegt, dem gibt die englische Sprache unzählige Möglichkeiten für absichtliche Missverständnisse, mit denen man Lacher hervorkitzeln kann. Spezifisch englisch ist daran nicht die Möglichkeit der Wortspiele; denn die ist nur das zufällige Ergebnis der Sprachgeschichte. Charakteristisch ist vielmehr ihr obsessiver Gebrauch. Das Spielerische im Umgang mit der Sprache entspricht einem Grundzug des englischen Gesellschaftslebens, der sich überall, sogar im Arbeitsleben, beobachten lässt. Während die Deutschen eine Tüchtigkeitsethik verinnerlicht haben, die es ihnen nicht nur erlaubt, sondern gebietet, ihre Anstrengung zu zeigen, versuchen Engländer nach Möglichkeit allem, was sie tun, einen Hauch von Freiheit zu geben, der ihre Tätigkeit als Muße erscheinen lässt. Es gilt schon als unfein, durch allzu ernsthaftes Reden und Schreiben den Eindruck zu vermitteln, dass man den Hörer oder Leser belehren will. Selbst da, wo englische Autoren eine Person oder einen Sachverhalt mit satirischer Schärfe treffen wollen, ziehen sie in der Regel den spielerischen Florettstich der Frontalattacke mit dem Säbel vor. Ein Kabinettstück lieferte George Bernard Shaw mit den folgenden Versen über William Ralph Inge, den zu seiner Zeit hochberühmten Dekan der St. Paul's-Kathedrale, der sich mit seinem erzkonservativen Pessimismus den Titel *the gloomy Dean* erwarb und der es sehr übel nahm, wenn sein Name ‹Indsch› statt ‹Ing› ausgesprochen wurde. Das Gedicht ist unübersetzbar; selbst eine Prosaversion würde seinen Sprachwitz töten.

An Inge-nious Rhyme on the Gloomy Dean

If you his temper would unhinge
And his most sacred rights infringe,
Or, excommunicated, singe
Where fiends forever writhe and cringe
Imploring that a drop of ginge-
R ale may on their tongues impinge
 Address him then as Doctor Inje;
But if you prize the proper thing
Be sure you call him Doctor Ing,
(unless, your ignorance to screen
You temporise with Mister Dean)
But be advised by me, and cling
To the example of the King
 And fearlessly pronounce him Ing.
Then rush to hear him have his fling
In Paul's and places where they sing.

Besonders augenfällig zeigt sich der Unterschied zwischen der englischen Haltungsethik und der deutschen Tüchtigkeitsethik bei Kreuzworträtseln. Die deutschen Rätsel sind in der Regel Bildungsspiele, bei denen der Ratende gegen seine mögliche Unwissenheit spielt, wobei sich Befriedigung dann einstellt, wenn alle gesuchten Wörter gefunden sind. Jeder deutsche Rätselrater kennt den sibirischen Fluss mit zwei Buchstaben, er kennt die griechischen Götter und weiß, dass Ern ein süddeutsches Wort für Hausflur ist. Macht sich der Deutsche nun aber an ein englisches Kreuzworträsel, wird er beim ersten Versuch vermutlich kein einziges Lösungswort finden, selbst wenn er fließend Englisch spricht. Erst seit einiger Zeit werden bei uns Rätsel nach englischem Muster beliebter, so wie jenes des Anglisten Gert Stratmann, das mit der Frage beginnt: «Stock oder Kugel?» Wer würde auf die Idee kommen, dass damit ‹Geschoss› gemeint ist? Eine andere Frage heißt: «Flohmarkt, ein Nest des Widerstands?» Die Antwort ist ‹Ohm›. Bei einem solchen Kreuzworträtsel spielt der Ratende nicht gegen seine Unwissenheit, sondern gegen seinen möglichen Mangel an Gewitztheit. Mit einem Lexikon im Kopf die Frage nach einem sibirischen Fluss zu beantworten, verschafft einem Engländer keine intellektuelle Befriedigung. Wenn er dagegen eine raffiniert verschlüsselte Frage nach einem ganz einfachen Alltagswort knackt, hat er sich seine Gewitztheit bestätigt.

Da das Englische durch die oben erwähnte Verschmelzung des Angelsächsischen mit dem Französischen sowie durch die Aufnahme zahlreicher skandinavischer und lateinischer Wörter einen extrem großen Wortschatz hat, erfordert die Beherrschung dieses Reichtums eine beträchtliche Anstrengung, die man sich aber nicht anmerken lassen darf. Deshalb fordern gerade die sogenannten *hard words* – lateinische Wörter, die nur die Gebildeten verstehen – zu Sprachspielen heraus. Das folgende Gedicht ist so typisch und ebenso unübersetzbar wie das von Shaw. Es stammt aus der Feder von Frank Sidgwick (1879–1939) und handelt von der «haarigen Werbung» eines bärtigen Mannes, dem die Umworbene die *razorless asperity* (rasurlose Rauheit) zum Vorwurf macht, hinter der er die Kantigkeit *(angularity)* seines Gesichts verbirgt, was sie als *insincerity* (Unaufrichtigkeit) empfindet. Sie wirft ihm Frechheit *(temerity)* vor und vermisst die Gleichheit *(parity)* ihrer sozialen Stellungen. Darauf rasiert er sich, was er seit seiner Minderjährigkeit *(minority)* nicht getan hat, und schneidet sich mangels *security* (Sicherheit) dabei die Kehle *(gizzard)* durch. Das befördert ihn für alle Zukunft *(futurity)* zur great *majority* der Toten, ob nach unten oder oben, kann der Dichter nicht mit *authority* sagen. Schon der Titel des Gedichts spielt mit der Sprache, und das gleich doppelt; denn nicht nur nimmt *suit* (Werbung) die zweite Silbe von *hirsute* (haarig) auf, schon dessen erste Silbe, die wie *her* (ihre) gesprochen wird, kontrastiert mit *his* (seine), so dass auf spielerische Weise der Geschlechtergegensatz angezeigt wird.

His Hirsute Suit

A bristling beard was his peculiarity:
He kissed. She thought it smacked of insincerity,
And bridling up remarked with great severity,
‹Such misdemeanors are, I trust, a rarity;
Also your face. Despite its angularity,
Is hidden in a razorless asperity:
Were it not so, I call it great temerity –
Our walks in life are not upon a parity.›
Wherefore he shaved, to give his chin the purity
It knew ere he emerged from his minority.
The razor, naked, with no guard's security,
Slipped. Gizzard cut, he joined the great majority.
Where he will pass the aeons of futurity –
Above – below – I can't say with authority.

Limericks

Der Limerick ist die weltweit bekannteste Form englischer Sprachkomik, und das bekannteste Beispiel dürfte der folgende sein:

There was a young lady of Riga,
Who smiled as she rode on a tiger.
They returned from the ride
With the lady inside
And the smile on the face of the tiger.

Zwar handelt dieser Limerick, anders als die meisten, nicht von Sex; dafür bringt er aber die wohl charakteristischste Eigenschaft des englischen Humors, nämlich die unter Lächeln verborgene Grausamkeit, zum Ausdruck. Wann und wo die Form des Limericks entstand, ist ungewiss. Ihr metrisches Grundmuster lässt sich bis ins Spätmittelalter zurückverfolgen; doch das, was man heute darunter versteht, war zum erstenmal in den Büchern *The History of Sixteen Wonderful Old Women* (1821) und *Anecdotes and Adventures of Fifteen Gentlemen* (1822) zu lesen, deren Autorschaft ebenso umstritten ist wie die Herkunft der Form. Populär wurde der Limerick aber erst, als Edward Lear ihn für seine Nonsens-Dichtungen benutzte, wobei er nach eigener Angabe die Anregung dazu aus dem letztgenannten Buch empfing. Seine Limericks unterscheiden sich aber wesentlich vom später klassisch gewordenen Typus. Hier ein Beispiel:

> There was an Old Man of Kilkenny,
> Who never had more than a penny;
> He spent all that money
> In onions and honey,
> That wayward Old Man of Kilkenny.

> Ein älterer Herr aus Kilkenny
> Besaß niemals mehr als 'nen Penny;
> Den hat er verbraucht
> Für Honig und Lauch,
> Der komische Herr aus Kilkenny.

Lears Limericks enden nicht mit einer Pointe, sondern in der Regel mit der Wiederholung des ersten Reimworts und oft sogar der ganzen ersten Zeile. Dadurch entsteht der typische Nonsens-Effekt, der die auf eine Pointe gespannte Erwartung des Lesers oder Hörers ins Leere laufen lässt. Semantische Leere ist das charakteristische Moment des Nonsens.

Die heute populäre Form des Limericks praktiziert aber das genaue Gegenteil. Sie bietet anstelle der Leere eine überraschende Pointe. Das Charakteristische daran ist die strenge Formalisierung, die oft noch dadurch gesteigert wird, dass die Reimwörter in zwei oder drei Silben übereinstimmen. Die erste Zeile endet üblicherweise mit einem Ortsnamen, der möglichst kompliziert sein sollte, so dass das Finden von zwei dazu passenden Reimwörtern entsprechend schwer, die Spannung also besonders groß ist. Die letzte Zeile sollte dann in ein überraschendes, kaum noch für möglich gehaltenes Reimwort eine Pointe verpacken, die sich aus dem Vorangegangenen logisch oder zumindest scheinlogisch ergibt. Limericks lassen sich über alle möglichen Themen schreiben, doch das Thema Nummer 1 ist Sex:

> The limerick form is complex.
> Its contents run chiefly to sex.
> It burgeons with virgeons (= virgins)
> And masculine urgeons (= urges)
> And swarms with erotic effects.

> Die Limerickform ist komplex.
> Die Themen sind hauptsächlich Sex.
> Sie strotzen von F...
> und männlichem Protzen
> Zum Zweck des Erotik-Effekts.

Anders als in deutschen Frau-Wirtin-Versen, die ebenfalls in fünf Zeilen eine Obszönität ausdrücken, kommt es beim Limerick darauf an, diese sprachlich so zu verpacken, dass die Peinlichkeit entweder durch die virtuose Form neutralisiert wird oder dass ein Wortspiel eine nicht-obszöne Deutung offen lässt. Letzteres ist im folgenden Beispiel der Fall:

There once was a Lady from Exeter,
Who made all the men crane their necks at her;
And some who were brave
Would take out and wave
The distinguishing marks of their sex at her.

Eine Lady aus E., gut bestückt,
Die machte die Männer verrückt;
Im Falle des Phalles
Zeigten sie alles,
Womit man die Frauen beglückt.

Hier könnten die *distinguishing marks of their sex* auch die Krawatten der Herren sein, selbst wenn jeder Leser an körpernähere Geschlechtsmerkmale denkt. Die Übersetzung versucht mit dem ‹Ph› in der dritten Zeile etwas von der erotischen Würze des Originals hinüberzuretten, muss dabei aber unvermeidlich über das Ziel hinausschießen und tötet die Zweideutigkeit durch Eindeutigkeit. Das nächste Beispiel ist zwar in der Beschreibung des sexuellen Inhalts eindeutig, überspielt die Peinlichkeit aber durch die Virtuosität, mit der zu dem Ortsnamen Chichester Reime gefunden wurden, die man kaum für möglich gehalten hätte.

There was a young lady of Chichester
Who made all the saints in their niches stir.
One morning at matins
Her breasts in white satins
Made the Bishop of Chichester's britches stir.

(Eine junge Dame aus Chichester versetzte die Heiligen in ihren Nischen in helle Erregung. Eines Tages beim Morgengebet brachten ihre in weiße Seide gehüllten Brüste selbst die Hose des Bischofs von Chichester in Bewegung.)

Frei von jeglicher Obszönität, dafür umso reicher an Sprachspielerischem ist der folgende Limerick:

> A flea and a fly in a flue
> Were imprisoned, so what could they do?
> Said the fly, «Let us flee!»
> «Let us fly,» said the flea.
> So they flew through a flaw in the flue.

Da im Englischen *flea* (Floh) wie *flee* (fliehen), *flue* (Rauchfang) wie *flew* (flog) gesprochen wird und *fly* neben ‹Fliege› auch ‹fliegen› bedeutet, lässt sich mit diesen Wörtern wirkungsvoll spielen, wobei das Tüpfelchen auf dem i das Wort *flaw* (Fehler, Lücke) ist, das die absurde Situation auf eine realistisch plausible Weise auflöst.

Neben Sex, schwarzem Humor und reinem Sprachspiel ist die Überdrehung einer realistischen Situation ins Absurde ein weiteres Feld, auf dem der Limerick bewundernde Lacher erntet. Hier ein Beispiel:

> There was a young lady of Lynn,
> Who was so uncommonly thin
> That when she essayed
> To drink lemonade
> She slipped through the straw and fell in.

> Es war eine Dame aus Lynn,
> Die war, nein, so was von dünn,
> Als sie mit 'nem Stroh-
> halm was trank irgendwo,
> Da rutschte sie durch und fiel rin.

Das Englische am Limerick ist nicht eigentlich die besondere Form – ähnliche Beispiele von Sprachkomik gibt es auch anderswo –, sondern das damit praktizierte Sprachspiel und der darin

verpackte obszöne, absurde, schwarze oder einfach nur überdrehte Humor. Im Übrigen ist das Erfinden von Limericks in
England ein ähnlicher Volkssport wie das Schreiben von Haikus
in Japan.

Grabsprüche

In England scheint der respektlose Umgang mit den Toten besonders weit verbreitet zu sein. Dafür spricht jedenfalls die Tatsache,
dass der Direktor des Britischen Museums, Sir David Wilson, aus
den Beständen seines Hauses eine ganze Anthologie witziger
Grabsprüche zusammenstellen konnte, die unter dem Titel *Awful
Ends* 1992 herauskam. Dort finden sich Epitaphe, die auf Grab-
steinen des letzten Jahrtausends zu lesen waren, und darüber
hinaus auch solche, die nicht in Stein verewigt wurden, aber dennoch in die mündliche und schriftliche Überlieferung eingingen.
Auch englische Anthologien humoristischer Verse haben in der
Regel eine reich gefüllte Abteilung für echte und fiktive Nachrufe.

Wie weit verbreitet der Brauch war, nicht nur rühmende, sondern auch boshafte Verse auf den Grabstein zu setzen, geht daraus
hervor, dass ein gewisser John Brown aus Chester 1791 eine
Marktlücke erspähte und ein Musterbuch für Grabsprüche herausbrachte, das den Titel trug: *The Epitaph-Writer: consisting of
six hundred original epitaphs, moral, admonitory, humorous and
satirical... Chiefly designed for those who wish to write or en-
grave inscriptions on tombstones.* Als Beispiel für einen satirischen
Spruch bietet er den folgenden an:

> Here lies a lewd Fellow, who, while he drew Breath,
> In the Midst of his Life was in Quest of his Death;
> Which he quickly obtain'd for it cost him his Life,
> For being in Bed with another Man's Wife.

Hier liegt ein Verführer, der, als er noch lebte,
Mitten im Leben zum Tode hin strebte,
Den schnell er bekam, zum Preis seines Lebens,
Bei der Frau eines andren, dem Ziel seines Strebens.

Zu den meistanthologisierten Grabsprüchen zählen diejenigen, die prominente Dichter für sich selbst verfassten. So schrieb John Gay, der Dichter der *Bettleroper*, für sich den folgenden Spruch:

Life is a jest, and all things show it;
I thought so once, but now I know it.

Ein Witz ist das Leben, nichts weiter als Schau,
Das glaubte ich früher, jetzt weiß ich's genau.

William Blake wollte neben einem Graben beerdigt werden, damit seine Freunde unbegrenzt weinen könnten:

I was buried near this dyke,
That my friends may weep as much as they like.

Ich liege hier bei diesem Graben,
Damit die Tränen meiner Freunde einen Abfluss haben.

Während die tatsächlichen Grabinschriften überwiegend ernsthafte, teils melancholische, teils rühmende Aussagen über den Verstorbenen oder allgemeine Betrachtungen über die Vergänglichkeit enthalten, finden sich unter den fiktiven Epitaphen zahlreiche weniger respektvolle Sprüche. Die ironisch-satirischen Nachrufe, die – oft anonym – mündlich weitergegeben wurden, zeigen die typischen Merkmale des englischen Humors. Sie sind respektlos sowohl dem Toten wie dem Tod gegenüber, und sie spielen oft geradezu virtuos mit der Sprache. Hier ein typisches Beispiel:

Here lies John Bun,
Who was killed by a gun,
His name was not Bun, but Wood,
But Wood would not rhyme with gun,
   But Bun would.

Noch knapper und darum noch treffsicherer ist das, was angeblich auf dem Grab eines Zahnarztes steht:

Stranger, approach this spot with gravity!
John Brown is filling his last cavity.

Fremder, sei ernst, und Spott sei die ferne;
denn John Brown füllt hier seine letzte Kaverne.

D'Oyly Carte-Opern

Seit über hundert Jahren werden auf englischen Bühnen Singspiele aufgeführt, für die sich weder in Deutschland noch in Österreich etwas Vergleichbares findet. Es sind die sogenannten *D'Oyly Carte Operas* von Arthur Sullivan, für die William S. Gilbert die Texte schrieb. Anders als deutsche Operetten bieten sie keine sentimentalen Liebesverwicklungen mit schmachtenden Tenören und trällernden Soubretten, auch wenn der Handlungsverlauf dies vermuten ließe. Statt in Sentimentalität zu schwelgen, wird diese vielmehr durch gereimten Sprachwitz fortwährend ironisiert. Der Theaterunternehmer Richard D'Oyly Carte, der damit ein Vermögen machte, baute schließlich speziell dafür das Savoy-Theater, in dem die Stücke bis in die 1960er Jahre gepflegt wurden. Noch heute finden um die Weihnachtszeit in vielen englischen Städten Laienaufführungen des *Mikado*, der *Pirates of Penzance* oder der Feenoper *Iolanthe* statt. Das spezifisch Englische daran ist neben dem Sprachwitz das, was Gilbert selbst als *topsy-turvydom* bezeichnete, eine dem Nonsens verwandte Märchenwelt, die aus einer Mischung von Opernparodie und ad absurdum geführter Wirklichkeit entsteht. Da die Texte nahezu unübersetzbar sind, ist es schwer, davon einen angemessenen Eindruck zu vermitteln. Der folgende, als Arie vorgetragene Alptraum aus der Oper *Iolanthe* ist charakteristisch für die Machart all dieser Stücke.

Alptraum

Wenn im Bett du dich wälzt, es im Kopf nicht aushältst,
und die Ruhe von Angst dir verscheucht wird,
Ja dann fluchst du mit Worten von unschönen Orten,
wo aus anderen Gründen gekeucht wird.
Dein Hirn steht in Flammen, dein Bett bricht zusammen,
und aus ist es mit deinem Schlummer,
Zuerst rutscht das Laken, dein Zeh wird zum Haken,
das Bettzeug bereitet dir Kummer,
Es kratzt dich das Leinen – fast bringts dich zum Weinen,
Dir ist so, als kratzt Dich 'ne Katze.
Jetzt wird Dir ganz kalt, und nichts gibt dir Halt
auf deiner verrutschten Matratze.
Und das Bettzeug als Knäuel fällt runter, ein Gräuel,
du angelst danach, doch vergeblich,
Dann verweigert dein Kissen den Dienst, du willst wissen
wieso, denn es stört dich erheblich.
Du findest ein Schläfchen beim Zählen von Schäfchen,
und erwachst gleich wieder mit Schmerzen,
denn dein Schlummer war schlimmer als Katzengewimmer,
wach liegst Du und lauschst Deinem Herzen.
Dann bist Du an Bord, und ein Schiff trägt Dich fort,
und es ist erst 'ne flotte Barkasse,
dann ein Mittelding zwischen 'nem Kutter zum Fischen
und 'nem D-Zug-Abteil zweiter Klasse.
Dann lädt dich wer ein zu 'nem Eis mit Eisbein
bei 'ner Party für seine «relations»,
eine Herde von Ziegen, ist grad zugestiegen

zwischen Sloane Square und Kensington Stations.
Und du triffst auf der Tour, etwas klein von Statur,
deinen uralten Rechtsanwalt.
Und du wunderst dich nicht, dass er nicht mit dir spricht,
denn er ist erst elf Jahre alt.
Die Fahrt wird jetzt laut, weil der Kerl dich verhaut,
das Schiff hat inzwischen vier Räder.
Du spielst mit ihm Skat, und er schmeißt mit Salat,
als du sagst, es seien zwei Kräder.
Das nimmst du nicht hin und langst ihm ans Kinn,
doch dein Arm ist so steif wie ein Eisblock,
In Socken und Hemd stehst du da ungekämmt,
auf dem Fahrad vorbei fährt ein Geißbock.
Und der Typ von zuvor fährt 'n Rad mit Motor
in das er was investiert hat,
Und erzählt den Matrosen von allerlei Chosen,
und was ihn daran intressiert hat –
er kennt einen Trick, wie er mit Geschick
sich mit billigem Hustensaft eindeckt.
Das macht ihn ganz high; denn man spart allerlei,
Wenn man selber versaftet und einweckt.
Du pflanzt Advokaten wie grüne Tomaten,
nur musst du die Stiefel ausziehen,
aus Armen und Füßen tut dann das Laub sprießen,
du siehst sie knospen und blühen,
Und der Händler von Obst blüht, wenn du ihn lobst,
und ist schon zum Obstbaum gediehen,
Der Bäcker von Torten hat Schnaps aller Sorten,
und allerlei Confiserien,
Die Aktien kosten drei Pfennig pro Posten,
und Rothschild hat alle, verteufelt,
Und ein schäbiger Rest verblieb dir vom Fest,
da erwachst du und bist schier verzweifelt –
Du fühlst dich als Wrack, dein Kopf ist ein Sack,

der liegt auf dem Kinn und schnarcht vor sich hin,

dir kribbeln die Glieder, es flackern die Lider,

dein Fleisch ist wie Staub, denn dein Bein ist noch taub,

ein Krampf sitzt im Zeh, die Nase tut weh,

verstopft ist die Lunge und pelzig die Zunge,

der Durst bringt dich um, und du fühlst dich ganz dumm

und hättest was anderes lieber.

Doch das Tageslicht lacht, vorbei ist die Nacht,

sie war viel zu lang (wie dieser Gesang)

und dem Himmel sei Dank, s'ist vorüber.

Die Verbindung von Sprachspiel, ironisierter Sentimentalität und Nonsens ist auf dem Felde des Musiktheaters so durch und durch englisch, dass man kaum glauben will, dass einige Stücke, vor allem der *Mikado*, lange Zeit auch in Deutschland mit Erfolg gespielt wurden.

Christmas Pantomimes

Anders als in Deutschland, wo man mit Weihnachten eine Stimmung inniger Besinnlichkeit verbindet, wird das Fest in England mit ausgelassener Fröhlichkeit begangen. Zu den öffentlichen Unterhaltungsangeboten rund um das Fest zählen traditionell die Pantomimes, die im 18. Jahrhundert aufkamen und aus Elementen des von der italienischen *commèdia dell' arte* beeinflussten englischen Kasperletheaters eine Singspielform entwickelten, die mit ähnlichen Mitteln arbeitet wie die Operetten von Gilbert und Sullivan. An die Herkunft vom Kasperletheater, der *Punch and Judy Show*, erinnern noch Stücke wie *Jack and the Beanstalk* (Jack und der Bohnenstängel), *Cinderella* (Aschenputtel) und *Puss in Boots* (Der gestiefelte Kater). Beliebt ist auch das Stück *Babes in the Wood* (Kinder im Wald), das auf eine alte moralisierende Volksballade zurückgeht. Sie handelt davon, dass der Bruder eines Verstorbenen, dessen Erbe er für die minderjährigen Kinder verwalten soll, zwei Schurken anheuert, die die Kinder in den Wald bringen und ermorden sollen. Einer der beiden hat Gewissensbisse und tötet seinen Kumpel, um nicht die Kinder umbringen zu müssen. Am Ende sterben sie dennoch. Der weichherzige Schurke legt ein Geständnis ab, und der böse Onkel stirbt eines elenden Todes. Wer aber zur Weihnachtszeit das Stück auf der Bühne sieht, wird von der traurig-makabren Stoffquelle wenig mitbekommen. Stattdessen wird ihm eine Mischung aus Wortspielen, Nonsense, Burleske und schwarzem Humor geboten. Der Verfasser erinnert sich an eine Aufführung, von der ihm noch heute die für den Grundton charakteristischen Zeilen im Gedächtnis sind: *If only dying is before us / why can't Fuller's do the dyeing for us?»* (Wenn nichts mehr für uns bleibt, als hier zu sterben / weshalb kann Fuller's nicht für uns färben?). Verständlich wird der Witz, wenn man weiß, dass *to die* ‹sterben› und *to dye* ‹färben› bedeutet und dass Fuller's ein bekanntes Reinigungsunternehmen ist, dass auch Kleidung färbt. Wie die Operetten von Gilbert und Sullivan ziehen auch die Pantomimes ihre Wirkung vor allem aus dem Sprachwitz und einer die Sentimentalität ironisierenden Musik.

The Last Night of the Proms

England kennt keinen Karneval, wenngleich es bis ins 19. Jahrhundert in vielen Dörfern und Städten lokale Traditionen gab, die karnevaleske Züge trugen. Nur hier und da werden sie aus Nostalgie oder den Touristen zuliebe weiter gepflegt. Zu den wenigen wiederbelebten Traditionen gehören die Morris-Tänze, die vermutlich im 15. Jahrhundert aufkamen. Der Name geht auf das italienische *morisco* zurück und bezeichnet die Tracht der Tänzer, die sich an maurischen Vorbildern orientierte. Während es sich bei diesen Resten lokaler Festlichkeiten meist um Umzüge handelt, denen man zuschaut, ohne sich daran zu beteiligen, gibt es in London alljährlich ein Ereignis, das entfernt an den deutschen Karneval erinnert. Es ist *The Last Night of the Proms*, wie der letzte Abend einer Serie sommerlicher Promenadenkonzerte genannt wird. Solche Konzerte gibt es in London seit 1838. 1927 machte der BBC-Rundfunk sie zu einer festen Institution. Zunächst fanden sie in der Queen's Hall statt und nach deren Zerstörung im Krieg in der riesigen Royal Albert Hall.

Während der Hauptteil des Konzertprogramms seriöse Unterhaltung mit populärer Klassik bietet, wird der letzte Abend mit einem faschingsähnlichen Überschwang gefeiert, wie ihn ausländische Besucher den Briten gar nicht zutrauen. Die meist jugendlichen Besucher erscheinen dazu in bunten, extravaganten Kostümen und geraten an diesem Abend jedes Jahr in eine Stimmung, wie sie Deutschland 2006 während der Fußballweltmeisterschaft erlebte. Das Programm des letzten Abends hat sich seit langem zu einem immer gleichen Ritual verfestigt. Es enthält Edgar Elgars *Pomp and Circumstance*- Marsch mit der von allen mitgesungenen «zweiten» Nationalhymne *Land of Hope and Glory* und Henry Woods *Fantasia on British Sea Songs*, die in Englands «dritter» Nationalhymne *Rule Britannia* gipfelt. An diesem Abend würde man die Briten für Chauvinisten und Jingo-Imperialisten halten, wenn sie nicht ihre eigene Begeisterung dabei so offen auf die Schippe nähmen. Hier zeigt sich, dass hinter dem Spott John Bulls gegenüber der Obrigkeit latent ein tief verwurzelter Patriotismus steht, der sich durch überschäumende *rumbustiousness* von sich selber distanziert, weil ein ungeschriebenes Gesetz von einem Gentleman verlangt, sich Gemütsbewegung nicht anmerken zu lassen. Während die Deutschen in der Romantik eine Kultur der Innerlichkeit entwickelten, die der tiefen Empfindung und der Ergriffenheit durch die Schauer des Erhabenen hohen Wert beimaß, verlangt der englische Verhaltenscode, dass man seine innere Freiheit nicht auf solche Weise preisgibt.

Wenn es zutrifft, dass sich der Humor in den einzelnen Nationen mit nationaltypischen Merkmalen ausprägt, ist anzunehmen, dass solche Merkmale im Lauf der Jahrhunderte archetypische Verkörperungen gefunden haben, die in die Alltagsmythologie des jeweiligen Volkes eingegangen sind. Sogar über die nationalen Grenzen hinaus haben sich in Europa solche mythischen Verkörperungen ausgebildet, sei es, dass sie aus der Volkstradition hervorgegangen sind wie Reineke Fuchs, Till Eulenspiegel und später die Figuren der italienischen *commèdia dell' arte* oder dass sie aus der Literatur in die Volkstradition übergegangen sind wie Rabelais' Helden Gargantua und Pantagruel und Cervantes' Don Quichotte. Zu dieser europäischen Ahnenreihe hat England mit Shakespeares Falstaff einen im Wortsinn gewichtigen Beitrag geliefert. Daneben gibt es aber noch Figuren, die außerhalb der englischen Grenzen weniger bekannt sind, doch in England selbst eine ähnliche Volkstümlichkeit erlangt haben wie Shakespeares feister Lebenskünstler. Sie mögen nicht alle die gleiche kulturelle Wertschätzung genießen, doch als Figuren sind sie tief in die kollektive Erinnerung des Volkes eingesunken, so dass ihre Namen wie Sprichwörter zitiert werden können. Für unsere Zwecke mag es genügen, diejenigen vorzustellen, die für ihre Epoche besonders repräsentativ sind, so dass ihre Porträts die später folgenden Kapitel zur Geschichte des englischen Humors bereits in personalisierter Form vorwegnehmen.

Die Frau aus Bath

Chaucers *Wife of Bath* ist Engländern auch heute noch so vertraut, dass ein Ausländer, der zum ersten Mal von dieser Figur hört, kaum glauben kann, dass sie vor über sechshundert Jahren ins Licht der literarischen Öffentlichkeit trat. An strotzender Vitalität übertrifft sie sogar Falstaff; denn der verdrückt sich, wenn es brenzlig wird, während sie in einer männlich dominierten Welt jedem Mann Paroli bietet. Aus der bunt zusammengewürfelten Schar, die in Chaucers *Canterbury Tales* die Pilgerfahrt zum Grab von Thomas Becket antritt, ragt sie als Fleisch gewordener Geist emanzipierter Weiblichkeit heraus. Als sie an der Reihe ist, ihren Mitpilgern eine Geschichte zu erzählen, stellt sie sich erst einmal selber vor. In ihrem sehr langen Prolog bekennt sie sich ungeniert zur Fleischeslust, die sie mit fünf Ehemännern genossen hat, wobei sie stets das Angenehme mit dem Nützlichen verband; denn bevor sie dem Gatten die körperliche Gunst gewährte, forderte sie ihm erst einmal eine materielle ab. Von Männern hält sie nicht allzu viel, hat aber dennoch einen so gesunden Appetit auf sie, dass sie die Prügel ihres fünften und bis dato letzten Ehemanns hinnahm – auch wenn sie dadurch fast taub wurde –, weil er ihr im Bett mehr Freude bereitete als die Verflossenen. Ihre Lebensmaxime lautet: einer Frau steht das Gleiche zu wie einem Mann, und wenn es ihr gelingen sollte, die Oberhand zu gewinnen – umso besser. Im Übrigen vertritt sie die Ansicht, dass, wenn Gott die Geschlechtsorgane schon für zwei Aufgaben vorgesehen hat, man sie nicht nur zum Urinieren gebrauchen sollte.

Die Geschichte, die sie danach erzählt, scheint vom Stoff her schlecht zur Derbheit der Erzählerin zu passen; denn darin geht es in wohlgesetzter und mit klassischem Bildungsgut gespickter Rede um ein Geschehen am Hof von König Artus. Ein Ritter, der eine Jungfrau vergewaltigt hat und dafür mit dem Tode bestraft werden soll, darf auf Bitten der Königin sein Leben dadurch retten, dass er herausfindet, was Frauen am meisten wünschen. Eine hässliche Alte ist die einzige Person, die ihm das Geheimnis verrät, allerdings unter der Bedingung, dass er ihr danach gewährt, was immer sie von ihm verlangt. Die Antwort auf die Rätselfrage lautet: Was Frauen am meisten begehren, ist, ihren Willen zu bekommen. Nachdem der Ritter mit dieser Lösung seinen Kopf gerettet hat, verlangt die Alte von ihm, dass er sie heiratet. Vergeblich sucht er sie zu einer anderen Bitte zu bewegen. Stattdessen hält sie ihm einen gelehrten Vortrag über die Vorzüge ehelicher Treue, die von einer hässlichen Frau eher zu erwarten sei als von einer schönen. Nachdem sie ihn mit philosophischen und theologischen Argumenten so weit hat, dass er sich kaum noch gegen sein Schicksal sträubt, stellt sie ihn vor die Wahl, ob er lieber ein hässliches, aber häusliches und treues Weib haben wolle oder ein schönes, das sein Vergnügen in der Gesellschaft außerhalb seiner Kontrolle sucht. Seine Antwort lautet: «Was dir gefällt, ist auch mir recht.» Damit hat die Alte das erreicht, was die Rätselfrage als das höchste Ziel der Frauen bezeichnet; und nun verwandelt sie sich wie Papagenos holdes Weibchen in der *Zauberflöte* in eine reizende Schönheit.

Wer das Selbstporträt dieser vollkommen emanzipierten Frau liest, wird sich kaum wundern, dass England schon zweihundert Jahre später von dem holländischen Reisenden van Meteren in einem Reisebericht als «das Paradies der Frauen» bezeichnet wird, wobei der Autor des Berichts dies nicht als seinen subjektiven Eindruck äußert, sondern als die Bestätigung einer Ansicht, die damals in Westeuropa weit verbreitet gewesen sein muss. Wenn, wie an früherer Stelle gesagt, Humor etwas Nivellierendes hat, ist anzunehmen, dass er in einer hierarchischen Gesellschaft eine emanzipatorische Wirkung entfaltet. Folglich werden von ihm vor allem die Frauen profitieren, sofern sie es verstehen, sich dieses Mittels zu bedienen. Dass die erste Welle der Frauenbewegung im 18. Jahrhundert von England ausging, könnte durchaus mit der Bedeutung des Humors in diesem Land zu tun haben.

Falstaff

Obwohl Shakespeare in der Mehrzahl seiner Komödien den Frauen das Heft in die Hand gibt, ist die Figur, die er zu den Archetypen des englischen Humors beisteuerte, ein Mann, allerdings einer, dem alles, was nach damaligen und auch heutigen Maßstäben Männlichkeit ausmacht, eklatant abgeht. Falstaff ist der Antiheld schlechthin. Neben ihm hat selbst Don Quichotte bei aller Lächerlichkeit seines eingebildeten Rittertums etwas Heroisches. Falstaff hingegen ist ein Fettwanst, dem männliches Streben nach Ruhm und Ehre fremd ist. Ihn interessiert nur der Genuss des schieren Leben, also Essen, Trinken und Sex – das alles in geselliger Runde von Gleichgesinnten. Vor einer weiteren Betrachtung der Figur muss aber erst einmal gesagt werden, dass sie im Werk des Dichters in zwei sehr verschiedenen Gestalten erscheint. Dem heutigen Publikum, zumal dem außerbritischen, ist sie meist nur aus der Komödie *The Merry Wives of Windsor (Die lustigen Weiber von Windsor)* vertraut. Sie liegt den zahlreichen Opernversionen zugrunde, von denen die von Otto Nicolai unter dem Shakespeareschen Titel und mehr noch Verdis *Falstaff* sich großer Beliebtheit erfreuen. Die genannte Komödie zählt aber zu Shakespeares schwächsten Werken. Der Dichter schrieb sie angeblich, weil Königin Elisabeth sich über die Falstaff-Figur in dem Historiendrama *Heinrich IV.* amüsiert und darum den Wunsch geäußert haben soll, den komischen Helden einmal in Liebesverwicklungen zu sehen. Was bei dem Auftragswerk herauskam, ist eine unterhaltsame Farce ohne sonderlichen Tiefgang, in der Falstaff als ein großspuriger Einfaltspinsel auftritt, der von den Frauen zum Narren gehalten wird. Trotz des späteren Erfolgs auf der Opernbühne hätte dieser Falstaff wohl kaum den Status erlangt, der ihn zum männlichen Gegenstück von Chaucers *Wife of Bath* werden ließ.

Von ganz anderem Kaliber ist der Falstaff, in dessen Gesellschaft Prinz Hal in dem zweiteiligen Historiendrama *Heinrich IV.*, sehr zum Leidwesen seines Vaters, dem Lotterleben frönt, bevor aus der Raupe des vermeintlichen Tunichtguts Shakespeares *model king* schlüpft, als der Hal in *Heinrich V.* erscheint. Dieser ursprüngliche und dem Geist seines Schöpfers entschieden gemäßere Falstaff hat seit je die Shakespeare-Verehrer begeistert. So scheute sich der amerikanische Literaturwissenschaftler Harold Bloom nicht, Falstaff als die neben Hamlet bedeutendste Schöpfung des Dichters zu bezeichnen. In seinem Bestseller *Shakespeare. The Invention of the Human* (1998) bezeichnet er Falstaff als *an outrageous version of Socrates*, als den freien Geist schlechthin, ja, geradezu als die Verkörperung von Freiheit. In der Tat scheint dieser durch und durch amoralische Mensch gegenüber der streng hierarchischen Welt der Politik, in der alles Leben in das Korsett von Staatsräson und Machtinteressen gezwängt ist, eine Sphäre der Freiheit und Egalität zu repräsentieren.

Obwohl dieser Falstaff eine Schöpfung Shakespeares ist, geht er auf eine historische Figur zurück, nämlich auf einen gewissen Sir John Oldcastle, der sich, obgleich selber Angehöriger der Gentry, dennoch zu der von Wyclif ausgehenden egalitären Lollardenbewegung bekannte und als deren Anführer verfolgt und gefangen genommen wurde. Es gelang ihm, sich aus dem Tower zu befreien und einen – allerdings erfolglosen – Aufstand zu entfachen, nach dessen Niederschlagung er noch drei Jahre im Untergrund agierte, bis er erneut gefangen und 1417 hingerichtet wurde. Damit ging er als Märtyrer des frühen Bürgertums in die Geschichte ein und hätte zu einer Art Robin Hood der Mittelklasse werden können. Für das konservative Lager musste er aber bis zur Reformation ein Buhmann bleiben, wodurch er offenbar die Züge des feigen, genusssüchtigen Dickwanstes annahm. Als solcher durfte die Figur bei Shakespeare nicht unter dem Namen Oldcastle auftreten, der jetzt vom protestantischen Lager als Märtyrer reklamiert werden konnte. So erhielt der volkstümliche Antiheld zunächst den Namen Sir John Fastolf, unter dem er kurz in Shakespeares frühestem Historiendrama *Heinrich VI., Teil I*, erwähnt wird, und danach den Namen Falstaff. In wie weit Shakespeare sich der historisch-politischen Implikation bewusst war und auf diese Rücksicht genommen hat, wird immer ungewiss bleiben. Es würde zum Verständnis der Figur auch wenig beitragen; denn bei ihm ist Falstaff weder ein positiver Held noch eine Zielscheibe satirischen Spotts, sondern der Repräsentant einer Gegenwelt des schieren Lebens, die der politischen Sphäre gegenübergestellt wird.

Wenn sich aus Shakespeares Stücken überhaupt so etwas wie

eine persönliche Wertordnung herauslesen lässt, dann ist es eine konservativ-paternalistische, die an der überkommenen Hierarchie festhält. In *Troilus und Cressida* legt er dem Odysseus ein flammendes Plädoyer für *degree* in den Mund; das ist sein Wort für den *ordo*-Begriff, der das gesamte mittelalterliche Denken beherrschte. Da alle seine Stücke – die Komödien und Historien ebenso wie die Tragödien – mit einer Störung der Ordnung beginnen und mit deren Wiederherstellung enden, kann es kaum einen Zweifel geben, dass dies für ihn das zentrale Thema war. Insofern musste ein Anarchist wie Falstaff seiner Wertordnung völlig zuwiderlaufen. Doch seine Größe als Dichter liegt gerade darin, dass er selbst Verbrecher wie *Richard III.* oder Macbeth so darstellen konnte, dass sich der Zuschauer dabei ertappt, mit ihnen zu sympathisieren. Dieses Kunststück gelingt ihm auch bei Falstaff, der zwar – von kleinen Betrügereien abgesehen – kein großer Verbrecher ist, aber doch einen Charakter hat, der moralisch zu missbilligen ist. Da in *Heinrich IV.* ein König gezeigt wird, der zur Rettung seines Landes den legitimen, aber schwachen Vorgänger Richard II. stürzte und danach in blutigen Kriegen für die eigene usurpierte Herrschaft Legitimität zu begründen versuchte, gewinnt der moralfreie Raum, den Falstaff repräsentiert, jene Ambivalenz, die dem gesamten Werk des Dichters seine eigentümliche philosophische Tiefe verleiht.

Shakespeare konnte wie kein anderer Dichter vor und nach ihm Ja und Nein zugleich sagen. So wie Macbeth ein Verbrecher und zugleich ein tragischer Held ist, so ist Falstaff ein unmoralischer Mensch und zugleich der amoralische Repräsentant des freien Lebensstoffs, den die Moral ins Korsett zwängt. Als Prinz Hal am Schluss von *Heinrich IV., Teil II*, die Nachfolge seines Vaters antritt, verstößt er Falstaff auf eine so kaltherzige Weise, dass diesem buchstäblich das Herz bricht, wie man in *Heinrich V.* erfährt. Als König muss Hal sich uneingeschränkt für die moralische Ordnung entscheiden. Aber als Kumpan von Falstaff hat er gelernt, sich in Menschen einzufühlen, die nichts weiter als leben wollen. An Shakespeares *model king* erinnern sich die Engländer nur in Kriegszeiten, wenn Patriotismus verlangt wird. Ansonsten aber ist nicht der Musterkönig, sondern Falstaff die Figur, die sie in ihr Herz geschlossen haben; denn mit seiner anarchischen Respektlosigkeit gegenüber Autoritäten und seinem wunderbaren Sprachwitz ist er die Inkarnation ihres Humors. William Hazlitt, einer der großen Essayisten aus der Zeit der Romantik, hat in seinem Buch *Characters of Shakespeare's Plays* (1817) dem lebensfrohen Dickwanst eine Würdigung gewidmet, die den Heros des englischen Humors noch über den Heros des Patriotismus stellt. Sein Vergleich Falstaffs mit dem König endet mit dem vielzitierten Satz: *Falstaff is the better man of the two* (Falstaff ist der Bessere von den beiden).

John Bull

Im 18. Jahrhundert setzte sich der Reigen der Archetypen des englischen Humors in einer Figur fort, die den beiden vorangegangenen nicht unähnlich ist, darüber hinaus aber etwas hat, wodurch sie in den Augen der Engländer zum Inbegriff ihres Nationalcharakters wurde. Es ist John Bull, den Dr. Arbuthnot in einer Reihe von satirischen Schriften zum Gegenbild des Whig-Regimes machte, gegen das sich seine Satire richtete. Die Figur wurde auch vorher schon gelegentlich in ähnlichem Sinn bemüht, doch erst durch Arbuthnot wurde sie so populär, dass sie danach nie mehr aus der englischen Alltagsmythologie verschwand. In Arbuthnots Satire wird sie so beschrieben:

Bull war im Kern ein ehrlicher, geradliniger Bursche, cholerisch, unerschrocken und von sehr wechselhaftem Temperament; er fürchtete sich nicht davor, Old Lewis [gemeint sind die Franzosen] mit dem Schwert, dem Säbel oder der Keule zu begegnen; aber er war auch jederzeit bereit, mit den besten Freunden zu streiten, vor allem dann, wenn sie vorgaben, ihn zu regieren; wenn man ihm aber schmeichelte, ließ er sich wie ein Kind führen. Johns Laune hing sehr vom Wetter ab, sie stieg oder fiel mit dem Wetterglas. Er war von schneller Auffassung und verstand sein Geschäft sehr gut; aber niemand war nachlässiger als er, wenn es darum ging, sich um sein Konto zu kümmern, weshalb er ständig von seinen Partnern, Lehrlingen und Dienern betrogen wurde. Das kam daher, dass er ein Zechbruder war, der die Flasche liebte und die Unterhaltung. Um die Wahrheit zu sagen, niemand führte ein gastfreieres Haus noch gab einer sein Geld großzügiger aus.

Die hier genannten Charakterzüge – cholerisches Temperament, Furchtlosigkeit, trinkfreudige Geselligkeit, Großzügigkeit und unverblümte Offenheit – gehören seitdem untrennbar zu John Bull, wie er in unzähligen literarischen und populären Zeugnissen auftritt. In Karikaturen erscheint er als stämmiger Bursche, der mit beiden Beinen auf der Erde steht und der Obrigkeit die Stirn bietet. Während die Deutschen sich im 19. Jahrhundert negativ mit dem verschlafenen Michel und positiv mit romantischen Träumern wie Eichendorffs Taugenichts identifizierten, sahen die Engländer sich so, wie John Bull oben beschrieben wurde. Der Unterschied zeigt sich besonders deutlich an einem Gedicht, das auf die gleiche Quelle zurückgeht wie Johann Peter Hebels Geschichte *Kannitverstan*, die lange Zeit in jedem deutschen Lesebuch stand und mit ihrer melancholischen Moral ein Musterbeispiel für den deutschen Humor ist, wie er sich im 19. Jahrhundert ausbildete. Schon Hebels gemütvoller Erzählton, der mit Vokabeln wie ‹treuherzig›, ‹wehmütig›, ‹andächtig› und ‹Glöcklein› nicht geizt, ist typisch für die Hauptmasse der deutschen Literatur des 19. Jahrhunderts.

Der Geschichte liegt ein Erlebnis des Grafen Adam Philipp Custine zugrunde, das von Charles de Peyssonel 1782 in dessen Sammelband *Les Numéros (Die Lotterielose)* literarisch verarbeitet wurde. Aus der gleichen Quelle schöpfte der englische Komödienschreiber und Liedertexter Charles Dibdin, von dem die folgende Ballade stammt:

Nongtongpaw

John Bull, um sich zu verlustieren,
tat sich in Frankreich einquartieren,
studierte Kunst und Wissenschaft,
hat manches Bauwerk angegafft.
Monsieur, von John befragt, gab nur
was Kauderwelsches ihm retour.
Als Antwort kriegte John ein Ah!,
und weiter ging's mit «n'entends pas».

John kam alsbald zum Königsschloss,
das fand er unbeschreiblich groß,
«Das Haus da, wem gehört es, eh?»
«'aus? Je vous n'entends pas, Monsieur.»
«Wie? Wieder der!», rief John entzückt,
«der Kerl ist wahrlich gut bestückt,
Auf dessen Tafel steht was da,
Ich frühstückt' gern bei Nongtongpaw!»

John sah Versailles vom Bergesrücken
und rief erstaunt und voll Entzücken
«Das Schloss da, wem gehört es, eh?»
«Schloss? Je vous n'entends pas, Monsieur.»
«Schon wieder seins, und auch das Land.
Dem Kerl gehört ja allerhand.
Der steht ganz schön besattelt da.
Ich nehm's Diner bei Nongtongpaw.»

Kam eine Schöne anstolziert.
John rief, von ihr ganz fasziniert,
«Zu wem gehört die Mieze, eh?»
«Mits? Je vous n'entends pas, Monsieur.»
«Was! wieder der? Der Kerl hats dicke,
hat Schloss und Land und so 'ne schicke

THE BRITISH ATLAS, or John Bull supporting the Peace Establishment.

Abb. 25: Der britische Atlas.
Karikatur von Charles Williams (1816).

Madame wie 'n Bild von Joshua.
Ich speis' heut nacht bei Nongtongpaw!»

«Der Leichenzug dort, wer ist's, Mann?»
«Leisch? Je vous n'entends pas.» «Sieh an!
Geld, Schönheit, Ruhm – all seine Habe
hielt Nongtongpaw nicht ab vom Grabe!
Sein Spiel ist aus, nichts mehr mit Essen,
hätt' gern bei ihm am Tisch gesessen.
Doch da er sich verzog, nun ja,
Gut Nacht denn, Mussjöh Nongtongpaw.»

Abb. 26: Die rote Kappe oder: John Bull umgeht die Hutsteuer.
Karikatur von James Gillray (1797).

Das ist die typisch englische Art, auf eine solche Situation zu reagieren. John Bull ist nicht wie bei Hebel der tumbe Tor, der mit unschuldigen Kinderaugen die urbane Welt anstaunt. Man darf sich ihn auch nicht als Provinzler vom Lande vorstellen, sondern eher als einen *shopkeeper* aus London, der die Schätze der Welt nach ihrem Genusswert taxiert. Der unerfahrene Dörfler, der in die große Welt eintritt, hatte in England nie den romantischen Charme, den Deutsche bis in die jüngste Zeit in ihm sahen. Im 17. Jahrhundert war die Unschuld vom Lande, meist weiblichen Geschlechts, Freiwild für die Wits der feinen Gesellschaft, und niemand brachte ihr Mitleid entgegen, wenn sie von diesen ver-

Abb. 27: Das Familienoberhaupt in guter Laune.
Karikatur von Woodward und Rowlandson (1809).

führt wurde. Im 18. Jahrhundert billigte man den Menschen vom
Lande immerhin Gefühl und Herzensbildung zu, doch zu Identi-
fikationsfiguren für den Leser wurden sie nur dann, wenn sie sich
in der urbanen Welt assimilierten. Die romantische Verklärung
des ungebildeten Menschen durch Wordsworth, der selbst noch
im Dorfidioten die naturnahe Unschuld sah, hat in England wenig
Echo gefunden. Dibdins John Bull ist schon von seinem sozialen
Status her etwas anderes als Hebels Handwerksbursche. Er ist ein
Bürger, der gewohnt ist, seinen Platz in der Gesellschaft zu behaupten und sich vom Kuchen des Lebens sein Stück abzuschnei-
den; und ganz sicher ist er nicht bereit, sich mit weiser Selbst-

Abb. 28: GEWARNT
Zeppelin (als Fat Boy): «Ich will dir eine Gänsehaut machen.»
John Bull: «Bitteschön!»
Karikatur von Leonard Raven-Hill.

bescheidung zu trösten. In seinem Humor schwingt eine nicht
gerade boshafte, aber doch menschlich-allzumenschliche Genug-
tuung über den Abgang des hochgestellten Herrn mit. Das ist der
autoritätsfeindliche und durchweg ungemütliche Grundzug, der
den englischen Humor charakterisiert, während aus Hebels Geschichte die Herzenswärme, aber auch die provinzielle Beschränkt-
heit der deutschen Gemütlichkeit spricht.

Wenn das Vaterland in Gefahr ist, identifizieren sich die Briten
nicht mit Falstaff, sondern mit dem nicht ganz so wohlbeleibten
John Bull, der jedem Gegner die Stirn bietet. Als Graf Zeppelin im
Ersten Weltkrieg sein Luftschiff nach England schickte, um Lon-

don zu bombardieren, reagiert der Karikaturist Raven-Hill mit typisch englischer *bottom up*-Haltung darauf; dabei vergleicht er den Zeppelin mit der Dickensfigur des Fat Boy. Im Zweiten Weltkrieg brauchte man nicht einmal auf die Urform von John Bull zu rekurrieren, da Sir Winston Churchill sich selber als dessen Verkörperung in Szene setzte. In den vier hier wiedergegebenen Karikaturen erscheint John Bull in vier typischen Ausprägungen: als «britischer Atlas», als respektloser Herausforderer der Obrigkeit, als Inbegriff englischer Überlegenheit dank dem Besitz von Humor und als nicht einzuschüchternder Patriot (Abb. 25–28).

Onkel Toby

In der zweiten Hälfte des 18. Jahrhunderts gesellte sich zu den drei bisher genannten Archetypen ein vierter, der zu seinen Vorgängern nicht recht passen will. Onkel Toby aus Laurence Sterne's Roman *The Life and Opinions of Tristram Shandy, Gentleman* (1759–67; *Leben und Meinungen von T.S., Gentleman*) hat nichts von der robusten Erdnähe der drei anderen. Im Gegenteil, er ist ein zartbesaiteter Mann, der Tränen des Mitgefühls vergießt und in einer Phantasiewelt lebt, in der er sich an Beispielen früherer Belagerungskriege den Kopf über die Probleme des Festungsbaus zerbricht. Dennoch wurde diese Figur von den Lesern sogleich ins Herz geschlossen und galt bis ins frühe 19. Jahrhundert als Inbegriff englischen Humors. Die Kurzbeschreibung lässt die Figur näher an Hebel als an John Bull erscheinen. Es kann deshalb kaum verwundern, dass Sternes Roman in Deutschland begeisterte Aufnahme fand, während sich in England Bewunderung und Kritik die Waage hielten. Als Archetypus des englischen Humors steht die Figur deshalb im Schatten der vorausgegangenen und noch folgenden.

Am Anfang mag es durchaus der sentimentale Zug gewesen sein, der die Leser für ihn einnahm. Schließlich war Sterne der Autor des Buches *A Sentimental Journey through France and Italy* (1768; *Eine empfindsame Reise*), das wesentlich dazu beitrug,

seiner Epoche den Namen *Age of sentiment*, Zeitalter der Empfindsamkeit, zu geben. Doch das Entscheidende an Toby ist die
exzentrische Skurrilität, die er just zu der Zeit an den Tag legte, als
die Normierung des Gentleman in vollem Gange war. Nicht ohne
Grund steht dieser Begriff im Titel des Romans. Tobys skurriler
Humor ist die Waffe, mit der ein hypersensibler Mensch seine
Subjektivität gegen den Normierungsdruck der Gesellschaft behauptet. Hätte Goethes Werther, der sieben Jahre nach dem Erscheinen des letzten Teils von *Tristram Shandy* die literarische
Bühne betrat, diesen Humor gehabt, hätte er sich nicht zu erschie-
ßen brauchen. Lässt man einmal die zeitbedingte und für deutsche
Leser offenbar noch immer reizvolle Gemüthaftigkeit der Figur
außer Betracht, so steckt in ihr doch etwas sehr Englisches, nämlich die Selbstsicherheit eines von klassischer Bildung unbeleck-
ten schlichten Bürgers, der sich mit unerschütterlichem Humor
gegen die Autorität jener Bildungsideologie zur Wehr setzt, die
im Roman sein Bruder Walter, der Vater des Titelhelden, unablässig mit größtem Bierernst bemüht. In dieser Hinsicht ist auch Onkel Toby im Kern ein John Bull.

Mr. Pickwick und Sam Weller

Dass Onkel Toby in England viel von seiner einstigen Bekannt-
heit eingebüßt hat, hängt sicher auch damit zusammen, dass die
englische Literatur im 19. Jahrhundert den Humoristen hervor-
brachte, der bis heute alle Vorgänger und Nachfolger überstrahlt:
Charles Dickens. Von ihm selbst soll später noch ausführlich die
Rede sein. Hier geht es zunächst nur um die Figuren, die er zum
Reigen der Archetypen beigesteuert hat. Wenn diese Ehre seiner
ersten großen Schöpfung, dem Heldenpaar der *Pickwick Papers*,
zuerkannt wird, dann mag das ungerecht gegenüber all seinen anderen humoristischen Figuren erscheinen, die bis heute im kollektiven Bewusstsein seines Volkes präsent sind. Doch wie einmalig
und unvergesslich diese auch sein mögen, keine von ihnen steht
für Humor in so reiner Form. Sie sind entweder Zielscheiben sati-

rischen Spotts oder skurrile Sonderlinge, die ein komisches Merkmal in extremer Einseitigkeit repräsentieren. Nur Mr. Pickwick und sein Begleiter Sam Weller haben die quasi-mythische Allgemeingültigkeit, die an den vorangegangenen Archetypen aufgezeigt wurde. Dass die beiden den Vorbildern Don Quichotte und Sancho Pansa verpflichtet sind, ist offensichtlich. Doch während der spanische Held aus einer Satire auf die Ritterromantik hervorging und erst im Verlauf des Romans zur allgemeingültigen Verkörperung des zwischen hochfliegenden Idealen und armseliger Realität durchs Leben stolpernden Menschen wird, ist Pickwick von Anfang an ein idealistischer Realist, der an das Gute im Menschen glaubt und seinen Mitmenschen mit gleicher Güte begegnet. In seiner rundlichen Körperfülle, die durch die Illustrationen von Phiz – so nannte sich der Zeichner Hablot Browne – noch besonders betont wird, mag er auf den ersten Blick wie ein John Bull erscheinen. Doch ihm fehlt dessen rabiate Streitlust und die robuste Erdenschwere. Er ist vielmehr von einer gummiballhaften Leichtigkeit (Abb. 29). Mit Onkel Toby hat Pickwick das Reiten eines Steckenpferds und das weiche Gemüt gemein, ist aber im Gegensatz zu ihm voller Tatkraft und stets bereit, wie Quichotte für die Bedrängten einzutreten, statt nur wie Toby in Mitgefühl zu schwelgen. Was Pickwick an realistischer Lebensklugheit fehlt, hat sein Diener Sam Weller in reichem Maße. In diesem Cockney mit seinem ununterdrückbaren Mutterwitz sehen die Engländer noch heute einen typischen Vertreter ihres *bottom up*-Humors.

Pickwick, der mit den Mitgliedern des von ihm begründeten Clubs durch England reist, um in durchaus aufklärerischer Absicht historische und naturwissenschaftliche Erkenntnisse zu gewinnen, wird für diese seine Marotte noch mit mildem Spott bedacht; Sam Weller dagegen ist eine uneingeschränkt positive Figur. Beide zusammen stellen eine Einheit dar, die in archetypischer Weise all das verkörpert, was die viktorianischen Engländer als ihr nationales Wesen sehen wollten: Optimismus, Weltzugewandtheit, Altruismus und die Fähigkeit, den Ernst des Lebens mit Humor

YATES, as "MR. PICKWICK."

CONTENTS.

Smeeton, Printer, 74, Tooley-street.

*Abb. 29: Eine Sammlung populärer Lieder,
die sich die Popularität von Dickens' Mr. Pickwick zunutze machte.*

zu nehmen. All das wird nicht durch einen idealisierten Typus, sondern durch individualisierte Figuren verkörpert, wobei Pickwick selber aller Exzentrik zum Trotz etwas von der Allgemeingültigkeit eines Mythos hat.

Jeeves und Bertie Wooster

Aus der Fülle komischer Figuren, mit denen die Unterhaltungsmedien im 20. Jahrhundert das englische Publikum beliefert haben, hat ein weiteres Paar gute Chancen, auf ähnliche Weise in die

Volksmythologie einzugehen wie die zuvor betrachteten Gestalten. Es sind Bertie Wooster und sein Butler Jeeves, zwei Geschöpfe aus der Feder von P. G. Wodehouse (1881–1975), der bis zu seinem Tode im biblischen Alter von 93 Jahren unermüdlich unterhaltsame Bücher schrieb, über hundert an der Zahl. Sean O'Casey nannte ihn *English literature's performing flea*, doch andere namhafte Schriftstellerkollegen zählten ihn zu den größten des Jahrhunderts. Was den literarischen Wert seiner Bücher betrifft, so wird man ihnen wohl nur gute Unterhaltung ohne weiteren Tiefgang zubilligen können. Doch mit Jeeves und Wooster, die er 1919 zum ersten Mal gemeinsam auf die literarische Bühne schickte, dürfte er sich unsterblich gemacht haben. Dafür spricht allein schon die Tatsache, dass nach den drei erfolgreichen BBC-Serien *The World of Wooster* aus den Jahren 1965–67 der kommerzielle ITV-Sender von 1990 bis 1993 vier neue Serien unter dem Titel *Jeeves & Wooster* herausbrachte, die auf Videobändern von insgesamt rund 20 Stunden Spieldauer weitere Verbreitung fanden. Dass die Serie nicht ins deutsche Fernsehen gelangte, liegt wohl daran, dass sie auf einen Sprachstil angewiesen ist, der sich kaum übersetzen lässt.

Bertie Wooster ist ein reicher junger Mann von größtem Selbstbewusstsein und geringen Geistesgaben, der das Glück hat, in Jeeves einen Butler von unübertrefflicher Kompetenz und Gemütsruhe zu besitzen, so dass er sich mit dessen Hilfe aus jeder Bredouille herauswinden kann, in die er sich hineinmanövriert hat. Dass Jeeves auch einen Vornamen hat, nämlich Reginald, erfuhren die Wodehouse-Leser übrigens erst 1971 in dem Roman *Much Obliged, Jeeves (Sehr verbunden, Jeeves)*, wo Bertie sich dieser Tatsache zu seiner eigenen grenzenlosen Überraschung bewusst wird, als er seinen Butler damit anredet. Die beiden Figuren sind so realitätsenthoben wie Don Quichotte und Sancho Panza, obwohl das soziale Milieu, in dem sie sich bewegen, auf den ersten Blick wie ein getreues Abbild des postviktorianischen England anmutet. Aber dieses England mit seinen vertrottelten oder dandyhaften Aristokraten in musealen Landhäusern, in denen auf Teeparties ritualisierter Smalltalk gepflegt wird, ist ein aus Klischees zusammengefügtes ironisches Konstrukt, das selbst für englische Leser in den 1920er Jahren eine Welt darstellte, mit der man zwar nostalgische Erinnerungen verband, in der man aber nur noch wenig von der eigenen Lebenswirklichkeit wiedererkannte. Mit Woosters Welt hat Wodehouse einen Abgesang auf das England der Gentry-Kultur angestimmt, aus dem weder Trauer noch satirischer Spott herausklingt, sondern die reine, ungetrübte Freude einer humoristischen Weltsicht.

Bertie Woosters Verhältnis zu seinem Butler bezieht seinen Witz vor allem aus dem Gegensatz ihrer Sprachstile. Während Jeeves in präzisen, wohlformulierten und stets druckreifen Sätzen spricht – wobei seine häufigsten Äußerungen *Yes, sir* und *Precisely, sir* sind – , pflegt Bertie einen Stil, wie man ihn früher in englischen Seebädern von pensionierten Colonels und ähnlichen Vertretern des alten Empires hören konnte. Wenn er seine Sätze mit überraschenden Metaphern spickt und persönliche Urteile mit Wörtern wie *devilish, jolly well* oder *rummy* verstärkt, dann ist das ein genauso konstruierter, zwischen Understatement und skurriler Übertreibung hin und her changierender Slang permanenter Ironie, wie sein ganzes Milieu ein ironisches Konstrukt ist.

Die Zeitenrücktheit bei gleichzeitiger Widerspiegelung von typisch Englischem in höchster Konzentration ist das, was Bertie Wooster und Jeeves in den Augen der Briten den Hauch des Mythischen gibt. Evelyn Waugh, ein Wodehouse-Bewunderer, hat darum dessen Bücher mit Shakespeares *Sommernachtstraum* und Lewis Carrolls *Alice im Wunderland* verglichen. Der Humor, der darin aus jedem Satz quillt, ist voller Selbstironie, reich an Sprachspielen und überdrehtem Nonsens, exzentrisch bis zum Exzess und allein schon dadurch *bottom up*, dass der reiche Bertie fortwährend auf die höflichste Weise von seinem Butler auf den Teppich geholt wird. Was dagegen nahezu ganz fehlt, ist Schwärze und

Grausamkeit. Die Wodehouse-Welt liegt in so hellem, ungetrübtem Sonnenschein wie die von Mr. Pickwick. Die Düsternis, in die Dickens in seinen späteren Romanen eintauchte, hat Wodehouse nicht nur gemieden, er scheint sie überhaupt nicht wahrgenommen zu haben. Insofern ist sein Beitrag zu den Archetypen des englischen Humors sehr viel flacher. Während hinter Falstaff Shakespeares Tragödien und hinter Pickwick schon im nächsten Roman Oliver Twist steht, bietet Wodehouse das immergleiche wohltemperierte Bad in jenem Humor, den Kate Fox in dem eingangs zitierten Text als nationaltypisches Zwangsverhalten ihrer Landsleute beschreibt. Das mag der Grund dafür sein, das Wodehouse in Deutschland nicht so bereitwillig aufgenommen wurde wie vor ihm Dickens. Um von anspruchsvollen Deutschen ernst genommen zu werden, fehlt dem Wodehouse-Humor die Tiefe; und um das breite Publikum zu erreichen, fehlt ihm ein Hauch von moralisierender Gemütlichkeit.

III. Geschichte des englischen Humors

Wer sich daran macht, die Geschichte eines nationalen Humors nachzuzeichnen, muss zuerst einmal eingestehen, dass ihm nur ein Bruchteil seines Gegenstands zugänglich ist. Während der Literaturhistoriker den größten Teil dessen, worüber er schreibt, in gedruckter Form vor sich hat, muss sich der Humorhistoriker damit abfinden, dass nur ein verschwindend kleiner Teil des Lachens und der Lachanlässe früherer Zeiten überliefert ist. Zudem ist höchst fraglich, ob das Wenige, was in die schriftliche und bildliche Überlieferung eingegangen ist, überhaupt als repräsentativ für den Humor des ganzen Volkes zur jeweiligen Zeit gelten kann. Über weite Strecken sind Literatur und darstellende Kunst die einzigen Zeugnisse, auf die sich der Historiker stützen kann. Da sie die Wirklichkeit immer auf eine durch Traditionen und Konventionen bestimmte Weise widerspiegeln und sich an ein Publikum richten, dessen Geschmack auf die gleiche Weise geprägt ist, ist höchst ungewiss, ob sie das Typische und Repräsentative der jeweiligen Zeit wiedergeben. Andererseits wirken Zeugnisse aus der Vergangenheit prägend auf die Gegenwart, so dass sich die reale Kultur und ihre Widerspiegelung in gewissem Maße angleichen.

Die bisher umfangreichste Geschichte des englischen Humors von den angelsächsischen Anfängen bis zum frühen 18. Jahrhundert schrieb der französische Anglist Louis Cazamian in zwei Bänden unter dem Titel *The Development of English Humor*, wobei er sich ausschließlich auf die Literatur stützte. Das ergab ein Bild, in dem viele Facetten und drei Jahrhunderte fehlen. Im Folgenden soll dieses Bild bis in die Gegenwart fortgesetzt und mit einem Blick auf die bildende Kunst und den sozialgeschichtlichen Kontext vertieft werden, allerdings auf einem Viertel der

Seitenzahl, was bedeutet, dass mit dem Stichel gezeichnet werden muss, wo Cazamian mit breitem Pinsel malt. Wenn zuvor die Eigentümlichkeiten des englischen Humors auf die Formel «*bottom up*-Humor» gebracht wurden, ist damit bereits angezeigt, unter welchem Aspekt die historische Entwicklung gesehen wird. Es geht um die Geburt des englischen Humors aus dem Geist des sich emanzipierenden Stadtbürgertums im Bunde mit dem niederen Adel.

Früher Stadtbürgerhumor von Chaucer bis Skelton

England war das erste größere Land in Europa, das die Fesseln des Feudalismus sprengte und den Weg in Richtung auf eine horizontalisierte Bürgergesellschaft einschlug. Begünstigt wurde diese Entwicklung zunächst durch das erwähnte Bündnis zwischen dem niederen Adel und den Städten, die gemeinsam im Unterhaus saßen. Dann aber erhielt der Horizontalisierungsprozess einen gewaltigen Schub durch die große Pest von 1348/9. Diese für ganz Europa verheerende Katastrophe entvölkerte England so sehr, dass wegen der geringeren Nachfrage nach Brotgetreide und dem Mangel an Landarbeitern immer mehr Ackerland in Schafweide umgewandelt wurde. Für den Ackerbau brauchte der landbesitzende Adel die Frondienste der Leibeigenen. Schafzucht hingegen erforderte viel weniger Arbeitskräfte. So kam es, dass in England die feudale Bindung der Leibeigenen an das Land früher als auf dem Kontinent in freie Lohn- und Pachtverhältnisse überging. Darüber hinaus ließ die Schafzucht neue Gewerbe entstehen, die mit dem Wollhandel und der Wollverarbeitung auf privatwirtschaftlicher Basis betrieben wurden. Dass der ökonomische und soziale Umbruch nicht ganz friedlich verlief, lässt sich an den Bauernunruhen ablesen, die 1381 mit dem Aufstand unter Wat Tyler kulminierten. Obwohl die Rebellion blutig niedergeschlagen wurde, ließ sich der Niedergang des Feudalsystems nicht mehr aufhalten, da selbst die adligen Grundbesitzer einsahen, dass sich mit entlohnten Arbeitern besser wirtschaften ließ als mit Leibeigenen, die ihren Frondienst nur widerwillig leisteten. Der ideologische Reflex dieser Entwicklung ist das Wirken John Wyclifs (ca. 1330–84), der 150 Jahre vor Luther eine Reformation der Kirche anstrebte. Während der Feudalismus in Frankreich erst mit der Revolution und in Deutschland mit den Stein-Hardenberg'schen Reformen zu Ende ging, hatte er sich in England bereits im 15. Jahrhundert aufgelöst. Zumindest gab es seitdem keine Leibeigenschaft mehr, die diese Bezeichnung verdient, wenngleich Reste der feudalen Aristokratie bekanntlich noch heute fortbestehen.

Auf einzigartige Weise spiegelt sich diese Entwicklung im Werk Geoffrey Chaucers. Der erste englische Dichter von Weltrang wurde irgendwann zwischen 1339 und 1346 geboren und starb 1400. Damit fiel sein Leben in genau die Zeit, in der die genannten Ereignisse – die Pest, die Bauernaufstände und die Lehren Wyclifs – ihre Wirkung entfalteten. Über sein Leben weiß man genug, um ihn sozialgeschichtlich einordnen zu können. Er war der Sohn eines Londoner Weinhändlers und damit durch bürgerliche Herkunft geprägt. Doch seinen Lebensunterhalt verdiente er im Dienst des Adels und der Krone. Dabei ist aber zu bedenken, dass sein lebenslanger Gönner John of Gaunt aus dem Hause Lancaster, der Vater des späteren Königs Heinrich IV., zugleich der Schutzpatron Wyclifs war, so dass in der Gestalt dieses einflussreichsten Adligen seiner Zeit die widerstreitenden Tendenzen der ganzen Nation zusammenfallen. Wie sein Gönner, dem er durch die Ehe mit dessen Schwägerin auch familiär nahe stand, lebte und wirkte auch Chaucer in zwei Lagern, einem alten und einem neuen. Neben ihm gab es noch zwei andere große Zeitgenossen, die jeweils eins dieser Lager rein verkörpern. An das konservative Lager richtete sich der Dichter von *Sir Gawain and the Green Knight*, dessen Identität bis heute unbekannt blieb; für das fortschrittliche Lager der aufmuckenden Bürger und Bauern schrieb der Autor von *Piers Plowman*, von dem man außer dem Namen William Langland ebenfalls so gut wie nichts weiß. Die annähernde Gleichzeitigkeit dieser drei großen Repräsentanten der spätmittelenglischen Dichtung ist symptomatisch für die Kultur, die sich in ihren Werken widerspiegelt.

Wie sehr Chaucer zwischen den beiden Lagern stand, zeigt sich daran, dass er für beide je eins seiner Meisterwerke schrieb. Sein formal vollkommenstes Werk, das Versepos *Troilus und Criseyde*, ist noch ganz dem Ehrenkodex der Feudalaristokratie verpflichtet, wenngleich diese Dichtung längst nicht mehr so konservativ daherkommt wie der *Gawain*. Das Werk aber, das sich im Gedächtnis der Nachwelt zuallerst mit seinem Namen verbindet, sind die *Canterbury Tales*, in denen er Vertreter fast aller Stände und Gesellschaftsschichten vorführt, die allesamt durch die Brille eines bürgerlichen Humors betrachtet werden. Chaucer erzählt dort von einem Pilgerzug zum Grab des Heiligen Thomas Becket in Canterbury, an dem er zusammen mit 30 anderen bunt zusammengewürfelte Menschen (im Text wird allerdings die Zahl 29 genannt) teilnimmt. Im Tabard-Gasthof in London, wo die Wallfahrt beginnt, schlägt der Wirt vor, dass jeder Pilger auf dem Hin- und Rückweg seine Mitpilger mit je zwei Geschichten unterhalten solle. Er selber wolle keine erzählen, sondern stattdessen den Richter spielen und den besten Erzähler mit einem kostenlosen Mahl belohnen. Damit wären für das Werk insgesamt 120 Geschichten zu erwarten gewesen, von denen aber nur 20 fertig wurden und vier weitere, zum Teil absichtlich, unvollendet blieben.

Die Figur, die in Hinblick auf den Humor besonders herausragt, nämlich die Frau aus Bath, wurde bereits vorgestellt. Aber auch die übrigen Figuren und Geschichten lassen die Dichtung als ein Panorama des frühbürgerlichen Humors erscheinen. Dabei sind durchaus nicht alle Geschichten komisch. Doch selbst die höfische Erzählung des Ritters und die Moralpredigt des Pfarrers sind eingebettet in eine humoristische Umgebung; denn die Zuhörer machen ihrer Kritik an langweiligen Erzählungen durchaus

Luft. Chaucer leistet sich sogar den Spaß, sich selbst eine der trockensten und langweiligsten Geschichten in den Mund zu legen. Die Mehrzahl der Erzählungen sind aber von vornherein auf humoristische Unterhaltung angelegt. Das gilt vor allem für die sogenannten *fabliaux*, wie man die derb-dreisten Schwankerzählungen nennt. Der Wechsel zwischen derben Schwänken und moralisierenden oder sogar tragischen Erzählungen gibt dem ganzen Werk eine ähnliche Breite in der Darstellung menschlichen Lebens, wie man sie später in den Dramen Shakespeares findet. Der Humor, der darin zum Ausdruck kommt, ist geprägt durch das Selbstbewusstsein von Bürgern, die auf Augenhöhe mit dem einzigen Vertreter des Adels, dem Ritter, umgehen, wobei diese Figur keineswegs ironisiert wird, sondern durchaus mit ritterlichen Tugenden ausgestattet ist. Hier zeigen sich bereits die typischen Züge des englischen *bottom up*-Humors. Es ist ein erdnaher, mit hintersinnigem Spott gewürzter Humor, mit dem sich die Pilger zuweilen gegenseitig auf den Arm nehmen.

Von ganz anderer Art ist der Humor des originellsten Nachfolgers in der Chaucer-Tradition, John Skelton (ca. 1460–1529), den die Universitäten von Oxford und Cambridge zum *poeta laureatus* krönten. Er lebte ein Jahrhundert nach Chaucer, was bedeutet, dass er die Anfänge der Reformation und damit die Zunahme aggressiver Auseinandersetzungen miterlebte. Deshalb hat sein Humor wenig von der chaucerschen Wärme und stattdessen satirischen Biss, wobei er die Geißel gegen Kirchenfürsten wie den Kardinal Wolsey ebenso schwang wie gegen die Anhänger Wyclifs und Luthers. Zu diesem Zweck erfand er eine Art Knittelvers, der als *Skeltonic verse* zum festen Begriff geworden ist. Während Chaucer mehr den liberalen Humor der englischen Mittelschicht repräsentiert, lässt Skeltons rabiate Satire eher an den ruppigen Humor des späteren John Bull denken. Wo Chaucer lächelt, steckt Skelton die Zunge heraus. Die Hauptzielscheibe seiner satirischen Attacken war der Klerus. Obwohl er selber Geistlicher war, scheute er sich nicht, gegen seine gottfernen Glaubensbrüder buchstäblich ‹Hiebe› auszuteilen; denn ‹Hieb› ist die Bedeutung des Namens, den er seinem fiktiven Sprachrohr Colin Clout gab. Dieser Clout ist ein Mann aus dem Volke, der durchs Land zieht und die Korruption der Kirche auf allen Ebenen anprangert. Clout ist weder ein Eulenspiegel, der die Lasterhaften bloßstellt, indem er sie zum Narren hält, noch ist er ein Sozialrevolutionär. Vielmehr ist seine Kritik auf eine unorthodoxe, ganz dem Common Sense verpflichtete Weise konservativ und insofern sehr englisch.

Chaucer und Skelton mögen aus heutiger Sicht die herausragenden Repräsentanten des frühbürgerlichen Humors in England sein, doch zu ihrer Zeit waren sie nur der kleinen Schicht lesefähiger Bürger bekannt. Weit mehr Menschen erreichten die von Handwerksgilden zu bestimmten kirchlichen Festen aufgeführten Mysterienspiele. Diese Frühform des englischen Dramas entstand aus einer Keimzelle in der Osterliturgie, dem sogenannten *Quem quaeritis*-Tropus, zu deutsch: «Wen sucht ihr?». Das ist die Frage, die der auferstandene Jesus an die Frauen stellte, die an sein leeres Grab kamen und ihn für den Friedhofsgärtner hielten. Aus der szenischen Illustration dazu im Verlauf der Ostermesse entwickelte sich zuerst ein längeres Osterspiel, dem später immer mehr dramatische Darstellungen biblischer Stoffe folgten. Schließlich wurden auch allgemein moralisierende Stücke auf die Bühne gebracht, von denen *Jedermann* am bekanntesten wurde. Mann muss sich die Aufführungen dieser Stücke, der biblischen Mysterienspiele wie der reinen Moralitäten, als ein karnevalsähnliches Spektakel vorstellen; denn die Darstellung der einzelnen Szenen erfolgte auf großen Wagen, die in einer Stadt von Platz zu Platz weiterrollten, so dass das Publikum wie durch die Drehbühne eines Theaters unterhalten wurde. Am Anfang waren die Aufführungen sicher eine ernste religiöse Angelegenheit. Aber schon bald schlichen sich komische Elemente ein. Schaupieler, die den Herodes darstellten, führten dabei den Zorn des Tyrannen als wirkungsvollen Tobsuchtsanfall vor. Ein spätes Echo davon ist noch in Shakespeares *Hamlet* zu spüren, wo der Titelheld den Schauspielern rät, «den Herodes nicht zu überherodisieren». Eine andere zur Komik reizende Figur war der Teufel, da man ihm gegenüber nicht zu Respekt verpflichtet war. Auch Noahs zeterndes Weib, das nicht in die Arche will, gehörte zum komischen Personal. Aus der Fülle solcher volkstümlichen Prozessionsdramen sind vier umfangreiche Zyklen erhalten, an denen sich das stetige Einsickern von Komik gut beobachten lässt. Da diese dramatischen Darstellungen, wie schon gesagt, von Handwerksgilden, also von Bürgern, organisiert wurden, zeigt sich in ihnen besser als in der geschriebenen und gedruckten Literatur der ideologische Horizontalisierungsprozess in der Kultur, der durch den Aufstieg des Bürgertums in Gang gesetzt wurde.

Humor und Tragik in der Shakespearzeit

Unter Elisabeth I. erlebte England nicht nur politisch, sondern auch kulturell seine erste Blütezeit. Nachdem es das *quattrocento* der italienischen Renaissance mit Kriegführen verbracht hatte, setzte es im 16. Jahrhundert zur Aufholjagd an. Dabei hatte es kulturell einen Rückstand von gut hundert Jahren wettzumachen, während es gesellschaftlich und politisch dem übrigen Europa voraus war. Auf die Erschütterung des Feudalsystems durch die große Pest folgte im 15. Jahrhundert die Dezimierung des Hochadels durch die Rosenkriege. Damit hatten die beiden aufsteigenden Schichten – das städtische Bürgertum und die Gentry – freie Bahn. Zwar hatte der Hochadel noch immer den größten Besitz, den stärksten Einfluss und den höchsten Status, doch ohne Zustimmung des Unterhauses konnte die Krone kaum noch etwas unternehmen. Dass die Rivalität zwischen Hochadel und Unterhaus auf eine Krise zusteuerte, zeichnete sich schon frühzeitig ab. Der Staatskunst Elisabeths war es zu verdanken, dass es unter ihrer Regierung zu keiner Zuspitzung kam. Sie verstand es geschickt, den Hochadel und die von der Gentry angeführten Commons so gegeneinander auszuspielen, dass sich die politischen Kräfte die Waage hielten. Unter ihren Nachfolgern brach das labile Gleichgewicht bald auseinander. Vor allem unter Karl I. spitzte sich der Konflikt zu. Er strebte eine absolutistische Regierung nach kontinentalem Vorbild an. Jetzt paktierte die Krone mit dem Hochadel, der Staatskirche und den konservativen Kräften im Land, während sich das städtische Bürgertum und große Teile der Gentry ideologisch dem Puritanismus zuwandten, der ihren Interessen weit mehr entgegenkam. Zum einen vertrat er die Gleichheit aller vor Gott, zum anderen lehrte er die Prädestination, was bedeutete, das jeder Einzelne im Ungewissen war, ob er zu den Erwählten oder Verdammten gehörte. Das einzige Indiz für Erwähltheit glaubte man in wirtschaftlichem Erfolg zu sehen; denn weshalb sollte Gott Erfolg auf Menschen verschwenden, die für die Hölle bestimmt waren. Damit gab der Puritanismus sowohl der demokratischen Horizontalisierung als auch dem kapitalistischen Erfolgsstreben enorme Schubkraft.

Die hier skizzierte politisch-gesellschaftliche und kulturelle Situation muss im Blick haben, wer die Literatur jener Zeit und vor allem das Theater verstehen will. Wenn heute vom elisabethanischen Drama die Rede ist, denkt man zuallererst an Shakespeare. Diese Sonne am elisabethanischen Firmanent überstrahlt ihre Zeitgenossen so sehr, dass die übrigen Sterne kaum noch wahrgenommen werden. Das ist diesen gegenüber ungerecht, doch für das Verständnis der elisabethanischen Kultur nicht so bedenklich wie es scheint; denn Shakespeare kann weit eher als Repräsentant seiner Zeit angesehen werden als zum Beispiel Goethe und Schiller für die ihre. Das rührt vor allem daher, dass sich das kulturelle Selbstbewusstsein der Nation gerade erst zu formieren begann und dass Shakespeare durch die schier unfassbare Weite seines Blicks so gut wie alle Facetten der Entwicklung in seinem Werk widerspiegelte. Es gibt in der abendländischen Überlieferung und wohl auch sonst in der Weltkultur keinen Dichter, der zwischen den äußersten Extremen von farcenhafter Komik auf der einen und schwärzester Tragik auf der anderen Seite ein so breites Spektrum menschlicher Lebenswirklichkeit auf die Bühne gebracht hat wie er. Schon die Tatsache, dass in seinem Werk Komödien, Historien und Tragödien in annähernd gleicher Zahl vertreten sind, lässt ein Wirklichkeitsbild von größtmöglicher Vollständigkeit erwarten.

Bei einem so weiten Blickwinkel kann es kaum verwundern, dass Shakespeare auch den Humor seiner Zeit in ähnlicher Breite widerspiegelt. Selbst reine Komödienschreiber wie Molière haben auf diesem Felde nichts Vergleichbares zu bieten. Bei Shakespeare finden wir dumme Bauerntölpel, Spaßvögel, weise Narren, gewitzte Frauen, vor Vitalität strotzende amoralische Lebemänner, eingebildete Gecken, borniere Sauertöpfe, weltüberdrüssige Melancholiker und jene bunte Mischung, wie sie in seinen *motley fools* erscheint. Trotz dieser Vielfalt überwiegt bei ihm aber eine bestimmte Weltsicht, die seinen Komödien in der Literaturwissenschaft das Etikett ‹romantisch› eingebracht hat, während man die seines großen Konkurrenten Ben Jonson als ‹realistisch› bezeichnet. Diese Bezeichnungen sind nicht unberechtigt; denn in der Tat spielen Shakespeares Komödien nicht wie die von Ben Jonson in der bürgerlichen Sphäre, sondern an Fürstenhöfen, in pastoralen Gefilden oder in einem imaginären Böhmen am Meer. Grob vereinfachend kann man sagen: In Shakespeares Komödien geht es um Macht und Liebe, in Ben Jonsons um Geld und Sex. Insofern finden wir das ganze Spektrum des elisabethanischen Humors nur bei beiden zusammen, wenngleich Shakespeare den mit Abstand größten Anteil beisteuerte. In gewisser Weise verhalten sich die beiden ähnlich zueinander wie Chaucer und Skelton. Shakespeares Humor ist das Zaubermittel, mit dem – meist durch die Hand von Frauen – die gleichen Probleme zu einer gütlichen Lösung gebracht werden, die in den Tragödien zum Untergang der Helden führen. Ben Jonsons Humor ist dagegen eine satirische Peitsche, mit der die Menschen zur moralischen Lösung ihrer Probleme gezwungen werden sollen.

In den Satirikern Skelton und Ben Jonson werden Engländer kaum etwas spezifisch Englisches erkennen, in Chaucers und Shakespeares Humor dagegen sehr wohl. Auf Falstaff wurde bereits eingegangen. Während in dieser Figur das sympathisierende und distanzierende Lachen auf eine archetypische Weise zur Deckung gebracht werden, lassen sich die übrigen komischen Figuren mit wenigen Ausnahmen der einen oder anderen Seite zuordnen. So ist beispielsweise Malvolio in *What You Will* eindeutig Zielscheibe des Spotts, während Sir Toby Belch mit seinen Kumpanen auf der sympathischen Seite steht. Am positivsten werden Frauengestalten wie Rosalind in *As You like it (Wie es Euch gefällt)* und Portia im *Merchant of Venice (Kaufmann von Venedig)* dargestellt, die ihre humorlosen Gegenspieler dem Gelächter preisgeben und damit eine tragisch gespannte Situation mit Humor auflösen.

Dass Portias Gegenspieler Shylock aus heutiger Sicht härter bestraft wird, als sein Starrsinn verdient hätte, wird verständlich, wenn man die Figur im Zusammenhang von Shakespeares Weltsicht sieht. Obwohl der Dichter sicher nicht frei von jenem Antisemitismus war, den damals so gut wie alle Christen teilten, ist es nicht der Jude, den er in Shylock verspottet, sondern der rachsüchtige Mensch, der keine Gnade kennt. Deshalb legt er Portia das hochpoetische Plädoyer für die Gnade in den Mund, das ganz offensichtlich als thematisches Zentrum der Komödie intendiert ist. Etwas später äußert Lorenzo, der Liebespartner von Shylocks Tochter Jessica, ein ebenso poetisches Plädoyer für die Musik. Musik und Gnade werden hier als etwas vorgestellt, was nicht nur zwischenmenschliche, sondern kosmische Spannungen löst und damit zur Humanisierung des Menschen als der Krone der Schöpfung beiträgt. Sie bewirken das, was das innerste Wesen von Shakespeares Humor ausmacht. Es ist das, was dem Juden Shylock fehlt, der die alttestamentarische Gnadenlosigkeit vertritt; es fehlt ebenso Malvolio, in dessen Gestalt die sauertöpfischen Puritaner getroffen werden sollen. Shakespeares Humor ist nicht moralisierend im Sinn eines engherzigen Wohlverhaltens. Er sympathisiert durchaus mit dem Freiheitsdrang von Menschen, die über die Stränge schlagen, vorausgesetzt, sie bleiben in den Grenzen warmer Menschlichkeit.

Shakespeares Stellung in der elisabethanischen Kultur gleicht in mancher Hinsicht derjenigen Chaucers in seiner Zeit, nur mit dem Unterschied, dass jetzt die Gegensätze viel weiter auseinander liegen. Chaucer stand zwischen zwei Lagern, die literarisch durch den Gawain-Dichter und durch William Langland repräsentiert werden. Shakespeare nimmt eine ähnliche Mittelstellung ein, doch während das konservative Lager durch Edmund Spenser, den Dichter der *Faerie Queene (Feenkönigin)*, prominent vertreten wird, gibt es für Langland kein Gegenstück; denn das puritanische Lager, das ihm entspräche, missbilligte Dichtung als Ausdruck von Eitelkeit und produzierte stattdessen religiöse Erbauungsschriften und politische Pamphlete. Angesichts der Kunst- und vor allem Theaterfeindlichkeit der Puritaner musste sich natürlich auch Shakespeares Mittelstellung zur konservativen Seite hin verschieben. Dass er kein Vertreter des bürgerlichen Horizontalisierungsprozesses war, wurde schon bei der Betrachtung von Falstaff gesagt. Dort wurde auch die Rede des Odysseus in *Troilus und Cressida* erwähnt, deren flammendes Plädoyer für hierarchische Ordnung sicher aus dem Herzen des Dichters kam.

Aus allen seinen Werken spricht ein konservativer Paternalismus, der in der tradierten Rangordnung die einzige Garantie sozialer Stabilität sieht. Insofern hat man als Leser nicht selten das Gefühl, in Chaucer einen Dichter vor sich zu haben, der dem heutigen Lebensgefühl näher steht als Shakespeare. Dabei muss man aber bedenken, dass der spätmittelalterliche Dichter das Bewusstsein einer aufsteigenden Gesellschaftsschicht artikuliert, während aus Shakespeares Werk die Angst vor dem Auseinanderbrechen der gesellschaftlichen und nationalen Ordnung spricht. Dass diese Angst begründet war, sollte sich schon bald nach seinem Tode zeigen, als mit dem Regierungsantritt Karls I. alles auf einen

Bürgerkrieg zusteuerte. Shakespeare hat wie ein Seismograph in seinem Werk die Vorbeben der großen nationalen Erschütterung aufgezeichnet. Während er in seinen frühen Werken, in den ersten Komödien und selbst noch in *Romeo and Juliet*, mit jugendlichem Überschwang die Aufbruchstimmung zum Ausdruck bringt, die in England nach der Hinrichtung Maria Stuarts und dem Sieg über die spanische Armada 1588 aufgekommen war, spiegeln die späteren Stücke und die immer düsterer werdenden Tragödien die zunehmende Unsicherheit, die sich im Lande ausbreitete. Da Elisabeth keinen natürlichen Erben hatte, schwebte die ungewisse Thronfolge wie ein Damoklesschwert über dem Volk. Das puritanische Bürgertum fürchtete die Rückkehr zum Katholizismus, das konservative Lager eine republikanische Revolution und beide zusammen misstrauten dem prospektiven Thronfolger Jakob aus Schottland, der einerseits der Sohn der katholischen Maria Stuart, andererseits aber überzeugter Protestant und zu allem Überdruss auch noch Schotte war.

Die politischen Gewitterwolken, die sich über England zusammenzogen, konnten nicht ohne Auswirkung auf die Kultur im allgemeinen und den Humor im Besonderen bleiben. Auf der Bühne spiegelt sich das geistige Spannungsfeld in dem annähernd gleich großen Angebot von Tragödien und Komödien. Während in ersteren die Grausamkeiten immer heftiger werden und sich in den *sex and crime*-Stücken von Webster und Tourneur ins Makabre steigern, fächert sich das komische Genre in die romantische Spielart der Tragikomödien von Beaumont und Fletcher und die bürgerlich realistische der Ben Jonson-Nachfolger auf.

Es wäre unseriös, den Humor dieser Komödien gewissermaßen als statistisches Abbild des Humors der Bevölkerung anzusehen. Zulässig ist aber wohl die Annahme, dass Humor und Tragik sich im Bewusstsein der Gesellschaft jener Zeit wechselseitig durchdrangen. Dafür spricht auch ein Buch, das 1621 erschien und zu den einflussreichsten Werken der englischen Literatur zählt. Es ist Robert Burtons *Anatomie der Melancholie*, die in unserem Kontext wie eine Selbstdiagnose der ganzen Epoche erscheint. Burton publizierte das Buch unter dem Pseudonym Democritus Junior. Damit stellte er sich in die Nachfolge jenes Demokrit, der als der «lachende Philosoph» in der Antike figuriert. Das Buch selber ist eine überaus gelehrte, durchaus nicht zum Lachen reizende Analyse jenes Gemütsleidens, das damals unter der Bezeichnung Melancholie gerade in England weit verbreitet gewesen sein muss und es noch im 18. Jahrhundert blieb, wie im Zusammenhang mit Exzentrik bereits ausgeführt wurde.

Wenn Schwermut, die es vermutlich zu allen Zeiten bei Menschen gegeben hat und noch heute gibt, zu einer bestimmten Zeit so massiert auftritt, dass die betroffene Gesellschaft sich dieser Massierung selber bewusst wird, muss man nach den Gründen fragen. In England dürften diese nicht schwer zu erraten sein. Nimmt man das, was oben über die ideologische Krise der Zeit bis hin zum Bürgerkrieg gesagt wurde, und bedenkt man ferner, dass unterhalb der politischen Verunsicherung sich eine private ausbreitete, die durch die wachsende Freiheit des Einzelnen verursacht wurde, dann wird die depressive Reaktion verständlich. Im Alltag werden die Engländer wahrscheinlich auch damals und selbst noch während der Puritanerherrschaft unter Cromwell gelacht haben, vielleicht sogar nicht weniger als vorher, doch aus dem kollektiven Lebensgefühl der Gesellschaft ist der Humor vom Ausbruch des ersten Bürgerkriegs 1642 bis zur Restauration der Monarchie 1660 verschwunden, zumindest verstummt.

Restaurationszeit – Triumph des wit

Nach 18 Jahren puritanischer Verfinsterung ging 1660 die Sonne des englischen Humors wieder auf und durfte auf der Bühne von Neuem strahlen; denn mit der Monarchie kehrte auch das Theater zurück. Doch während vorher zeitweilig sieben Theater mit über zehntausend Plätzen zur Verfügung standen, erhielten jetzt nur zwei eine Lizenz, die zudem sehr viel kleiner waren als die früheren Freilufttheater; denn da es geschlossene Häuser waren, boten sie wegen der Beleuchtungsprobleme nur einer kleinen Zuschauerzahl Platz. Infolgedessen waren die Eintrittspreise so hoch, dass nur Bürger von der oberen Mittelschicht aufwärts sich das Vergnügen leisten konnten. Nicht nur das Publikum war anders zusammengesetzt, sondern auch die spielende Truppe; denn jetzt durften erstmals Schauspielerinnen auf der Bühne agieren, was dem Theater eine neue erotische Note gab. An Erotik hatte es auch dem elisabethanischen Theater nicht gemangelt, doch musste Shakespeare die Attraktivität seiner Cleopatra noch mit Worten beschwören, während nun wirkliche Frauen ihre Reize auf der Bühne zeigten. Das Zusammenspiel von Freizügigkeit auf der Bühne und kultivierter Libertinage auf Seiten des noch immer höfisch orientierten Publikums ließ in kurzer Zeit einen neuen Komödientypus entstehen, der als *restoration comedy* zu einem festen Begriff wurde. Das war nicht mehr die romantische Komödie Shakespeares und auch nicht die moralisierende Typenkomödie Ben Jonsons, sondern eine Sittenkomödie, in der anstelle von Charakterproblemen gesellschaftliches Verhalten thematisiert wurde.

Während es bei Shakespeare um die moralische Ordnung der Welt und bei Ben Jonson um das moralische Verhalten der Bürger geht, fragt die Restaurationskomödie nach dem normgerechten Verhalten in der Gesellschaft. Was normgerecht ist, entscheidet weder das Gewissen noch die göttliche Weltordnung, sondern der Erfolg im gesellschaftlichen Verkehr. Der höchste Wert der Restaurationskomödie ist deshalb die menschliche Fähigkeit, die diesen Erfolg möglich macht. Ihr Name ist *wit*. Das Wort, dessen Bedeutung nach 1800 auf geistreiche Schlagfertigkeit eingeengt wurde, umfasste in der Restaurationszeit noch die Gesamtheit der höheren geistigen Kräfte. Es bedeutete nicht nur Bildung, klaren Verstand und überlegene Vernunft, sondern auch die Fähigkeit, schnell, effektiv und kreativ mit seinen geistigen Fähigkeiten umzugehen und sie zum eigenen Vorteil einzusetzen. Dabei wurde zwar erwartet, dass dies in den Grenzen der Moral geschieht; doch die waren sehr weit gesteckt. So galt es als durchaus zulässig, Menschen ohne *wit* zu übertölpeln. Verboten waren nur der Einsatz von plumper Gewalt und das Ausnutzen von unverschuldeter Hilflosigkeit. Ansonsten aber war im Wettkampf der *wit*s fast alles erlaubt.

In den Komödien fand der Wettbewerb in der Arena der Geschlechterbeziehungen statt. Eine der ersten Restaurationskomödien, die zugleich die bis heute bekannteste und meistgespielte ist, war William Wycherleys *The Country Wife* (1675; *Die Frau vom Lande*). Der Held des Stückes ist ein Frauenverführer, der den bezeichnenden Namen Horner trägt; denn er ist unablässig darauf aus, Ehemännern Hörner aufzusetzen. Damit ihm dies noch besser gelingt, streut er das Gerücht aus, er sei durch eine Krankheit impotent geworden. Das bringt Ehemänner ohne *wit*, vor allem solche vom Lande, dazu, ihre Frauen in seinen Kreis einzuführen, damit diese nicht in die Fänge potenter Liebhaber in der Stadt geraten. Horners Verführungspraxis wird mit zynischer Kälte vorgeführt, ohne dass auch nur einen Moment lang Bedauern oder Mitleid mit dem gehörnten Ehemann aufkommt. Dennoch ist die Komödie nicht völlig amoralisch; denn sie zeigt auch ein Paar, das schon durch seine Namen als das moralische Zentrum des Stückes ausgewiesen ist. Die Frau heißt Alithea, was auf Griechisch ‹Wahrheit› bedeutet, und ihr Partner heißt Harcourt, wodurch er als Vertreter der wahren, d. h. höfischen Höflichkeit, der *courtesy*, kenntlich gemacht ist. Die beiden sind keine engherzigen Moralisten, doch sie gebrauchen ihren *wit* in den Grenzen der Moral. Zum Humor des Stückes tragen sie aber wenig bei. Die Lacher hat zumeist Horner auf seiner Seite, während seine Opfer die Ausgelachten sind.

Das Normensystem des Stückes mit *wit* an der Spitze ist noch deutlich aristokratisch bestimmt. Es trägt aber auch schon Züge der bürgerlichen Aufklärung. Schließlich ist *wit* als die Gabe kreativer Vernunft etwas, das nicht vom gesellschaftlichen Status abhängt. Da der Verstand aber durch Bildungsprozesse trainiert werden muss, zu denen nur die Privilegierten Zugang haben, drückt sich darin dennoch das Standesdenken jener oberen Mittelschicht aus, die sich aus der Gentry und dem wohlhabenden Stadtbürgertum zusammensetzte. Das war eine Klasse, die sich kultivierten Müßiggang leisten konnte, ohne sich wie der Hochadel zu politischem Handeln in wichtigen Positionen verpflichtet zu fühlen. Es war vorauszusehen, dass sich diese *wit*-Kultur nicht lange halten würde; denn nachdem England nach der Glorreichen Revolution 1688 und der Verabschiedung der *Bill of Rights* 1689 faktisch zu einer konstitutionellen Monarchie geworden war, sah sich auch das mittlere und untere Bürgertum zum sozialen Aufstieg herausgefordert. Für diese Schichten konnte *wit* nicht länger der höchste Wert sein. Was sie stattdessen favorisierten, soll im nächsten Kapitel gezeigt werden.

Zuvor sei aber noch gesagt, dass der amoralische Humor der Restaurationskomödie nicht die einzige Form von Humor in jener Zeit war. So wie dem Humor Chaucers und Shakespeares der Moralismus Langlands und Ben Jonsons gegenüberstand, so dem *wit* der Komödienschreiber die moralische Attacke des Satirikers Samuel Butler. Butlers dreiteilige Versdichtung *Hudibras*, die in den Jahren 1662 bis 1680 erschien, ist Cervantes' *Don Quichotte* nachgebildet, erinnert aber auch an die Satire John Skeltons. Die Zielscheibe seines Spotts ist das puritanische Sektierertum, gegen das er die schwersten Geschütze der Gelehrsamkeit auffährt, die er aber mit der gleichen Verachtung betrachtet wie ihre Zielscheiben.

Wit und moralisierende Satire stehen sich in den ersten Jahrzehnten des 18. Jahrhunderts noch einmal in Gestalt zweier prominenter Dichter gegenüber, die noch dazu in freundschaftlichem Kontakt zueinander standen: Alexander Pope, der reinste Vertreter des *wit* und Swift, der größte englische Satiriker. Satiren schrieb auch Pope, doch bei ihm schmecken sie nicht bitter, sondern nur gut und scharf gewürzt, während sie bei Swift von tiefer Verachtung für die Erbärmlichkeit der menschlichen Spezies zeugen. Obwohl Swift eine Zentralgestalt der englischen Literatur ist, wirkt er in ihr wie ein erratischer Block. Das Unenglische an ihm wird oft seiner irischen Herkunft zugeschrieben, was nicht genetisch, sondern nur sozial gemeint sein kann; denn seine Eltern stammten aus alten englischen Familien. Doch seine langjährige Tätigkeit als Dekan der anglikanischen St. Patricks-Kathedrale in Dublin brachte ihn mit dem Elend der irischen Bevölkerung in Berührung und ließ ihn das Mutterland aus kritischer Distanz sehen. Allerdings beschränkte sich seine Kritik nicht auf englische Missstände, sondern galt der menschlichen Spezies schlechthin, die er im vierten Buch von *Gullivers Reisen* unter der Bezeichnung *Yahoos* als affenähnliche Widerlinge darstellt. Es fällt schwer, solch rabenschwarze Satire überhaupt als Humor gelten zu lassen. Es ist schwarzer Humor der schwärzesten Art. Swift bedient sich der klassischen Form von Ironie, der auf den Kopf gestellten Wertung. Auf seinen berühmt-berüchtigten *Bescheidenen Vorschlag* wurde bereits eingegangen. Die gleiche Umkehrung liegt seinen *Directions to Servants (Ratschläge für Dienstboten)* zugrunde, worin er gerade das empfiehlt, was unbedingt vermieden werden sollte. Indem er das Große als klein, das Kleine als groß, das Gute als schlecht und das Schlechte als gut darstellt, betreibt er jene Infragestellung von Autorität, wie sie der englische Humor durch Bathos, Understatement, Nonsens und Grausamkeit bis hin zur Geschmacklosigkeit noch heute liebt.

Im Vergleich mit Swift wirkt Alexander Pope als Satiriker strahlend hell. Dabei hätte er allen Grund zu Bitterkeit gehabt; denn er war wegen einer Krankheit extrem kleinwüchsig und musste sein Leben lang ein Stützkorsett tragen. Außerdem war er als Katholik vom Universitätsstudium ausgeschlossen. In seinen Satiren, die meistens literarische Zielscheiben hatten, schonte er seine Opfer nicht, doch lässt der geschliffene Witz seiner Verse die Attacken als elegante Floretthiebe erscheinen, während Swifts Satire wie ein tödlicher Frost anmutet. Trotz der Helligkeit, die Pope ausstrahlt, wird er dennoch so gut wie nie in der Ahnenreihe des englischen Humors gesehen, während Swift von Henry Fielding als *greatest master of humour that ever wrote* bezeichnet wird. Wie kommt es zu dieser Bewertung? Was Pope grundsätzlich fehlt, ist Selbstironie. Er schwingt sein Florett immer vom höchsten Richterstuhl im unerschütterlichen Bewusstsein seiner Überlegenheit. Swift hingegen treibt die ironische Distanzierung von sich selbst so weit, dass daraus Distanzierung von der Menschheit insgesamt wird. Das macht ihn zu einem trotzigen John Bull von geradezu metaphysischem Ausmaß. Er steht in der typischen *bottom up*-Position vor dem Monument, das *homo sapiens* sich selbst errichtet hat, und holt es mit seiner Ironie vom Sockel. So verwundert es nicht, wenn Louis Cazamian in seinem Buch über den englischen Humor, das bis zum Anfang des 18. Jahrhunderts reicht, auf Swift eingeht, aber Pope nur beiläufig erwähnt.

18. Jahrhundert – Von wit zu good humour

Im Laufe des 18. Jahrhunderts vollzog sich in England ein Wertewandel, den man heute als Paradigmenwechsel bezeichnen würde. Dabei wurde das frühere Wertesystem nicht einfach durch ein neues ersetzt, sondern nur in seiner Hierarchie umgekehrt. Um 1700 stand als höchst geschätzte geistige Eigenschaft *wit* an der Spitze der Wertepyramide, wobei der Begriff fünf weitere geistige Fähigkeiten in sich einschloss: den produktiven Verstand *(understanding)*, die reflektierende Vernunft *(reason)*, das reproduktive Lernen *(learning)*, das Aufbewahren des Gelernten *(memory)* und den geschulten Geschmack *(taste)*. Hoch geschätzt waren auch die kreativen Fähigkeiten der Phantasie *(fancy* und *imagination)*, doch sie bedurften der Kontrolle durch *wit* und waren diesem untergeordnet. Die genannten Begriffe tauchen in theoretischen Erörterungen regelmäßig in engster Nachbarschaft auf. Um 1800 hatte sich die Rangordnung umgekehrt. Jetzt stand die Einbildungskraft an der Spitze; und um ihren Rang noch stärker hervorzuheben, beschränkten Theoretiker wie Samuel Taylor Coleridge den Begriff *imagination* auf die höchste, dem Genie entspringende Schöpferkraft, während *fancy* die bloß spielerische Phantasie bezeichnete. Vernunft, Verstand und erworbenes Wissen wurden jetzt dem spontanen Gefühl nachgeordnet, ohne dabei gering geachtet zu werden. Der einstmals höchst geschätzte Wert *wit* verlor jedoch seine Bedeutung und nahm nun mehr und mehr den Beiklang des oberflächlich Witzigen an. Der Wertewandel vollzog sich nicht abrupt, sondern ganz allmählich, wobei sich in der Mitte des Jahrhunderts kreative Geister und kulturelle Schöpfungen finden, die sich an beiden Ideologemen annähernd gleichermaßen orientieren. Bevor *imagination* im Zeichen der Romantik um 1800 gänzlich zum Leitbegriff aufstieg, wurde der große Bereich des Gefühlsmäßigen und Irrationalen fast das ganze Jahrhundert hindurch mit den Begriffen *sentiment* und *sentimental* erfasst, die der Epoche zwischen Klassizismus und Romantik den Namen *age of sentiment* gaben, was in Deutschland dem ‹Zeitalter der Empfindsamkeit› entspricht.

Die sozialgeschichtlichen Gründe dieses Wandels sind leicht zu durchschauen. Beide Ideologeme entspringen ein und demselben emanzipatorischen Streben des aufsteigenden Bürgertums. Vernunft funktioniert in allen Köpfen nach den gleichen Prinzipien, deshalb dient sie zur Begründung des Gleichheitsanspruchs. Auch Natur kennt keine Standesunterschiede. Da sie jeden Einzelnen mit unterschiedlichen Gaben ausstattet, rechtfertigt sie den Anspruch auf Individualität. Das auf Vernunft begründete neoklassizistische Ideologem konnte aber nur für das wohlhabende Bürgertum attraktiv sein, da Vernunft nach Schulung durch ein Bildungssystem verlangte, das den rationalen Egalitätsanspruch konterkarierte, weil es nur den Privilegierten offen stand. Demgegenüber musste das auf Natur begründete Ideologem – ähnlich wie zu Shakespeares Zeiten der Puritanismus – attraktiv für alle diejenigen sein, die keinen Zugang zu guten Schulen und zu den Universitäten hatten. Kein Wunder also, dass Menschen der unteren Mittelschicht sich für die Wertschätzung des Gefühls begeisterten; denn das hatte die Natur jedem Einzelnen auf unterschiedliche Weise in die Wiege gelegt.

Es liegt auf der Hand, dass eine so weitgehende Sentimentalisierung der gesamten Kultur nicht ohne Auswirkung auf den Humor bleiben konnte. Manche Kritiker meinen sogar, dass der englische Humor in dieser Zeit einen Niedergang erlebte. Eine sehr ausgewogene Darstellung der Entwicklung gibt Stuart M. Tave in seinem Buch *The Amiable Humorist. A Study in the Comic Theory and Criticism of the Eighteenth and Early Nineteenth Centuries* (1960). Er zeigt darin, wie im frühen 18. Jahrhundert ein auf *good nature* begründeter Humorbegriff aufkam, der heute der allgemein akzeptierte ist. Für Ben Jonson meinte *humour* noch eine Charakterdisposition, die aus einer ungleichmäßigen Mischung der Körpersäfte entstand und darum den Betroffenen unfähig zum vernünftigen Gebrauch seines Willens machte. *Wit* bedeutete das genaue Gegenteil, nämlich die Fähigkeit, souverän über seine geistigen Kräfte zu verfügen. Der Humorbegriff, der sich im 18. Jahrhundert durchsetzte, kehrte zurück zur Vorstellung einer Charakterdisposition, doch wurde diese jetzt positiv gesehen; denn sie bezeichnete etwas, das der gesunden Natur entspringt. *Good nature* und *good humour* waren Schlüsselbegriffe des Jahrhunderts.

Den Boden für diesen Wandel hatte Anthony Ashley Cooper, der dritte Graf von Shaftesbury (1671–1713), bereitet. In seiner Essaysammlung *Characteristics of Men, Manners, Opinions, and Times* (1711; überarbeitete Fassung 1714) propagierte er in ironisch eleganter Sprache seine sogenannte *moral sense*- Philosophie. Darin ging er, gestützt auf platonisches Gedankengut, von der Überzeugung aus, dass jedem Menschen ein altruistischer Sinn angeboren sei. Mit dieser Benevolenz-Theorie wurde er zum allerersten Anreger des romantischen Gedankenguts. Es überrascht deshalb nicht, dass er in Deutschland, wo die Romantik die höchsten Wellen schlug, noch stärker wirkte als im eigenen Land. Von Shaftesbury ausgehend zog sich ein immer breiter werdender Strom der Gefühlsbetonung durch das 18. Jahrhundert. Anfangs gab es noch Kritiker, die das Banner des *wit* hochhielten und im Humor nur eine Disposition der ungebildeten Masse sahen. Doch mit der Zeit wurde *good humour* allgemein als das weitaus Bessere angesehen, eben weil er nicht aus der Kultur, sondern aus *good nature* stammte. Auf dem Gebiet der Romankunst war Henry Fielding der erste große Propagandist des Humors. Er definierte den Roman geradezu als *comic epic in prose*.

Die von Shaftesbury ausgehende Entwicklung dominierte die englische Literatur des 18. Jahrhunderts so sehr, dass der Eindruck entsteht, als habe *good humour* die gesamte Kultur okkupiert. Das war aber durchaus nicht der Fall, wie schon das nächste Kapitel zeigen wird; denn in den dort betrachteten Karikaturisten ist von Shaftesburys Benevolenz so gut wie nichts zu spüren. Man braucht nur einmal den Blick von der belletristischen Literatur abzuwenden, dann wird man sehen, dass es noch eine andere Linie gab, die dem Benevolenzkonzept die menschliche Selbstsucht gegenüberstellte. Der Propagandist dieser auf Hobbes zurückgehenden Sicht war der Arzt Bernard de Mandeville, der zwar wie Shaftesbury als deistischer Freidenker den kirchlichen Offenbarungsglauben ablehnte und sich zu einem philosophischen Gottesglauben bekannte, doch aus seiner Grundüberzeugung die entgegengesetzte Konsequenz zog. In seiner berühmten *Fable of the Bees (Bienenfabel)*, die er zuerst 1714 als kurzes Gedicht in holprigen Versen publizierte und danach mit immer ausführlicheren Essays neu auflegte, beschreibt er ein Bienenvolk, das zugrunde geht, nachdem es sich zu einem altruistischen Sozialverhalten bekehren ließ. Die Moral der Fabel lautet: Eine Gesellschaft funktioniert am besten, wenn jeder seinem eigenen Egoismus folgt; denn die egoistischen Laster der Einzelnen ergeben in ihrer Gesamtheit das Wohl des Ganzen. Deshalb heißt die Fabel im Untertitel: *Private Vices, Public Benefits (Private Laster, öffentliche Vorteile)*.

In die Belletristik der hochkarätigen Autoren des 18. Jahrhunderts ist wenig von Mandevilles Gedanken eingedrungen. Doch im übrigen Schrifttum lässt sich parallel zu Shaftesburys *moral sense*-Lehre eine zweite Denkschule beobachten, für die sich die Bezeichnung *selfish-system school* eingebürgert hat. Die beiden Schulen treffen sich 1776 in Adam Smiths Epoche machendem Werk *An Inquiry into the Nature and Causes of the Wealth of Nations (Eine Untersuchung über das Wesen und die Ursachen des Reichtums der Nationen)*. Darin wird das Grundmodell eines freien Marktes entworfen, in dem jeder mit jedem konkurriert und dabei dem eigenen Egoismus folgt. Adam scheint sich damit als Schüler Mandevilles auszuweisen. Tatsächlich kam er aber aus der Denkschule Shaftesburys, was sich darin zeigt, dass er die Marktregulierung nicht allein dem Zusammenwirken der individuellen Egoismen zuschreibt, sondern von einer *invisible hand* spricht, die immer von neuem das Gleichgewicht herstellt. Die ‹unsichtbare Hand› ist gewissermaßen die Objektivierung des shaftesburyschen ‹moralischen Sinns›.

Wenn im nächsten Kapitel die Klassiker der englischen Karikatur vorgestellt werden, wird schon an den abgedruckten Beispielen abzulesen sein, dass darin nicht *good humour*, sondern der rabiate Humor eines John Bull vorherrscht, der weit eher an Mandeville als an Shaftesbury denken lässt. Allein die Tatsache, dass die Figur des John Bull im 18. Jahrhundert zum Inbegriff des Engländers wurde, macht hinreichend deutlich, dass der ‹liebenswürdige Humor›, den Stuart M. Tave in *The Amiable Humorist* betrachtet, durchaus kein Monopol hatte. Wenn in den früheren Kapiteln gezeigt wurde, wie dem Chaucer/Shakespeare-Typus ein Skelton/Ben Jonson-Typus gegenüberstand, so entspricht der Gegensatz zwischen den von Shaftesbury und Mandeville ausgehenden Denkschulen durchaus diesem Schema.

Shaftesbury hatte zwar mit seinem Essay *Sensus Communis: An Essay on the Freedom of Wit and Humour* (1709) das neue Konzept des *good humour* wesentlich geprägt, doch stand er damit noch ganz auf der Seite der Aufklärung; denn für ihn war die Möglichkeit, über etwas lachen zu können, ein Kriterium der Wahrheitsfindung. Seine frühen Leser haben diesen Gedanken mit der Formel *test of ridicule* umschrieben, die seitdem mit seinem Namen fest verbunden ist, obwohl er selbst sie nur sinngemäß so gebrauchte. Seine Stoßrichtung war der Kampf gegen den religiösen Fanatismus der Puritaner, deren Eifer er als falschen *enthusiasm* bezeichnete und in seinem *Letter Concerning Enthusiasm* (1708) ironisch kritisierte. In dieser Hinsicht stand er auf der gleichen Seite wie nach ihm Hogarth. Ironischerweise ist er aber durch einen pathetischen Hymnus auf die Natur, den er in einem seiner philosophischen Dialoge einem Sprecher in den Mund legte, später unfreiwillig zum Ahnherrn eines neuen, nun romantischen Enthusiasmus geworden, den er allerdings selber bereits als *noble enthusiasm* hatte gelten lassen.

Hogarth und die frühe englische Karikatur

Von ganz anderer Art als in der Literatur zeigt sich der englische Humor des 18. Jahrhunderts in der bildenden Kunst. Die zentrale Figur auf diesem Felde ist William Hogarth (1697–1764), der erste gebürtige Engländer unter den Großen der europäischen Malerei. Hervorragende Maler arbeiteten auch vorher schon auf der Insel, doch sie kamen fast alle vom Kontinent wie der Augsburger Hans Holbein, der Flame van Dyck, der Niederländer Peter Lely und der Lübecker Godfrey Kneller. Während diese Maler so gut wie ausschließlich als Porträtisten für den Hof und den Adel tätig waren, wandte sich Hogarth entschieden dem neuen bürgerlichen Publikum zu, für das auch die Autoren jener Literaturform schrieben, die damals aufkam und noch heute als ‹bürgerlicher Roman› bezeichnet wird. Da aber die Schicht, die Hogarth erreichen wollte, entweder aus puritanischer Gesinnung die Porträtmalerei als Zeichen von Eitelkeit ablehnte oder die geforderten Honorare nicht zahlen konnte, erschloss er sich den neuen Markt, indem er ihn mit erschwinglichen Stichen und moralischen Themen belieferte. Damit wurde er zum ersten Klassiker der englischen Karikatur. Ihr Erfinder war er jedoch nicht; denn bevor er seine erste sozialkritische Bilderserie *The Harlot's Progress* (1732; *Der Werdegang einer Hure*) herausbrachte, hatten bereits Immigranten aus den bürgerlichen Niederlanden gut drei Jahrzehnte lang Spottbilder produziert, die in Stil und Thematik an Vorbilder wie Adriaen Brouwer, Jan Steen und Adriaen van Ostade anknüpften. Mit Hogarth gewinnt die Karikatur aber zum erstenmal den Status großer Kunst.

Wenn im ersten Teil dieses Buches gesagt wurde, dass gerade die Respektlosigkeit gegenüber der Moral ein Grundzug des englischen Humors sei, müsste Hogarth hier eigentlich als ein ausgesprochen unenglischer Humorist vorgestellt werden; denn dass er moralisiert, springt unmittelbar ins Auge. Während aber das typische Moralisieren des deutschen Humors vom hohen Stuhl des überlegen lächelnden Richters erfolgt – man denke nur an Wilhelm Busch –, wählt Hogarth stets die *bottom up*-Position des rebellischen John Bull. Damit nimmt er in der englischen Kunst eine ähnliche Position ein wie der zwölf Jahre später geborene Samuel Johnson in der Literatur. Bezeichnend für seine radikale Ablehnung geistiger und geistlicher Autoritätsansprüche ist bereits die Wahl des Buches, für das er seine erste bedeutende Serie von Illustrationen schuf, Samuel Butlers antipuritanische Satire *Hudibras*. Damit schlug er sich auf die Seite derjenigen, die den durch den Methodismus neu belebten religiösen Fanatismus als falschen «Enthusiasmus» anprangerten und für eine aufgeklärte Vernünftigkeit plädierten. Dass er diesen Kampf sein Leben lang führte, beweist der Stich *Enthusiasm Delineated (Enthusiasmus, exakt gezeichnet)*, den er noch gegen Ende seines Lebens 1761 schuf (Abb. 30). Darin zeigt er einen fanatischen Prediger, der von der Kanzel herab Gott und Satan wie Marionetten einsetzt, um seine Schäflein in Höllenangst zu versetzen, damit sie sich zum

Abb. 30: *William Hogarth, Enthusiasmus, exakt gezeichnet*
(1. Fassung 1761).

rechten Glauben bekehren. Die Figur Gottes entlehnte er von
Raffael, wie auch viele andere Motive des Bildes von berühmten
Malern stammen. Da der Stich als Frontalangriff gegen die christ-
liche Religion überhaupt verstanden werden konnte, brachte Ho-
garth ihn nicht in den Handel, sondern überarbeitete ihn zu einer
Fassung, deren Stoßrichtung eindeutiger auf den Aberglauben zielt.
Der neue Titel lautet: *Credulity, Superstition and Fanaticism. A
Medley* (*Leichtgläubigkeit, Aberglauben und Fanatismus. Ein
Potpourri*, 1762).

Hogarths Vater, ein moderater Presbyterianer aus dem Norden
Englands, war als junger, bildungshungriger und aufstiegsorien-
tierter Schullehrer nach London gekommen, wo es mit dem Aufstieg nicht klappte, was aber dem Bildungshunger keinen Abbruch

Abb. 31: William Hogarth, Bier-Straße (1751).

tat. Als sein Versuch, ein Kaffeehaus mit Latein als Umgangssprache zu führen, im Bankrott endete, landete er im Schuldgefängnis, aus dem er erst nach fünf Jahren durch ein Gesetz zur Schuldnerbefreiung wieder frei kam. Für seinen Sohn William war diese Zeit von seinem zehnten bis fünfzehnten Lebensjahr prägend. Wie Charles Dickens, der ein Jahrhundert später die gleiche, wenn auch wesentlich kürzere traumatische Erfahrung machte, hat er darüber nie öffentlich gesprochen. Bei beiden ging aus dem Trauma ein rigoroser Moralismus und eine kritische Haltung gegenüber jeglicher Art von staatlichem Zwang, insbesondere dem von Gefängnissen hervor. Hogarth ist in mancher Hinsicht der Dickens des 18. Jahrhunderts; und wie dieser als Erzähler ist er als bildender Künstler bei aller Bitterkeit der eigenen Erfahrungen und des verständlichen Grolls ein großer Humorist. Als Maler ist er weder der vollkommenste noch der originellste in der englischen Kunst.

Abb. 32: William Hogarth, Gin-Gasse (1751).

Dennoch ist er der Einzige, der einer ganzen Epoche seinen Namen gab. *The age of Hogarth* ist ein fester Begriff für die erste Hälfte jener Epoche englischer Aufklärung, deren zweite Hälfte den Namen Dr. Johnsons trägt.

Hogarths satirische Rundumschläge galten nicht nur dem religiösen Fanatismus, sondern allem, was er in der Gesellschaft als kritikwürdig empfand. So zeigt er in zwei seiner berühmtesten Stiche unter den Titeln *Beer Street* und *Gin Lane*, wie trostlos eine Gesellschaft aussieht, die sich dem Ginkonsum hingibt, und wie heiter eine ist, die stattdessen Bier trinkt (Abb. 31/32). Er hätte die Bilder auch *Merry England* und *Murky England* nennen können. Um die politische Dimension seiner Kritik zu verstehen, muss man wissen, dass für die damalige Gin-Krise, die zu einer extrem hohen Sterblichkeit führte, nicht die moralische Schwäche der Konsumenten verantwortlich war, sondern die mächtigen Groß-

Abb. 33: William Hogarth, Eine Wahlunterhaltung (1754).

grundbesitzer, die den Gin auf den Markt drückten, weil sie so den dafür benötigten Weizen in größeren Mengen und zu höheren Preisen verkaufen konnten.

Eine andere Zielscheibe von Hogarths Attacken waren die politischen Parteien, die das Volk bei Wahlen mit unseriösen Mitteln zu ködern versuchten. 1754 widmete er diesem Thema einen Zyklus von vier Gemälden, die er danach in Stiche übertrug und 1755 bis 1758 auf den Markt brachte. Das erste Bild der Serie trägt den Titel *Wahlunterhaltung* (Abb. 33). Darin ist der anarchische Zug des englischen Humors voll ausgeprägt. Das Bild zeigt, wie zwei Whig-Kandidaten ihre Wähler mit einem wüsten Bankett für sich zu gewinnen versuchen, während draußen vorm Fenster die Tories ihre Spruchbänder entrollen. Hogarth gießt seinen Spott nicht nur gleichmäßig über beide Parteien aus, er stellt auch das Wahlvolk als eine Horde vulgärer Opportunisten dar. Das Bild ist randvoll mit boshaften Hieben, die teils in den Textzitaten der Spruchbänder, teils in szenischen Bildzitaten oder emblematischen Situationen zum Ausdruck kommen. Nur die Position, von der aus die Hiebe geführt werden, ist nicht sichtbar. Der Betrachter könnte schwerlich erkennen, ob Hogarth Whig oder Tory, Royalist oder Republikaner war. Herauslesen lässt sich nur eine radikale Verachtung gegenüber jeder politischen, sozialen und religiösen Autorität. Ob die Tischgesellschaft eine blasphemische Anspielung auf Leonardos *Abendmahl* enthält, ist umstritten. Wenn man aber weiß, wie oft Hogarth Bildzitate anderer Maler verwendet, wird man auch darin ein bewusstes Zitat vermuten.

Wer Hogarths Buch *Analysis of Beauty* (1753) liest, in dem er auf eine mathematisch anmutende Weise das Geheimnis der Schönheit auf die Schlangenlinie als *line of beauty* zurückführt, wird verwundert sein, wenn dort das offene Lachen als Motiv der Malerei abgelehnt und nur das Lächeln zugelassen wird; denn ein lächelnder Mund entspreche der Schönheitslinie, während ein offen lachender sie zerstöre. Hier erweist sich Hogarth als ein Aufklärer in der klassizistischen Tradition. Bei aller Respektlosigkeit gegenüber politischen, religiösen und sozialen Autoritäten hielt er doch an der Autorität des klassischen Schönheitsbegriffs fest. Gleichzeitig lehnte er aber jeden starren Formalismus ab. Bewegung und Vielfalt in der Einheit waren seine Schönheitskriterien. So gelang ihm ein Bildnis, dass trotz seiner Skizzenhaftigkeit alle Werke seiner als Porträtisten höher geschätzten Zeitgenossen in den Schatten stellt und heute als die *Mona Lisa* der englischen Malerei gilt: *The shrimp girl* (*Das Krabbenmädchen*; ca. 1745). Auch wenn er das offene Lachen aus der Kunst verbannt, hat er hier ein so natürliches Lächeln gemalt, wie man es sonst nur von Frans Hals kennt.

Genau genommen sind die meisten von Hogarths sozialkritischen Stichen keine Karikaturen im eigentlichen Sinn. Sie stellen mit oft nur geringer satirischer Überzeichnung soziale Realität dar; doch da es sich um angeprangerte Missstände handelt, liest man die Bilder wie Karikaturen. Hogarth war ein zu ambitionierter Künstler und zu sehr am allgemeinen Zustand der Gesellschaft interessiert, als dass er sich in das Tagesgeschäft eines Karikaturisten im engeren Sinn hätte hineinziehen lassen. Dieses Geschäft besorgten Künstler geringeren Formats, die sich vor allem die beliebteste Zielscheibe jener Zeit, den Premierminister Robert Walpole, vornahmen. Bickhams Karikatur wurde bereits als Beispiel für Respektlosigkeit gezeigt. Walpole betrieb mit skrupelloser Korruption eine pragmatische Friedenspolitik. Überliefert ist von ihm ein Ausspruch, den er 1734 gegenüber Königin Caroline tat: «Madam, in diesem Jahr wurden auf Europas Schlachtfeldern fünfzigtausend Mann niedergemacht, darunter kein einziger Engländer.» Die Friedensliebe schützte ihn aber nicht vor den Federn der Karikaturisten.

In der zweiten Hälfte des 18. Jahrhunderts erlebte die englische Karikatur ihr erste große Blütezeit. Während auf dem Kontinent die politische Entwicklung auf die Französische Revolution zusteuerte, spitzte sich auch in England die Lage zu. Der Unabhängigkeitskrieg der nordamerikanischen Kolonien riss den Gegensatz zwischen Konservativen und Liberalen weiter auf; und der rebellische Volkstribun John Wilkes, der mehrfach inhaftiert, aus dem Unterhaus geworfen und wieder hineingewählt wurde, machte sich zum Sprachrohr des Londoner Bürgertums, das nach mehr politischer Mitbestimmung verlangte. Der Aufruhr legte sich erst, als England den Krieg gegen Frankreich aufnahm und die patriotischen Karikaturisten nun in den ‹Froschessern› und in Napoleon willkommene Zielscheiben hatten.

Aus der stetig anschwellenden Flut von Karikaturen ragen drei Künstler heraus, die in die Fußstapfen Hogarths traten und einen typisch englischen Stil kreierten. Es waren James Gillray (1757–1815), Thomas Rowlandson (1756–1827) und George Cruikshank (1792–1878), wobei der Letztgenannte diesen Stil in die viktorianische Epoche hinüberzuretten versuchte, was ihm mit abnehmendem Erfolg gelang. Während bei Hogarth noch die grundsätzliche Forderung nach öffentlicher Moral zu spüren ist, auch

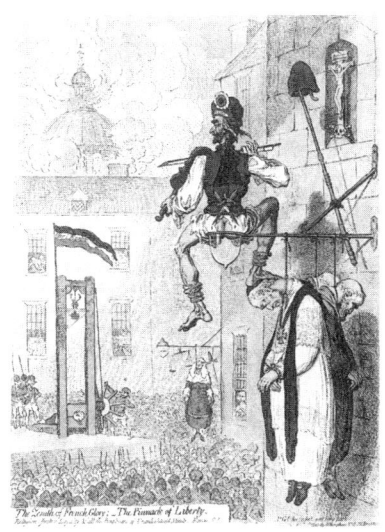

Abb. 34: James Gillray, Der Zenith des französischen Ruhms –
der Gipfel der Freiheit (1793).

wenn deren institutionelle Repräsentanten lächerlich gemacht
werden, schwindet bei den drei Genannten der letzte Anklang
einer positiven Botschaft. Ihre Karikaturen müssen auf deutsche
Aufklärer jener Zeit wie ein anarchischer Amoklauf gegen die
Grundfesten des Staates und der gesellschaftlichen Ordnung ge-
wirkt haben. Gillrays Satiren auf die Gräuel der Französischen
Revolution gehen in ihrer anarchischen Pietätlosigkeit bis hart
an die Grenze des guten Geschmacks (Abb.34). Als dann aber
Napoleon die Zielscheibe war, brach auch in diesem Satiriker der
englische Patriot durch, und so zeichnete er nach einem Seesieg
Nelsons eine Karikatur, auf der John Bull französische Schiffe
verspeist, wobei ihm einer der Admiräle ein «Fricassée à la Nel-
son» reicht, wie auf dem Rand der Schale zu lesen ist. Weit häufiger aber richtet sich John Bulls Spott auf Zielscheiben im eigenen
Land, wie schon auf Abb. 26 zu sehen war. Dort protestiert er ge-

Abb. 35: Königliche Liebhabereien oder: das Steckenpferd von Hertfordshire (1819). Karikatur auf den Prinzregenten, den späteren Georg IV., und seine Affäre mit Lady Hertford.

gen die neu eingeführte Hutsteuer, indem er sich eine steuerfreie rote Kappe aufsetzt, die eine Mischung aus Militär- und Jakobinermütze darstellt. Der Grundzug aller Karikaturen von Gillray ist das, was an früherer Stelle *rumbustiousness* genannt wurde. Es ist eine skurril überdrehte Vitalität, die eher nach scharf gewürztem Punsch als nach dem Gallenbitterstoff schmeckt, den man von einer Karikatur erwarten würde. Noch stärker ausgeprägt ist dieses Element bei Rowlandson, der neben zeitkritischen Karikaturen auch grotesk-obszöne Darstellungen schuf. Auch bei ihm kehrt die Figur des John Bull oft wieder, teils als Kritiker englischer Zustände, teils als patriotischer Inbegriff englischer Überlegenheit, wie bereits in Abb. 27 zu sehen war.

Was für Hogarths Zeitgenossen Robert Walpole und für Gillray und Rowlandson Napoleon war für den jungen Cruikshank und seine Zunftgenossen der Prinzregent und spätere König

Georg IV., dessen Liebesleben und Verschwendungssucht für die Karikaturisten reichlich Anlass zu öffentlichem Spott gaben. Abb. 35 ist ein typisches Beispiel dafür. Mit Cruikshank geht das goldene Zeitalter der englischen Karikatur zu Ende. Unter Viktoria betätigte er sich hauptsächlich als Illustrator, unter anderem von Dickens' *Oliver Twist*. Jetzt übernimmt der Erzähler Dickens Hogarths Rolle als Sozialkritiker, während die Karikaturisten des *Punch* sich eher der humoristischen Unterhaltung zuwenden.

Dr. Johnson – Humor und Common Sense

Würde man Engländer befragen, wen sie als die reinste Verkörperung John Bulls im Reich des Geistes ansehen, wäre wohl Samuel Johnson der mit Abstand meistgenannte. Unter den vielen Gipfeln, die die englische Kultur im 18. Jahrhundert hervorgebracht hat, ist Dr. Johnson, wie er allgemein genannt wird, zweifellos der englischste. Seine literarischen Verdienste bestehen in einem Wörterbuch der englischen Sprache, das für Generationen die maßgebliche Informationsquelle bei sprachlichen Unklarheiten blieb, und in Biographien von 52 englischen Dichtern, die danach für lange Zeit mit den Augen des Doktors gesehen wurden. Daneben schrieb er Gedichte, eine Tragödie und eine philosophische Erzählung, die aber allesamt vergessen wären, gäbe es nicht sein Prosawerk. Mehr noch als durch den Inhalt seiner Schriften wirkte er durch seinen Stil, der von Klarheit und Präzision, aber auch von einem hohen Anteil von Wörtern lateinischen Ursprungs geprägt ist, sodass man später von *Johnsonese* sprach. Am stärksten aber wirkte er durch seine Person. Da er das Glück hatte, unter seinen Freunden und Bewunderern den Schotten James Boswell Lord of Auchinlek (sprich: Affleck) zu haben, der sein Biograph werden sollte, war für seine Unsterblichkeit als Person gesorgt. Boswells brillant geschriebenes, anekdotenreiches Lebensbild *The Life of*

Dr. Johnson (1791), das zu Recht als die beste Dichterbiographie in englischer Sprache gilt, machte den Doktor in seinem Land zu einer fast mythischen Figur. 1773 unternahmen die beiden eine Reise durch Westschottland und zu den Hebriden, worüber von jedem ein längerer Bericht vorliegt. Liest man diese Berichte und dazu noch die Biographie, drängt sich das Bild von Don Quichotte und Sancho Pansa auf, allerdings ohne jede Lächerlichkeit; denn beide strahlen einen unerschütterlichen Humor aus, ohne sich selber dem Spott auszusetzen.

Schon äußerlich und durch ihre Lebensgewohnheiten sind die beiden ein Paar von kaum zu überbietender Originalität. Während der zwischen Lebenshunger und Hypochondrie schwankende wieselflinke Boswell in Europa umherreiste und unablässig damit beschäftigt war, seinen unersättlichen sexuellen Appetit, oft mehrmals täglich, bei Prostituierten zu stillen, hielt der ungeschlachte, auf einem Auge erblindete Johnson mit seinem von Skrofulose und Pocken entstellten Gesicht nach langen Jahren bitterer Armut zuletzt als ungekrönter König der Intelligentsia in London Hof. Sein Liebesleben beschränkte sich auf die Ehe mit einer erheblich älteren Witwe, deren Tod nach 17 Ehejahren bei ihm lang anhaltende Trauer auslöste. Stilgeschichtlich lebte und wirkte er in einer Zeit, in der das romantische Ideengut schon allenthalben aufkeimte und sich gegen die klassizistischen Normen durchzusetzen begann. Dennoch gelang es diesem eindeutigen Klassizisten, den Jahren 1750 bis 1785 so sehr seinen Stempel aufzudrücken, dass die genannte Epoche in vielen Literaturgeschichten als *The age of Dr. Johnson* bezeichnet wird.

Wie sehr der Doktor auf dem klassizistischen Normensystem beharrte, geht schon daraus hervor, dass bei seinen 52 Dichterbiographien den beiden Erzklassizisten Dryden und Pope ein Viertel des Gesamtumfangs gewidmet ist. Das lässt ihn als den Nachfolger der beiden unter dem Banner des *wit* erscheinen. Doch abgesehen davon könnte der Unterschied kaum größer sein. Das gilt vor allem für den Aspekt des Humors. Bei Pope ist vom englischen *bottom up*-Humor nichts zu spüren. Er führt seine Floretthiebe stets von oben nach unten und verkehrte trotz seiner niederen Herkunft mit Aristokraten, deren Protektion er suchte und denen er sich ebenbürtig fühlte. Samuel Johnson hingegen kam von ganz unten, musste lange Jahre von kärglichsten Einkünften leben und lehnte es ab, um Protektion zu betteln. Er schrieb nicht mehr für Aristokraten, sondern für die bürgerlichen Käufer seiner Bücher. Als er sein großes Wörterbuch plante und um Subskribenten warb, schrieb er auch an Lord Chesterfield, in der Hoffnung, dessen Fürsprache zu gewinnen. Doch als der Lord ihm stattdessen eine 10-Pfund-Note übersandte, empfand er das Almosen als so beleidigend, dass er sich fortan ganz auf den bürgerlichen Markt einstellte. Kurz vor Erscheinen des Buches hoffte der Lord wohl auf eine Widmung und publizierte eine Empfehlung des angekündigten Werkes, was Johnson so sehr erboste, dass er dem hohen Herrn eine höfliche, aber eiskalte Abfuhr erteilte.

So wie er als Buchproduzent mit beiden Beinen auf dem Boden der Realität stand, so bezog er als freier Geist Position auf ebener Erde und schaute wie John Bull mit unerschütterlichem Selbstwertgefühl auf jegliche Autorität. Bei ihm ist der *bottom up*-Humor bereits voll ausgeprägt. Davon zeugen unzählige Anekdoten, die teils von Boswell, teils von anderen Zeitgenossen aus seinem Umfeld überliefert wurden. In den meisten dieser Anekdoten figuriert er als eine Art Urviech, das in der guten Gesellschaft als Kuriosum bestaunt wird. So wird berichtet, dass zwei junge Damen ihn auf einer Abendgesellschaft mit so unverhohlener Neugier anstarrten, als sei er ein exotisches Tier, dass er gesagt haben soll: «Ladies, ich bin zahm; Sie dürfen mich streicheln.» Von einer anderen Abendgesellschaft wurde überliefert, dass ein junger schneidiger Offizier zu ihm sagte: «He, Dr. Johnson, schauen Sie nicht so trübsinnig daher, seien Sie vergnügt und lebhaft wie die anderen; was würden Sie dafür geben, alter Herr, wenn Sie so jung und vital sein könnten wie ich?», worauf der Doktor antwortete: «Ach, mein Herr, ich glaube, mir würde es schon reichen, so närrisch zu sein.» Oft zitiert wird auch sein knapper Kommentar zur Wiederheirat eines verwitweten Mannes nach einer unglücklichen Ehe: «Triumph der Hoffnung über die Erfahrung».

In seinen Schriften und allen ihm zugeschriebenen Anekdoten weist er typische Züge des englischen Humors auf: Er ist respektlos gegenüber Autoritäten, zieht dem Gegenüber lieber den Teppich unter den Füßen weg, statt seine Überlegenheit zu demonstrieren, und er legt in seiner äußeren Erscheinung eine unverhohlene Exzentrizität an den Tag. Allerdings fehlt bei ihm das Wortspiel um seiner selbst willen, der Nonsens und die überdrehte Skurrilität, was bei einem Klassizisten kein Wunder ist. Obwohl für ihn *wit* die oberste Kontrollinstanz war, hasste er intellektuelle Anmaßung und affektierte Geistreichelei. In seiner erdverbundenen Nüchternheit mutet er wie die Inkarnation des englischen Common Sense an. Zugleich verkörpert er wie kaum ein anderer den Londoner Stadtbürgerhumor. Zu seinen meistzitierten Aussprüchen gehört dieser: «Wer London satt hat, hat das Leben satt; denn in London gibt es alles, was das Leben zu bieten hat.»

Laurence Sterne – Humor und Empfindsamkeit

Als Inbegriff englischen Humors, zumal in den Augen der Deutschen, galt lange Zeit und gilt bei manchen noch heute Laurence Sterne mit seinem Roman *The Life and Opinions of Tristram Shandy, Gentleman*, dessen neun Bücher in den Jahren 1759 bis 1767 erschienen. Mit der von Fielding und Richardson geprägten Romanform hat das Buch wenig gemein, was der Leser schon beim ersten Durchblättern merkt. Da gibt es zahlreiche Stellen, wo der Text über viele Zeilen hinweg durch Striche oder Sternchen ersetzt ist. Im 6. Buch, Kapitel 38, bleibt eine ganze Seite leer und der Leser wird aufgefordert, darauf sein eigenes Bild von der zuvor erwähnten Witwe Wadman zu zeichnen. Zwei weitere Seiten sind mit einem schwarzen bzw. marmorierten Rechteck gefüllt. Andere Kapitel bestehen aus nur zwei Zeilen oder enthalten kryptische Krakeleien, die den Erzählfluss der vorangegangenen Bücher in graphischer Form nachzuzeichnen versuchen. Statt der angekündigten Lebensgeschichte erfährt der Leser über den Titelhelden nur einige magere Fakten. Im ersten der neun Bücher wird er gezeugt, im dritten geboren, im vierten getauft, im fünften durch ein herabfallendes Schiebefenster unfreiwillig beschnitten, als das Kindermädchen ihn in Ermangelung eines Nachttopfes aus dem Fenster hält, und im sechsten wird ihm das erste paar Hosen angepasst. Im siebenten Buch befindet er sich als Erwachsener auf einer Bildungsreise durch Frankreich, und in den letzten beiden Büchern ist er nur noch der Erzähler der Kriegs- und Liebesabenteuer seines Onkels Toby. Wie schon dieser kurze Abriss ahnen lässt, war das Buch der labyrinthischste Roman seiner Zeit und wurde in dieser Hinsicht erst im 20. Jahrhundert von Joyces *Ulysses* übertroffen. Um dem Leser einen Eindruck von der charakteristischen Erzählweise Sternes zu geben, sei hier der Anfang des Buches wiedergegeben:

Wenn doch mein Vater oder meine Mutter oder eigentlich beide – denn beide, waren gleichermaßen dazu verpflichtet – wohl bedacht hätten, was sie sich vornahmen, als sie mich zeugten! Hätten sie geziemend erwogen, wieviel von dem abhing, was sie damals taten – dass es nicht nur galt, ein vernünftiges Wesen zu erzeugen, sondern dass möglicherweise die glückliche Bildung und ausreichende Wärme des Körpers, dass vielleicht des Menschen Geist und seine ganze Gemütsbeschaffenheit, ja sogar – denn was wussten sie vom Gegenteile? – das Wohl und Geschick seines ganzen Hauses durch ihren damals vorherrschenden Seelen- und Körperzustand bestimmt werden konnte; – wenn sie, wie gesagt, das alles getreulich erwogen und bedacht hätten und dementsprechend vorgegangen wären, so würde ich nach meiner Überzeugung eine ganz andere Figur in der Welt gemacht haben als die, in welcher mich fortan der Leser dieses Buches erblicken wird.

Das Erste, was aus dem Text spricht, ist der ironische Grundton, der von Anfang an eine Atmosphäre von Spiel etabliert. Der Ich-Erzähler beginnt seine Lebensgeschichte mit einer Kritik an seinen Eltern, denen er vorwirft, seiner Zeugung nicht genügend Aufmerksamkeit gewidmet zu haben. Schon das ist typisch englischer Humor. Autorität, in diesem Fall die des Vaters, wird demontiert, und das gleich in doppelter Weise: durch Ironie und durch eine scheinlogische Argumentation. Der ganze Rest des Buches besteht im Wesentlichen aus dem Gegeneinander zweier Subjektwelten. Auf der einen Seite steht Vater Shandy, der jeden Sachverhalt mit äußerster Pedanterie in das logische Korsett des von John Locke übernommenen Empirismus presst, auf der anderen Seite sein Bruder, Onkel Toby, der philosophisch völlig unbedarft ist und die ganze Welt mit seiner arglosen, grundgütigen und kindlich-naiven Empfindsamkeit wahrnimmt.

In den beiden Haltungen drückt sich der Widerstreit der beiden früher betrachteten Ideologeme aus. Rationale Aufklärung und irrationales Gefühl waren die konkurrierenden Werte, die sich dem aufsteigenden Bürgertum anboten. Auf dem Kontinent, wo sich die beiden Tendenzen im Denken Rousseaus am engsten berührten, führte der Widerstreit schließlich zur Revolution. In England stellt er sich nicht als Schlachtfeld, sondern eher wie ein Ballsaal dar, in dem Herren und Damen nach einem verwirrenden Getümmel am Ende die Seiten gewechselt haben. Niemand hat das Getümmel besser beschrieben als Sterne. Das Schmiermittel, das er einsetzt, um zu verhindern, dass sich die Gegenpositionen an ihren Reibungsflächen entzünden, ist eben jener Humor, den er als Erster zu einem in ganz Europa anerkannten englischen Markenartikel machte.

Was Sternes Roman seinen unvergleichlichen Charme gibt, ist das Geistvoll-Spielerische und die durchgängige Selbstironie, durch die jede Aussage in der Schwebe gehalten wird, so dass nichts Festes bleibt außer der schieren Vitalität des Lebens. Nirgendwo spürt man den Moralisten, nirgendwo den Idylliker. Wo er sentimental ist – und es war sein Buch *A Sentimental Journey through France and Italy* von 1768, das in der Lehnübersetzung ‹empfindsam› in Deutschland einer ganzen Literaturepoche den Namen gab –, löst sich die Sentimentalität immer wieder in Ironie auf, und wo er Satiriker ist, löst die Selbstironie das Moralisieren auf. Es ist der tolerante Geist Shaftesburys, der hier zur vollen Entfaltung gelangt und dessen *test of ridicule* so konsequent verfolgt wird, dass sich alle verfestigten Wahrheitsbehauptungen auflösen und nur der «gute Humor» als Essenz des Menschlichen übrig bleibt. Während Sterne in England nicht nur Bewunderer hatte, sondern auch Gegner, die ihm seine Neigung zu sexuellen Schlüpfrigkeiten und seine Verspottung religiöser Orthodoxie übel nahmen, empfanden die deutschen Aufklärer, die im politischen Korsett des Absolutismus gefangen waren, seinen respektlosen Humor als befreiend. Wieland las das Buch wie eine Bibel, und später schickte sich Johann Paul Friedrich Richter an, unter dem Namen Jean Paul der deutsche Sterne zu werden. Dennoch war nicht *Tristram Shandy* das vom deutschen Publikum am höchsten geschätzte Buch des Autors, sondern *A Sentimental Journey*. Weshalb die Deutschen den empfindsamen Sterne höher schätzten als den respektlosen, wird das vergleichende Schlusskapitel dieses Buches verständlich machen.

Jane Austen und die englische Ironie

Jane Austen lebte und schrieb in einer Zeit, in der die Französische Revolution stattfand und England danach in einen langwierigen Krieg gegen Napoleon verwickelt war; und doch ist von beiden welthistorischen Ereignissen in ihren Romanen kaum ein Echo zu spüren. Auch die sozialen Probleme der ungezügelt voranschreitenden industriellen Revolution werden vollständig ausgeblendet. In ihren Romanen gibt es weder hungernde Bettler noch ausgebeutete Arbeiter, weder nach Aufklärung dürstende

Intellektuelle noch machtgierige Politiker, weder Verbrecher noch tragische Helden. Die einzige Gesellschaftsschicht, die ihr enger Blickwinkel erfasst, ist die des englischen Landadels mit seinem Anhang, d. h. mit Pächtern, Pfarrern, Offizieren und gelegentlich auftretenden Verwandten aus der gutsituierten Mittelschicht Londons oder aus den unteren Rängen des Hochadels. Nur wenige der Nebenfiguren müssen ihr Brot durch Arbeit verdienen. Die Helden und Heldinnen dagegen leben allesamt von dem, was sie ererbt oder erheiratet haben bzw. warten darauf, zu erben oder zu erheiraten. Letzteres ist das Thema aller ihrer Romane; denn in jedem von ihnen stehen Frauen im Mittelpunkt, deren einziges Problem darin besteht, einen standesgemäßen und wohlhabenden Ehemann zu finden.

Angesichts einer solchen Beschränkung sollte man meinen, dass Jane Austen heute hoffnungslos veraltet, ja, geradezu verstaubt anmuten müsste. Doch das Gegenteil ist der Fall. In England hat sie noch immer eine zahlreiche Leserschaft; und die Verfilmungen ihrer Romane finden weit über die Grenzen des Landes hinaus ein interessiertes und oft geradezu begeistertes Publikum. Ist es nostalgische Flucht aus der gegenwärtigen Wirklichkeit, was selbst Deutsche in die scheinbar so anachronistische Austen-Welt lockt, oder verbirgt sich darin etwas, das moderner ist als vieles von dem, was zu ihrer Zeit für modern gehalten wurde? Ihren bis heute bekanntesten und beliebtesten Roman *Pride and Prejudice (Stolz und Vorurteil)* schrieb sie in der Erstfassung – damals noch unter dem Titel *First Impressions (Erste Eindrücke)* – im Jahr 1797. Das war das Jahr, in dem Friedrich Schlegel seine Frau Dorothea Veith kennen lernte, die er zwei Jahre später zur Heldin seines stark autobiographischen Romanfragments *Lucinde* machte, das wegen seines ungewöhnlich offenen Bekenntnisses zu erotischer Sinnlichkeit in der Tat revolutionär war und von vielen als unsittlich abgelehnt wurde. Liest man dieses Buch aber heute, wird man Mühe haben, den enthusiastischen Stil nicht als schwülstig zu empfinden. Nur die differenzierte Sprache und die philosophischen

Reflexionen retten es vor dem Kitschvorwurf. Genießen wird es kaum noch jemand. Zu schwer erträglich ist die emotionale Unmittelbarkeit, mit der es den Leser förmlich anspringt. Ganz anders bei Jane Austen. Bei ihr gibt es keinen Gedanken, den man philosophisch nennen könnte; und es gibt auch keine starke Gefühlsbekundung. Kritiker haben in ihren Romanen ganze sechzehn Küsse gezählt, darunter nicht einen einzigen zwischen Liebenden. Schlegels Roman könnte inhaltlich neben D. H. Lawrence bestehen, doch stilistisch ist er so ungenießbar wie Klopstocks *Messias*. Jane Austens Romane hingegen atmen den Geist des 18. Jahrhunderts, während sie stilistisch den Vergleich mit Henry James aushalten und diesen in den Augen mancher Leser sogar übertreffen.

Was macht die Modernität einer in ihren Themen und Stoffen so unmodernen Autorin aus? Es ist die subtile Psychologie, mit der sie die zwischenmenschlichen Beziehungen ihrer Figuren darstellt; und das Mittel, wodurch sie dies erreicht, ist ironische Distanz. Nun wird man fragen: War es nicht Friedrich Schlegel, der den Begriff ‹romantische Ironie› geprägt und ins Zentrum der deutschen Frühromantik gestellt hat? Das ist gewiss richtig, doch was er damit bezeichnete, hat mit Ironie in der allgemein akzeptierten Bedeutung wenig zu tun. Sein Begriff bezeichnet eine Art Meta-Metaphysik, ein Über-Alles-Hinausdenken, also das Äußerste an spekulativer Geistigkeit: «Ironie ist klares Bewusstsein der ewigen Agilität, des unendlich vollen Chaos». Mit einem solchen Ironie-Begriff hätte weder Jane Austen noch irgendeiner ihrer Landsleute etwas anfangen können. Für sie war Ironie nicht vertikaler Aufstieg bis hinauf zu einer gottähnlichen Weltschau, sondern eine horizontale Strategie, mit der sich Menschen, die in der Gesellschaft auf engem Raum zusammenleben, gegenseitig auf Distanz halten.

Das Stilprinzip der Ironie, das von Jane Austen souverän eingesetzt wird, hatte sich in England im Laufe des 18. Jahrhunderts zu einem durchgängigen Gesellschaftscode entwickelt. In der Literatur beginnt es bei Swift und Shaftesbury. Popularisiert wurde es aber erst durch Richard Steele und Joseph Addison, die mit ihren kurzlebigen, aber lange nachwirkenden Zeitschriften *The Tatler* (1709–11) und *The Spectator* (1711–12) auch jene Bürger als Leser gewannen, die aus moralischen Gründen die Lektüre von Romanen ablehnten. Seit dem Erscheinen dieser Zeitschriften ist es für englische Essayisten ein ungeschriebenes Gesetz, so unterhaltsam und leserfreundlich wie irgend möglich zu schreiben und dabei jeden Anschein von geistiger Überlegenheit und belehrendem Eifer zu vermeiden. Auch heute noch halten sich die meisten schreibenden Briten daran und wählen einen leicht fasslichen, mit Ironie gewürzten Stil. Noch stärkeren Zwang übt dies ungeschriebene Gesetz auf Vortragende aus. Während bei schriftlichen Darlegungen ein gewisses Maß an Komplexität und Fachjargon oft unvermeidlich ist, gilt für Vorträge und Vorlesungen, dass man seine Zuhörer möglichst mit dem ersten Satz zum Lachen bringen und auch danach bei Laune halten muss, worauf am Ende eine Schlusspointe den Vortrag mit einem erneuten Lacher abschließen sollte.

Das spezifisch Englische an dieser Ironie ist das Understatement, das bereits als Wesensmerkmal des englischen Humors beschrieben wurde. Deutsche Ironiker, allen voran Thomas Mann, pflegten und pflegen die Ironie des Overstatement, die der deutschen Tüchtigkeitsethik entspricht. Wenn Deutsche sich ironisch von etwas distanzieren wollen, wählen sie in der Regel eine bewusst gestelzte Ausdrucksweise, mit der sie sich gewissermaßen auf eine Ebene oberhalb des ironisierten Gegenstands schwingen, um auf diesen spöttisch herabzusehen. Engländer ziehen es vor, aus der *bottom up*-Position zu ironisieren, indem sie durch das Understatement ihre kritische Reserve gegenüber dem Gegenstand ausdrücken. Die Grundprinzipien der beiden gegensätzlichen Ironieformen sind jedermann vertraut. Ein Mensch in zu großen Kleidern wirkt genauso lächerlich wie einer in zu kleinen. Wenn die zu großen dann noch übermäßig prunkvoll und die zu kleinen billig aussehen, wird die Lächerlichkeit noch verstärkt.

Dieses von Zirkusclowns vertraute Prinzip entfaltet bei Sprachkleidern die gleiche Wirkung. Der Unterschied zwischen den beiden Ironieformen ist nur der, dass das Overstatement zwar den Gegenstand klein macht, sich selbst aber dem Verdacht der Angeberei aussetzt, während das Understatement diesen Verdacht auf den Gegenstand lenkt. Es ist deshalb zu erwarten, dass in stärker vertikal geprägten Kulturen das Overstatement, in stärker horizontalisierten das Understatement bevorzugt wird. Zumindest die deutschen und englischen Ironiker bestätigen diese Vermutung. Um Jane Austens Ironie wenigstens an einem kurzen Beispiel aufzuzeigen, sei hier einer der ersten Sätze ihres Romans *Emma* zitiert. Darin beschreibt sie das Verhältnis der Heldin zu ihrer Gouvernante Miss Taylor so:

Noch bevor Miss Taylor aufhörte, das nominelle Amt einer Gouvernante auszuüben, hatte ihr mildes Temperament ihr kaum jemals erlaubt, auf Emma mäßigend einzuwirken; und da der Schatten von Autorität schon seit langem gewichen war, lebten sie zusammen als zwei Freundinnen, einander wechselseitig zugetan, wobei Emma tat, wozu sie Lust hatte, mit hoher Wertschätzung für Miss Taylors Urteil, aber meist dem eigenen folgend.

Das ist der typische Jane Austen-Ton, der jeden Anflug von Pathos sogleich durch ein kaum merkliches Bathos tötet und so mit der Balancierstange des gesunden Menschenverstands auf einem stilistischen Drahtseil wandelt, das höchste Kunst erfordert und dennoch dem Leser den Eindruck vermittelt, als bewege sich die Erzählung mit anstrengungsloser Leichtigkeit auf ebener Erde.

Charles Lambs romantisierter Humor

In deutschsprachigen Geschichten der englischen Literatur erhält Charles Lamb (1775–1834) selten mehr als eine viertel oder halbe Seite. In England hingegen zählt er zu den höchst geschätzten und meistgeliebten Autoren. Als Person ist wohl nur noch Dr. Johnson gegenwärtiger. Wenn man zum ersten Mal etwas über sein Leben erfährt, wird man es kaum für möglich halten, dass dieser Mann einer der Großen des englischen Humors wurde. Lamb stammte aus einfachen Verhältnissen, musste seine Schulbildung schon mit 14 abbrechen, erhielt mit 17 eine Anstellung im *East India House* und arbeitete dort für ein bescheidenes Gehalt bis zu seiner Pensionierung 1825. Doch die Schwere seines Lebens lag nicht in den ärmlichen Verhältnissen, die ihn zwangen, sich immer wieder neu ein billiges Quartier zu suchen, sie lag in einer erblichen Geisteskrankheit, die in seiner Familie mehrfach aufgetreten war und die ihn selber 1795 für kurze Zeit in ein Heim für Geistesgestörte brachte. Zur Tragödie wurde die Krankheit aber erst, als seine Schwester Mary in einem Anfall geistiger Verwirrung ihre Mutter erstach und nur dadurch vor der Einlieferung in ein Irrenhaus bewahrt werden konnte, dass ihr Bruder sich verpflichtete, sie in seine Obhut zu nehmen. Diese Pflicht erfüllte er bis zu seinem Tode unter Verzicht auf eine eigene Familie mit so beispielloser Hingabe, dass allein schon dies verständlich macht, weshalb seine Landsleute ihn so sehr lieben. Während bei seiner Schwester die Phasen des Irreseins periodisch wiederkehrten und zuletzt zum Dauerzustand wurden, lebte er selber in der ständigen Furcht, dass auch bei ihm die Krankheit wieder ausbrechen könnte. So sehr seine menschliche Leistung zu bewundern ist, noch mehr verwundert, dass ein Mensch, der sein Leben unter einer so dunklen Wolke verbrachte, dennoch zu einem so hellen Licht des englischen Humors werden konnte.

Charles Lamb hat sich zunächst als Versdichter und Dramatiker versucht, doch blieb ihm hier der Erfolg versagt. Erst als er mit seiner Schwester in den *Tales from Shakespeare* (1807) die Stücke des großen Dramatikers für Kinder nacherzählte, entdeckte er die Prosa als sein eigentliches Feld. Berühmt und auf seine Weise einzigartig wurde er aber nicht als Epiker, sondern als Essayist; man könnte auch Feuilletonist sagen, wenn dieser

Begriff nicht den negativen Beigeschmack des Oberflächlichen hätte. In seinen Essays, die er ab 1820 unter dem Pseudonym Elia für das *London Magazine* schrieb und deren erste Sammlung unter dem Titel *Essays of Elia* 1823 herauskam, nimmt er Alltägliches zum Anlass, um es mit dem Licht eines warmen Humors aus einem schrägen Winkel so anzuleuchten, dass dem Leser buchstäblich Lichter aufgehen. Da der Humor dieser Essays weder in den Gegenständen noch im Urteil über sie, sondern einzig und allein im Stil des Schreibens über sie liegt, wird verständlich, dass Lamb nicht wie die großen Satiriker vom Range eines Swift auch im Ausland unmittelbar verstanden wurde. Engländer hingegen sehen in ihm den englischsten unter ihren Prosaschreibern. Seine Essays zeichnen sich durch einen idiosynkratischen Humor aus, der im Leser den Eindruck weckt, dass das Gesagte auf eine originelle Weise klug gedacht, aber dennoch nicht ganz ernst gemeint sei. Andererseits verzichtet er auf jede Witzelei um ihrer selbst willen.

Trotz seiner kurzen Schulzeit hatte sich Lamb ein erstaunliches Maß an klassischer Bildung angeeignet, das ihn sogar befähigte, längere Briefe auf Latein zu schreiben. Auch in seinen Essays findet sich Bildungsgut in großer Fülle. Doch hat der Leser nie das Gefühl, dass der Autor mit seiner Bildung protzen will. Vielmehr benutzt er sie, um aus dem Gegensatz zwischen dem trivialen Gegenstand und dem weit hergeholten Bildungsgut jene schillernde Einebnung des hohen Bildungsanspruchs zu erreichen, wie sie für den englischen Humor typisch ist. So beginnt er beispielsweise seinen berühmten Essay *A Dissertation upon Roast Pig (Eine Abhandlung über Schweinebraten)* mit einem Exkurs in die chinesische Kulturgeschichte, zitiert Konfuzius und beruft sich auf chinesische Weisheit, um gleich darauf mit höchster Anschaulichkeit das Braten von Spanferkeln zu beschreiben.

Lamb war, wie Dr. Johnson, ein Stadtmensch durch und durch, und er litt sehr darunter, dass er mit Rücksicht auf seine Schwester und aus Kostengründen nach seiner Pensionierung in Enfield, einem Dorf im Norden Londons, leben musste. 1830 klagte er in einem langen Brief an den Romantiker William Wordsworth über sein ländliches Exil. Dass er das ausgerechnet gegenüber dem größten englischen Propheten des unschuldigen Landlebens tat, hat an sich schon etwas von englischem *tongue-in-cheek*-Humor. In dem Brief bringt er dann auf unnachahmliche Weise die Herkunft des Humors aus dem Geist der Stadt auf die folgende Formel:

O rede niemand einem geborenen Londoner ein, dass Gesundheit, Ruhe, unschuldige Beschäftigung und Wechsel zwischen Muße und erholsamem Studium das Landleben auch nur ein bisschen weniger widerwärtig und abscheulich machen. Ein Garten war das primitive Gefängnis, bis der Mensch, mit prometheischer Trefflichkeit und Kühnheit, sich glücklich aus ihm hinaussündigte. Dann folgten Babylon, Niniveh, Venedig, London, Kurzwarenhändler, Satiren, Epigramme, Wortspiele – dies alles kam herein seitens der Stadt und jenseits der Unschuld.

Dem hätte wohl auch Dr. Johnson zugestimmt. Der Unterschied zwischen den beiden ist der, dass Lambs Humor sich vollständig in seine Prosa ergossen hat, während vom Humor des Doktors der Nachwelt kaum etwas bekannt geworden wäre, gäbe es von ihm nur seine Schriften und nicht Boswells Biographie. Von Dr. Johnson unterscheidet sich Lamb aber auch noch dadurch, dass er in der Epoche der Romantik lebte und schrieb. Für den Klassizisten Johnson war die Stadt das Höchste an Zivilisation, für die Romantiker bedeutete sie Entfremdung von der Natur. Das Bewusstsein, aus dem Naturzustand verstoßen zu sein, hatte auch Lamb. In dem Essay *The Superannuated Man (Der Pensionär)* beschreibt er seine Gefühle nach dem Eintritt in den Ruhestand, als er endlich frei und erlöst von der Tretmühle der Büroarbeit ist. Am Schluss des Essays schreibt er, dass er für das kontemplative Leben gemacht sei, und fährt fort: «Will denn kein freundliches Erdbeben kommen und die verfluchten Baumwollmühlen verschlingen?» Der Satz wird oft als romantische Kritik an der Industrialisierung zitiert. Der ganze Essay ist aber in einem Ton geschrieben, als fühle sich der Frühpensionär im Ruhestand noch viel entfremdeter als vorher, als er einen geregelten Tagesablauf und Umgang mit vertrauten Kollegen hatte. Was Lamb für seine Leser so liebenswert macht, ist die tiefe Aufrichtigkeit, mit der er einerseits die romantische Klage über die Verstoßung aus dem ersten Paradies anstimmt und andererseits zugibt, dass die Befreiung aus der Tretmühle nur eine andere Form von Entfremdung ist. Wie sehr auch Lamb dem englischen *bottom up*-Humor verpflichtet ist, mag zum Schluss ein witziges Gedicht zeigen, das unübersetzbar ist, aber einer Übersetzung wohl auch nicht bedarf:

> *Free Thoughts on Several Eminent Composers*
> Some cry up Haydn, some Mozart,
> Just as the whim bites; for my part
> I do not care a farthing candle
> For either of them, or for Handel. –
> Cannot a man live free and easy,
> Without admiring Pergolesi?
> Or through the world with comfort go,
> That never heard of Doctor Blow?
> So help me heaven, I hardly have;
> And yet I eat, and drink, and shave,
> Like other people, if you watch it,
> And know no more of stave or crotchet
> Than did the primitive Peruvians;
> Or those old ante-queer-diluvians
> That lived in the unwash'd world with Jubal,
> Before that dirty blacksmith Tubal
> By stroke on anvil, or by summ'at,
> Found out, to his great surprise, the gamut.
> I care no more for Cimarosa

Than he did for Salvator Rosa,
Being no painter; and bad luck
Be mine, if I can bear that Gluck!
Old Tycho Brahe, and modern Herschel,
Had something in them; but who's Purcel?
The devil, with his foot so cloven,
for aught I care, may take Beethoven;
And, if the bargain does not suit,
I'll throw him Weber in to boot.
There's not the splitting of a splinter
To choose 'twixt him last named, and Winter.
Of Doctor Pepusch old Queen Dido
Knew just as much, God knows, as I do.
I would not go four miles to visit
Sebastian Bach; (or Batch, which is it?)
No more I would for Bononcini.
As for Novello, or Rossini,
I shall not say a word to grieve 'em.
Because they're living; so I leave 'em.

Hier werden in despektierlichem Ton erlauchte und weniger erlauchte Komponisten in den Orkus befördert, während der Autor durchaus seine Kenntnis der Musikgeschichte und der musiktheoretischen Fachbegriffe beweist.

Charles Dickens

Wenn von Hogarth gesagt wurde, er sei der Dickens des 18. Jahrhunderts gewesen, muss Dickens im Gegenzug der Hogarth der viktorianischen Epoche genannt werden. Der große Erzähler nimmt im Bewusstsein des englischen Volkes als Humorist so breiten Raum ein, dass er schon zu Lebzeiten die Vorgänger Fielding und Sterne in den Schatten stellte, was im Falle des Letzteren vor allem darin begründet war, dass er nicht wie dieser seine Leser mit dem literaturimmanenten Spiel eines sich selbst ironisierenden Erzählens erfreute, sondern ihnen wie Hogarth die eigene Welt im Lichte eines autoritätskritischen Humors vorführte.

Dickens hat weit mehr Figuren zum Pantheon des englischen Humors beigesteuert als alle seine Vorgänger, Shakespeare eingeschlossen. Mr. Pickwick und der ihm beigesellte Sam Weller wurden bereits vorgestellt. Eine zumindest bei Engländern fast ebenso bekannte Figur ist Mrs. Gamp aus *Martin Chuzzlewit*. Es ist eine redselige, schmuddelige Hebamme, die sich ständig auf eine nie auftretende Mrs. Harris beruft. Auch wenn sie nicht durch besondere Sinnenlust auffällt – das hätte das viktorianische Publikum nicht goutiert –, hat sie in ihrer amoralischen, ununterdrückbaren Vitalität etwas Falstaffisches an sich. Im gleichen Roman taucht auch der ölige Heuchler Mr. Pecksniff auf, der eine Figur von Ben Jonson oder Molière sein könnte, wäre er nicht durch sein Verhalten und seine beiden Töchter Charity und Mercy so grotesk individualisiert, wie das für keinen von Jonsons Typen und auch nicht für Molières Tartüff gilt. Eine der liebenswertesten Dickensfiguren ist der gutmütige, optimistische, völlig lebensuntüchtige Mr. Micawber aus *David Copperfield*, in dem der Dichter seinem Vater ein freundliches Denkmal setzte, bevor er später das Porträt in Gestalt von Mr. Dorrit mit deutlich kritischeren Zügen versah. Micawbers komisch-makabrer Gegenpol ist Uriah Heep, ein widerwärtiger hinterlistiger Schleimer, bei dem schon der äußere Anblick im Leser physisches Unbehagen hervorruft. In den späteren Romanen werden die liebenswerten komischen Figuren seltener. Wemmick aus *Great Expectations (Große Erwartungen)* und Boffin aus *Our Mutual Friend (Unser gemeinsamer Freund)* gehören zu den raren Exemplaren. Umso zahlreicher sind die grotesken Typen, in denen eine negative Qualität bildhaft zum Ausdruck kommt.

Besonders reich an groteskem Personal ist Dickens' letzter vollendeter Roman *Our Mutual Friend*. Hier wird zwischen dem

Schlamm der Themse und den riesigen Müllbergen, die den ganzen Roman dominieren, eine düstere Stadtlandschaft vorgeführt, in der Menschen wie Aas fressendes Getier ihr Dasein fristen. Sie repräsentieren eine Welt des Fressens und Gefressenwerdens, gegen die sich die positiven Charaktere des Romans behaupten müssen. Die grotesken Figuren wurden und werden oft als Typen bezeichnet, was aber insofern irreführend ist, als an ihnen nichts Typisches ist. Typen wie die von Ben Jonson oder Molière sind ‹zentrische› Figuren, da sie eine Charaktereigenschaft verkörpern, die im Zentrum ihres Wesens steht. Dickens' Figuren zeichnen sich dagegen durch extreme Exzentrik aus. Ihr zentrales Merkmal ist in aller Regel eine äußerliche oder charakterliche Absonderlichkeit, durch die sie zu Sonderlingen werden. Ebendas macht sie für den Leser so einmalig und unvergesslich.

Das Groteske, Makabre und Idiosynkratische war Dickens' Markenzeichen. Dafür hat sich mangels eines besseren Begriffs die Bezeichnung *Dickensian* durchgesetzt, die noch heute auf eine Form von Humor angewendet wird, die in den Augen der meisten Engländer englischer ist als die eher kosmopolitische Ironie Thackerays. Es ist bezeichnend, dass Dickens im Bewusstsein der Briten und auch der übrigen Welt vor allem als der Schöpfer von Mr. Pickwick und als Verkünder einer «Weihnachtsphilosophie» fortlebt, als der er von seinem Bewunderer Gilbert Keith Chesterton propagiert wurde. Dabei ist gerade das in aller Welt bekannte und beliebte *A Christmas Carol in Prose (Eine Weihnachtsgeschichte)* ein Musterbeispiel für die düster-makabre Seite seines Humors. Dennoch ist nicht der Geizhals Scrooge die Figur, die den Grundton des Märchens bestimmt, sondern der Weihnachtsgeist, der als «dritter Besucher» dem Geizhals erscheint und der die punschselige Festtagsstimmung symbolisiert, die bereits durch das Frontispiz-Bild des Buches angekündigt wird. Das Bild zeigt ein weihnachtliches Tanzvergnügen, zu dem der verstorbene und als Geist wieder erschienene gute alte Mr. Fezziwig einlädt. Da diese Illustration in zahlreichen Büchern über

Abb. 36: John Leech, Mr. Fezziwigs Ball.
Illustration zu Dickens' Weihnachtsmärchen (1843).

Dickens abgedruckt wird, muss sie wohl als typisch für ihn angesehen werden (Abb. 36).

Dass Dickens neben Shakespeare derjenige englische Dichter ist, der sich am tiefsten in die Seele seines Volkes eingegraben hat, sagt auch etwas über die Engländer selber und ihren Humor aus. Es würde sicher zu weit gehen, einen so individuellen Dichter wie ihn als typisch für den Humor seiner Zeit anzusehen. Doch da er sich selbst als Sprachrohr aller vernünftigen Landsleute seiner Zeit empfand, ist eine weitgehende Repräsentanz nicht zu übersehen. Dass er eine ganze Reihe der zuvor betrachteten typischen Merkmale des englischen Humors aufweist, ist offensichtlich. Von der Exzentrik seiner Figuren war bereits die Rede. Da er ihnen oft eine indivuelle Sprechweise, einen sogenannten Idiolekt, in den Mund legt, gibt es bei ihm auch Sprachspiele in Fülle. Dem Nonsens nähert er sich zwar nur so weit an, wie dies ein realistischer Roman zulässt, dafür treibt seine Liebe zum Makabren und Grotesken zahlreiche Blüten schwarzen Humors. Dabei folgt auch er dem *bottom up*-Prinzip. Vergleicht man aber den folgenden Anfang von *Great Expectations* mit dem zuvor betrachteten von *Tristram Shandy*, wird man rasch merken, dass bei ihm ein viktorianisches Element hinzugekommen ist:

Da der Familienname meines Vaters Pirrip und mein Taufname Philipp war, konnte meine Kinderzunge aus beiden Namen nichts Längeres und Deutlicheres als Pip machen. So nannte ich mich Pip und wurde seitdem so genannt.

Ich gebe Pirrip als den Familiennamen meines Vaters, weil er auf dessen Grabstein steht und weil meine Schwester es bestätigte – Mrs. Joe Gargery, die den Grobschmied heiratete. Da ich weder meinen Vater noch meine Mutter und auch nie ein Bild von ihnen sah (sie lebten lange vor der Zeit der Fotografie), wurden meine ersten Vorstellungen von ihrem Aussehen durch ihre Grabsteine angeregt. Die Form der Buchstaben auf dem Stein meines Vaters gab mir die sonderbare Idee, dass er ein untersetzter, vierschrötiger Mann mit schwarzem Kraushaar war. Aus dem Schriftzug «Auch Georgina, Ehefrau des obigen» zog ich den kindlichen Schluss, dass meine Mutter Sommersprossen hatte und kränklich war. Den fünf kleinen Steinplatten, jede ungefähr anderthalb Fuß lang, die neben ihrem Grab aufgereiht waren und an meine fünf kleinen Brüder erinnerten – die den Versuch, sich im allgemeinen Überlebenskampf zu behaupten, äußerst früh aufgegeben hatten – verdanke ich die tiefe Überzeugung, dass sie alle in Rückenlage geboren wurden, mit den Händen in den Hosentaschen, ohne sie jemals herauszunehmen.

Wie in Tristram Shandy wird eine Position am Fuße des elterlichen Denkmals eingenommen. Doch die humoristische Distanzierung von ihnen bzw. von ihrem Verlust ist jetzt in ein Licht getaucht, das durch den frühen Tod der Verstorbenen und die Einsamkeit des Waisenkinds etwas Melancholisches hat. Da dem zitierten Text eine Beschreibung der öden Marschlandschaft folgt, die sich hinter dem Friedhof ausdehnt und aus der wenig später ein entflohener Häftling auftauchen wird, steigert sich das Humoristisch-Wehmütige ins Bedrohliche. Das ist typisch für Dickens' Erzählton, der nicht wie bei Sterne zwischen Empfindsamkeit und Frivolität, sondern zwischen der Sehnsucht nach Geborgenheit und dem Gefühl des Bedrohtseins hin und her schwankt. Das sind die Pole, die die Gemütslage der gesamten viktorianischen Epoche charakterisieren. Dickens selber hat diese innere Spannung nicht nur immer wieder in seinen Werken zum Ausdruck gebracht, er wurde von ihr auch in seinem Privatleben beherrscht. Einerseits lebte er mit seinem unbändigen Arbeitseifer und seinem sozialkritischen Engagement das typisch viktorianische Ethos, das Samuel Smiles in seinem Buch *Self-Help* propagierte; andererseits wurde er von depressiven Stimmungen zu langen Nachtwanderungen durch die finsteren Straßen Londons getrieben.

Biographisch ist diese Zerrissenheit leicht zu erklären. Als Kind hatte Dickens – wie Hogarth – miterleben müssen, wie sein Vater im Schuldgefängnis inhaftiert wurde. Als Zwölfjähriger musste er in einer Schuhwichsfabrik arbeiten, um zum Familieneinkommen beizutragen. Damals muss sich in seinem Bewusstsein jener Bildkomplex ausgebildet haben, der zum symbolischen Grundmuster aller seiner Romane wurde, nämlich die Polarität von Gefängnis- und Wassersymbolen. Die Schuhwichsfabrik, in der er sich wie in einem Gefängnis fühlte, hatte ein Fenster zur Themse, das den Blick in die Freiheit eröffnete. Da er sich dort aber völlig verlassen und ausgeliefert fühlte, nahmen für ihn die beiden Bildpole ambivalente Bedeutungen an. Die Wassersphäre verhieß Freiheit, drohte aber zugleich mit der Gefahr des Versinkens, während geschlossene Räume Gefangenschaft, zugleich aber auch Sicherheit und Geborgenheit bedeuteten. Es würde zu weit führen, hier das Symbolgefüge seiner Romane vorzustellen. Das bisher Gesagte dürfte aber schon ausreichen, um zu verstehen, wie er den Humor zur Auflösung der thematischen Spannung einsetzte.

Was für Dickens als Individuum gilt, trifft auf die gesamte viktorianische Gesellschaft zu. In ihm hat die Epoche nicht nur ihren größten Humoristen, sondern zugleich einen künstlerischen Hohlspiegel gefunden, der die Träume und Alpträume des kollektiven Bewusstseins zu quasimythischen Bildern verdichtete. Die Industrialisierung, das Schwinden religiöser Gewissheit und die Verdrängung der Phantasie durch die Naturwissenschaft waren die von den Viktorianern selber immer wieder beklagten Ursachen ihres Schwankens zwischen Optimismus und Melancholie, für das Dickens mit seinem Humor ein Heilmittel bot.

Viktorianischer Humor

Was das Drama für die elisabethanische Zeit, war der Roman für die viktorianische; und auch hier ragen zwei Autoren heraus, die als Humoristen Antipoden waren. Während Dickens bei dem Vergleich den Platz Shakespeares einnimmt, kommt seinem Rivalen Thackeray die Rolle Ben Jonsons zu. Bei Thackerays bekanntestem Roman *Vanity Fair* (1847–48; *Jahrmarkt der Eitelkeit*) lässt schon der Titel eine ähnliche Parade von typisierten Charakteren erwarten, wie sie Ben Jonson in seinen *comedies of humours* präsentiert. Allerdings strebt Thackeray zuerst und vor allem einen um gesellschaftliche und psychologische Glaubwürdigkeit bemühten Realismus an. Seine Satire kommt nur in der ironischen Erzähldistanz zum Ausdruck. Da seine Ironie alle Figuren gleichermaßen trifft, gibt es bei ihm kaum wirkliche Helden. Der genannte Roman heißt sogar im Untertitel *A Novel without a Hero*. Das Gleiche könnte auch unter den Titeln der meisten seiner übrigen Romane stehen. Da wo er sich bewusst um Idealisierung bemüht wie bei der Figur der Rachel in *The History of Henry Esmond, Esq.* (1852), fällt das Resultat genauso sentimental aus wie bei Dickens' Heldinnen. Während dessen Sonderlinge aber unvergesslich weiterleben, sind Thackerays negative Figuren mit der schwindenden Aktualität ihres gesellschaftlichen Kontextes verblasst. Das erklärt, weshalb er heute kaum noch als ein Vertreter englischen Humors genannt wird, obwohl er als Karikaturist und Mitarbeiter des *Punch* viel dazu beitrug.

Weltruhm als Humorist erlangte ein anderer Viktorianer mit einem einzigen Werk, und zwar Charles Lutwidge Dodgson (1832–98), besser bekannt als Lewis Carroll, mit *Alice's Adventures in Wonderland* (1865). Was die großen Kulturkritiker der Zeit – Matthew Arnold, Thomas Carlyle und John Ruskin – mit theoretischen und kritischen Schriften versuchten, nämlich der zunehmenden industriellen Rationalisierung eine humanistische Kultur der schöpferischen Selbstverwirklichung des Menschen entgegenzustellen, das gelang Lewis Carroll mit seinem im doppelten Sinn «wunderbaren» Buch auf eine viel nachhaltigere Weise. Allerdings brauchte es einige Zeit, bis die für ein Kind geschriebene *Alice im Wunderland* auch von den Erwachsenen entdeckt wurde. Das Buch stellt die vielleicht tiefsinnigste Utopie menschlicher Freiheit dar; denn es rebelliert mit seiner Phantastik nicht nur gegen die Zwänge der Wirklichkeit, sondern darüber hinaus gegen jede Sinnforderung der Vernunft, wobei der Dichter, der selber Mathematikprofessor war, die logische Vernunft gegen sich selber wendet.

Auf deutscher Seite wird die frühviktorianische Zeit gelegentlich mit dem Biedermeier verglichen. Das ist aber schon deshalb abwegig, weil im deutschen Biedermeier aus der Not eine Tugend gemacht wurde und die Flucht in die Idylle eine Reaktion auf politische Enge war, während sich in der viktorianischen Idylle der Versuch ausdrückt, einem expandierenden Weltreich ein menschliches Gesicht zu geben. Dass dieses Gesicht auch Züge sentimentaler Weltflucht trägt, ist offensichtlich. Es trägt aber ebenso Züge eines liberalen Geistes, der sich gegen alle Widerstände Bahn brach und dafür sorgte, dass England in einzelnen Reformschüben die Demokratie ausweitete und damit die revolutionären Unruhen abfing, die in Frankreich und Deutschland eintraten. Es spricht viel dafür, dass der Humor in dieser Zeit ein wesentliches Mittel zur Befriedung der Gesellschaft war.

Während die Deutschen im 19. Jahrhundert eine Kultur der Innerlichkeit entwickelten, die in der Philosophie nach Totalität und in der Kunst nach Erhabenheit, tragischer Größe und innerer Tiefe strebte, fehlt alles dies in England. Die Tragödie war aus der englischen Literatur seit Shakespeare verschwunden, das Erhabene war der *English Vision* des Pittoresken gewichen, und Totalität war für englische Philosophen eine leere Worthülse. Stattdessen stellt sich der Viktorianismus – wie schon bei Dickens gesagt – als eine zwischen Optimismus und Melancholie hin und her schwankende, im übrigen aber pragmatische, gesellschaftsorientierte und vom Schmiermittel des Humors durchtränkte Bürgerkultur dar. Da am Anfang auf die elisabethanische Zeit Bezug genommen wurde, muss zumindest erwähnt werden, dass es auch in der viktorianischen Literatur einen Autor gab, der bewusst eine tragische Weltsicht gestaltete, nämlich Thomas Hardy. Aber selbst er bezeichnete sich als Melioristen, d. h. als einen, der daran glaubt, dass sich die Menschheit auf lange Sicht zum Guten hin entwickelt.

Punch *und die englische Karikatur bis heute*

Am 17. Juli 1841 erschien in London das erste Heft einer Zeitschrift, die danach 150 Jahre lang als das Zentralorgan des englischen Humors galt. Sie nannte sich *Punch, or The London Charivari*. Den meisten ist sie nur unter dem Namen *Punch* bekannt, der im Englischen drei Bedeutungen hat: erstens ‹Punsch›, zweitens ‹Faustschlag› und drittens ‹Hanswurst› nach der Figur aus der *Punch and Judy Show*, dem englischen Kasperletheater. Dessen Vorbild, die italienische *commèdia dell 'arte*, kam um 1662 auf die Insel und brachte die Figur des Pulcinella mit, die später Punchinello genannt wurde, woraus Punch entstand. Die drei Wortbedeutungen lassen sich als das Programm der Zeitschrift verstehen; denn sie hatte die erheiternde Wirkung von Punsch, teilte Hiebe aus und nahm dafür das Privileg des volkstümlichen Narren, eben des Hanswurst, in Anspruch. Mit dem Untertitel können selbst Engländer nicht mehr viel anfangen. Er bezieht sich auf die Pariser Tageszeitung *Le Charivari*, die ab 1832 erschien und in Grandville und Daumier ihre prominentesten Zeichner hatte. Der Name geht auf das griechische Wort *Karebaria* zurück, das einen Kopfschmerz bezeichnet, der durch ohrenbetäubende Katzenmusik hervorgerufen wird. Genau das war es, was die Zeitung erreichen wollte, nämlich durch grellen Lärm den Inhabern der Macht Kopfschmerzen bereiten.

Damals lieferte Frankreich mit der Birne, als die der Bürgerkönig Louis Philippe wegen seiner Kopfform dargestellt wurde, eine Zielscheibe des Spotts, an der sich ganz Europa gütlich tat. Den Briten – der endgültige Sieg über Napoleon lag erst 17 Jahre zurück – musste jede Verulkung des französischen Königs ein besonderes Vergnügen bereiten. Außerdem war ihnen die Spottfigur der Birne, die Philipon, der Begründer von *Charivari*, erfunden hatte, längst vertraut; denn als birnenförmige Fettärsche hatte schon Gillray einige seiner Opfer verspottet, und Cruikshank hatte Georg IV. 1820 anlässlich seiner Krönung zusammen mit der Königin Caroline in Gestalt von zwei birnenförmigen Säcken dargestellt.

Als Punch nach 150 Jahren 1992 eingestellt wurde, gab Amanda-Jane Doran ein *Punch Cartoon Album* heraus, das 500 der ihrer Meinung nach besten aus den rund 500000 bis dahin erschienenen Karikaturen zusammenstellte (Abb. 37). Ob es tatsächlich die besten sind, ist Geschmackssache; doch dass die Auswahl repräsentativ ist, dürfte bei einer Zahl von 500 wahrscheinlich sein. Wer in dem Sammelband blättert, wird rasch merken, dass jene skurril überdrehte *rumbustiousness*, die das Kennzeichen von Gillray, Rowlandson und Cruikshank war, in *Punch* nur schwach vertreten ist. Stattdessen wurde das *deadpan face* zum hervorstechenden

Abb. 37: Titelbild von The Punch Cartoon Album (1991).

Merkmal. Aus heutiger Sicht wirken die Karikaturen in *Punch* auffallend zahnlos, zumal dann, wenn man sie mit dem kräftigen Biss ihrer klassischen Vorgänger vergleicht. Cruikshank, der bis zu seinem Tode 1878 weiter zeichnete, lehnte den neuen Stil von *Punch* ab, hörte aber auch seinerseits auf, die Zähne zu zeigen und widmete sich stattdessen dem Illustrieren von Büchern und der von ihm mit Leidenschaft betriebenen Kampagne gegen den Alkoholkonsum. Damals führte *Punch* den Begriff *cartoon* ein, der heute zuweilen auf bloß unterhaltsam komische Zeichnungen eingeschränkt und damit von der satirisch zielgerichteten Karikatur abgegrenzt wird, wenngleich sich diese Unterscheidung noch nicht durchgesetzt hat. Die Gründe für den Übergang von der Karikatur zum Cartoon sind nicht schwer zu erraten. *Punch* erlebte seinen Aufstieg unter Königin Viktoria, als England die führende Nation der Welt war. Da wären satirische Angriffe auf die Regierung vom Publikum eher als unpatriotische Nörgelei empfunden worden. Nachdem mit der Aufhebung der verhassten Kornzölle 1846 die Bastion der Großgrundbesitzer geschleift war, gab es nur noch wenige Anlässe, die viktorianische Selbstzufriedenheit mit politischer Satire zu stören. Zwar wurde auch der Kampf um die irische Selbstregierung, die so genannte *home rule debate*, und der Streit zwischen liberalen Anti-Imperialisten und konservativen Unterstützern der Kolonialpolitik mit den Mitteln der Satire ausgetragen, doch in *Punch* ist wenig davon zu spüren. Nur wenn das Land Krieg führte, verwandelten sich die Federn der Karikaturisten in patriotische Degen, die im Ersten Weltkrieg mit äußerster Schärfe gegen die deutschen «Hunnen» geführt wurden. Ansonsten aber suchte *Punch* seine Zielscheiben im Innern der englischen Gesellschaft.

Die viktorianische Epoche war die Zeit, in der die *Public Schools* als *factories for gentlemen* den Nachwuchs für die Führungselite des Empires ausbildeten und dabei das Gentleman-Ideal zu einem nationalen Erziehungsziel standardisierten. Das provozierte umgekehrt die Kritik am falschen Gentleman, der als Snob Zielscheibe des Spotts wurde, sofern es ihm nicht gelang, sich als Dandy Anerkennung zu verschaffen. Im Dreieck dieser drei Begriffe bewegte sich ein Großteil des Humors, der in *Punch* zum Ausdruck kam. Da ein wahrer Gentleman sein Gesicht nicht verlieren und darum auf den kritikwürdigen Snob nicht eindreschen durfte, musste er versuchen, ihm mit unbeteiligter Miene den Teppich unter den Füßen wegzuziehen. Gelang es dem Snob, die Attacke mit noch gleichmütigerer Miene zu parieren, wurde er zum Dandy und erwarb sich nun seinerseits Respekt. Dass der Snob zu einem zentralen Gegenstand des kultur- und gesellschaftskritischen Diskurses im viktorianischen England wurde, geht vor allem auf das Konto von William Makepeace Thackeray, der in den Jahren 1846 und 1847 für *Punch* eine Serie von satirischen Ar-

Abb. 38: Die Bart-Bewegung.
Mr. Bristles: «Sie glauben also wirklich, dass er eine Verbesserung ist, ja?»
Miss Spikes: «Ganz entschieden – er verdeckt soviel mehr von Ihrem Gesicht.»
Karikatur von John Leech.

tikeln schrieb, die er ein Jahr später unter dem Titel *The Book of Snobs* gesammelt herausgab. Schon als Student in Cambridge hatte er 1829 für eine kurzlebige Wochenzeitschrift gearbeitet, die den Titel *The Snob: A Literary and Scientific Journal* trug. Mit seinen Beiträgen zu *Punch* machte er den Snob danach zu einem stereotypen Motiv der viktorianischen Literatur. Da man im Snob einen Möchtegern-Aristokraten sah, führte man das Wort auf die Abkürzung *s. nob.* für *sine nobilitate* (= ohne Adelstitel) zurück, die angeblich dem Namen bürgerlicher Studenten in den Immat-

Abb. 39: Unsere Landsleute im Ausland.
Vier englische Reisende im Ausland, die sich nur vom sehen kennen.
Karikatur von George du Maurier.

rikulationslisten der Universitäten hinzugefügt wurde. Sprachwissenschaftler halten diese Etymologie aber für falsch, da das Wort schon vorher mit der Bedeutung ‹Handwerker›, insbesondere ‹Schuster› in Umlauf war.

In viktorianischen Romanen wimmelt es von Snobs, die dort teils als degenerierte Aristokraten, teils als ehrgeizige Aufsteiger dem Gelächter preisgegeben werden. Noch mehr Vertreter dieses blasierten Typs finden sich in den Karikaturen. Snobismus galt in England und erst recht im übrigen Europa als ein spezifisch britischer Charakterfehler, über den sich die Briten mit der ihnen eigenen Selbstironie lustig machten. Da sich die Untugend bei entsprechender intellektueller Überlegenheit in das nicht unbedingt tugendhafte, aber doch bewunderte Dandytum überführen ließ, war die satirische Kritik am Snobismus meist mit einem Schuss Wohlwollen, wenn nicht gar Anerkennung gewürzt, zumal sich darin auch etwas von der Exzentrik äußerte, für die die Briten

*Abb. 40: «Sie brauchen dringend Urlaub, Mr. Abthorpe –
darf ich Ihnen Lourdes empfehlen?»
Karikatur von Ed. McLachlan.*

schon vorher berühmt waren. Sowohl die Kritik am Snobismus als auch die heimliche Bewunderung für den Dandy wird durch das typische *deadpan face* zum Ausdruck gebracht. Es ist die Maske, hinter der sich im ersten Fall der Nadelstich, im zweiten die intellektuelle Überlegenheit verbirgt. Umgekehrt ist aber auch die Maske selber oft Zielscheibe des satirischen Nadelstichs. Da das wohl typischste äußere Merkmal des Gentleman die berühmte *stiff upper lip* ist, d. h. die ungerührte Miene selbst in äußerster Gefahr, hat gerade dies die Karikaturisten immer wieder zur Verulkung gereizt.

Die führenden Zeichner von *Punch* im 19. Jahrhundert waren John Leech (1817–64) und John Tenniel (1820–1914). Beide haben sich auch als Buch-Illustratoren verdient gemacht. Leech illustrierte unter anderem einige von Dickens' Romanen und dessen

Abb. 41: «Oh, der will mit dem Haufen nichts zu tun haben,
der verbrennt nur Erstausgaben.»
Karikatur von David Haldane.

berühmtes *Christmas Carol*, während Tenniel durch die Illustrationen von Lewis Carrolls *Alice im Wunderland* einem weltwei-
ten Publikum bekannt wurde. Obwohl Tenniel sich stärker als
Leech der politischen Karikatur zuwandte, können seine Zeichnungen der herrschenden Klasse nicht allzu weh getan haben, sonst
wäre er wohl kaum in den Adelsstand erhoben worden. Sein
berühmtester, in zahllosen Geschichtsbüchern abgedruckter Beitrag für *Punch*, die Zeichnung «Der Lotse geht von Bord», wird
man kaum als Cartoon und schon gar nicht als Karikatur bezeichnen können; denn sie zeigt mit fast wehmütiger Sympathie,
wie der von Wilhelm II. entlassene Bismarck das deutsche Staats-
schiff verlässt, während der Kaiser wie ein dummer Junge von
oben herabschaut. Charakteristischer für den Stil von *Punch*
sind Zeichnungen wie die von Leech mit dem stereotypen Motiv

des Snob (Abb. 38). Dessen Stil setzt George du Maurier (1834–1896), der produktivste Vertreter der zweiten Punch-Generation, bis zum Ende des Jahrhunderts fort. Wenn er in dem hier abgedruckten Cartoon seine Landsleute verulkt, die nicht einmal im Ausland aus dem Kokon ihrer Reserviertheit ausbrechen (Abb. 39), dann ist das die gleiche britische Selbstironie wie siebzig Jahre später bei Pont in der Serie *The British Character*. Die hinter dem *deadpan face* versteckte und in makabres Understatement gekleidete Grausamkeit, wie sie aus McLachlans Cartoon spricht, ist ein weiterer typischer Zug, der im 20. Jahrhundert immer dominanter wird (Abb. 40). Ebenso typisch ist die Haltung, mit der David Haldane die Bücherverbrennung der Nazis nur noch als Sujet für einen makabren Scherz benutzt (Abb. 41). Engländer lieben es, mit dem Entsetzen Scherz zu treiben, und sie hätten vermutlich keine Skrupel, selbst über Auschwitz Witze zu reißen.

Die überdrehte Skurrilität der klassischen englischen Karikatur kehrte erst im 20. Jahrhundert in die Zeitschrift zurück. Zu ihren bekanntesten Vertretern zählen Ronald Searle (* 1920), dessen St. Trinian-Serie mit den mordlustigen Mädchen sehr erfolgreich war (Abb. 21), und Gerard Hoffnung (1925–1959), der sich nicht nur als Karikaturist einen Namen machte, sondern auch als Veranstalter von Konzerten in der Londoner Royal Festival Hall. Dort setzte er, selber ausgebildeter Tuba-Spieler, Gießkannen und Wasserschläuche als Musikinstrumente ein und untermalte Rimski-Korsakows *Hummelflug* mit einer Hummeljagd quer durch das Orchester. Darin ist schon etwas von dem zu spüren, was wenig später durch *Monty Python's Flying Circus* Weltruhm erlangte. Im letzten Jahrgang von Punch, dessen Ertrag von David Thomas in *Pick of Punch* zusammengetragen wurde, zeigt sich die Mischung aus Skurrilität und und Grausamkeit so vital, als erinnerte sich die Zeitschrift kurz vor ihrem Tode noch einmal an die glorreiche Kindheit der englischen Karikatur. Der 1996 unternommene Versuch, sie wiederzubeleben, musste 2002 abgebrochen werden, da sich die Finesse hochkarätiger Karikaturen offensichtlich nicht gegen den Trivialhumor der Massenmedien behaupten konnte.

Wenn von *Punch* die Rede ist, denkt man zuerst an Cartoons. Die Zeitschrift enthielt aber regelmäßig auch humoristische Texte, von denen viele später in reinen Textausgaben weiterlebten. Ein für den viktorianischen Humor sehr charakteristisches Werk, das aus *Punch* hervorging, ist *The Diary of a Nobody* (1892; *Das Tagebuch eines Niemand*) der Brüder George und Weedon Grossmith. George hatte sich in den Jahren davor als Schauspieler in den *D'Oyly Carte*-Opern einen Namen gemacht, während Weedon als Schauspieler, Maler und Karikaturist erfolgreich war. Das fiktive Tagebuch wurde vom Publikum begeistert aufgenommen und zählt noch heute zu den Klassikern des spätviktorianischen Humors. J. B. Priestley beschreibt es so:

Dieses kleine Buch steht in der alten Tradition des englischen Humors: es ist voll von grandioser Narretei, doch ist es mehr als bloß spaßig. Es ist darin etwas wie Zartheit. Der arme Mr. Pooter mit seinen kleinen Eitelkeiten, seiner Einfalt, Furchtsamkeit und Herzensgüte ist nicht bloß eine komische Figur, sondern einer von jenen unschuldigen, liebenswerten Narren, die zu Herzen gehen. Lamb hätte Mr. Pooter und seine naiven Bekenntnisse geliebt.

Das klingt ein wenig nach deutscher Gemütlichkeit, und man denkt dabei vielleicht an Heinrich Seidels biedermeierlichen Lebrecht Hühnchen. Doch das Buch, das in den Augen von Engländern voll unschuldiger Einfalt ist, enthält viel zu viel unterschwellige Ungemütlichkeit in den familiären und kollegialen Beziehungen, um das deutsche Verlangen nach Gemütlichkeit voll zu befriedigen.

Gegen Ende des 19. Jahrhunderts betraten in England zwei Autoren die literarische Bühne, die von Nicht-Briten für typische Vertreter des englischen Humors gehalten werden, während Engländer sie eher als unenglisch empfinden. Die Rede ist von Oscar Wilde und George Bernard Shaw. Beide stammten aus Irland und können schon deshalb kaum typisch englisch sein, auch wenn sie als Abkömmlinge der protestantischen Herrenklasse in ihrer Heimat Außenseiter waren. Wenn sie hier in die Genealogie des englischen Humors eingereiht werden, dann deshalb, weil sie diesem ein besonderes Gewürz hinzufügten, so wie es zwei Jahrhunderte vorher Jonathan Swift getan hatte. Wilde stieg auf wie ein Komet und blieb in den Augen der Kontinentaleuropäer am englischen Firmament, während er auf der Insel 1895 mit seiner Verurteilung zu zwei Jahren Zuchthaus wegen einer homosexuellen Affäre in eine längere Phase der Finsternis eintrat und erst nach Jahrzehnten wieder zu leuchten begann. Demgegenüber schaffte Shaw den Aufstieg erst nach vielen Fehlschlägen, hielt sich danach aber auf der Sonnenseite bis zum Ende seines fast hundertjährigen Lebens. Heute strahlen sie beide mit kaum verminderter Helligkeit und ziehen noch immer mit ihren Stücken das Publikum ins Theater. Ihr gemeinsames Merkmal ist, dass sich bei ihnen typisch Englisches mit ausgesprochen Unenglischem verbindet.

Wer an Oscar Wilde denkt, hat vor dem geistigen Auge zuerst den Dandy, der wie einst Beau Brummell in den Salons der feinen Gesellschaft brillierte. Doch während Brummell es sich dank einem ererbten Vermögen leisten konnte, den scheinbar anstrengungslosen Müßiggang des wahren Gentleman zu kultivieren, musste Wilde mit äußerster Anstrengung an seinem Aufstieg arbeiten. Sein Landsmann William Butler Yeats war nach der ersten Begegnung beeindruckt davon, dass jemand mühelos geistreiche Sätze aussprechen konnte, als hätte er sie in der Nacht davor zu

Papier gebracht. Doch solches Beeindrucken durch geistige Überlegenheit widerspricht im Grunde dem Code des Gentleman. Dominante Salonlöwen haben in der englischen guten Gesellschaft zwar Unterhaltungswert, aber man bringt ihnen wenig echte Wertschätzung entgegen. Es ist bezeichnend, dass Wilde, bevor er in England als Dramatiker erfolgreich wurde, seine geistige Brillanz erst einmal auf einer Vortragsreise durch die USA vermarktete, wo man auf Understatement wenig Wert legte. Auch nachdem er mit dem Roman *The Picture of Dorian Gray* (1890; *Das Bildnis des Dorian Gray*) den literarischen Durchbruch geschafft hatte, war klar, dass er mit seinem ästhetizistischen Credo nur eine Minderheit des englischen Publikums ansprach. Seine dann folgenden Stücke, in denen die Figuren mit maschinenhafter Präzision zitierfähige Bonmots produzieren, dürften vom heimischen Publikum eher als französisch denn als englisch empfunden worden sein. Wahrhaft englisch ist dagegen das Stück, das wenige Wochen vor dem Prozess uraufgeführt wurde, den er durch seine leichtfertige Rücksichtslosigkeit gegenüber der viktorianischen Moral losgetreten hatte und der ihn wie eine Lawine überrollen sollte: *The Importance of Being Earnest* (1895). Das Stück, das im Deutschen auch unter dem Titel *Bunbury* gedruckt und aufgeführt wird, ist eine Komödie, in der die englische Liebe zu Sprachspielen und zum Nonsens virtuos auf die Spitze getrieben und ad absurdum geführt wird. Wäre Wilde nur der Autor von Stücken dieses Typs, müsste man ihn in einem Atemzug mit Dickens und Lewis Carroll nennen und zu den Klassikern des englischen Humors zählen. Doch als Mensch und Künstler praktizierte er eine Attitüde des *top down*-Humors, die auf dem Kontinent sehr viel mehr Anklang fand als in England. Vielleicht hätte ihn die viktorianische Gesellschaft, die unter ihrer Oberfläche weit schlimmere Normabweichungen tolerierte, nicht in den Abgrund gestoßen, wenn er nicht selber auf so unenglische Weise eine Position in großer Höhe zur Schau gestellt hätte. Zu spät erkannte er, dass seine Liebe zu Paradoxien, für die er weltberühmt wurde, nicht der englischen Liebe zu Exzentrizität und Nonsens entsprach, sondern im Gegenteil von der Gesellschaft als eine nicht tolerierbare Normabweichung empfunden und entsprechend geahndet wurde. In seiner bewegenden Bekenntnisschrift *De Profundis*, die er im Zuchthaus niederschrieb, sagt er: «Was mir das Paradoxon im Bereich des Denkens war, wurde für mich im Reich der Leidenschaften die Perversion.» Als Sprachspieler und Exzentriker hätte er zum Inbegriff englischen Humors werden können, wenn nicht seine Selbstdarstellung jeglichen Understatements entbehrt hätte. Ironie hatte er in hohem Maße, doch keine Selbstironie.

Neben dem Hedonisten Wilde wirkt GBS, wie George Bernard Shaw meist genannt wird, wie ein Puritaner. Zwar gab es auch in seinem Leben erotische Verwicklungen, doch ist ihm nie etwas Anstößiges nachgesagt worden. Liest man seine Biographie, so gewinnt man den Eindruck, dass sich seine ganze Leidenschaft im Kopf und auf dem Papier ausgelebt hat. Mit Wilde hat er nur das gemein, dass er unablässig zitierfähige Bonmots produzierte, wobei er sich allerdings nicht auf Paradoxien kaprizierte, sondern darauf, Einsichten des gesunden Menschenverstands durch Überspitzung funkeln zu lassen. Damit steht er der englischen Mentalität deutlich näher. Dennoch werden Engländer ihn kaum als den typischen Vertreter ihres Humors empfinden. Dazu ist er bei allem Witz zu schulmeisterlich. Wenn Engländer etwas nicht mögen, dann ist es, belehrt zu werden. Genau das tut Shaw aber in beinahe jeder Zeile. In seinen Stücken genügt es ihm nicht, dass er Weltverbesserungsbotschaften in dramatisierter Form auf die Bühne bringt, er schickt ihnen regelmäßig auch noch lange Vorworte voraus, in denen er die Botschaft genauestens expliziert, damit sie nicht von der Unterhaltung verschluckt wird.

Auf den ersten Blick muss Shaw wie die Inkarnation des Common Sense erscheinen, an den er unablässig appelliert. Doch bei genauerem Lesen merkt man rasch, dass seinem Common Sense der Boden fehlt, auf dem sich das pragmatische Denken der Engländer bewegt. Shaw spielt nicht nur auf höchst unterhaltsame Weise den Schulmeister der Menschheit, er hat dabei ganz unenglische Visionen im Kopf. Dass er mit Marx soziale Gerechtigkeit anstrebt und im Geiste Nietzsches für die Züchtung des Übermenschen eintritt, war so unenglisch, wie es nur sein konnte. Paradox war nicht das, was er sagte, sondern er selbst. Bei all seinen Weltverbesserungsvorschlägen ist jedem Leser klar, dass der Individualist und Menschenfreund Shaw der Erste gewesen wäre, der einer Umsetzung seiner Vorstellungen entgegengetreten wäre. Sein durchgängig ironischer Ton macht es seinen Lesern schwer zu glauben, dass er selber an seine Vorstellungen geglaubt hat. Der latente Unernst, der seine Stücke und Schriften durchzieht, kleidet seine unenglischen Ansichten in einen sehr englisch anmutenden Stil. Als typisch für den englischen Humor wird man ihn trotzdem kaum ansehen können. Selbst wenn die Belehrung mit Witz und ironischer Distanz verkündet wird, dürfte sie für Engländer immer noch den Charakter eines *top down*-Humors haben. Nur in zwei Stücken dominiert die *bottom up*-Haltung. Es sind bezeichnenderweise seine beiden populärsten, wobei diese Haltung in *Pygmalion* auf komische, in *Saint Joan* auf tragische Weise zum Ausdruck gebracht wird. In *Pygmalion* triumphiert das einfache Blumenmädchen am Ende über den Professor, der sich hoch über seinem Versuchsobjekt wähnte. In *Saint Joan* steht das einfache Mädchen vom Lande gegen das europäische Feudalsystem auf und leitet – so jedenfalls sieht es Shaw – die Reformation ein. In beiden Stücken spürt man als Leser und Zuschauer den herausfordernden Blick des einfachen Menschen, der den Respektspersonen respektlos die Stirn bietet. Auch wenn in der *Heiligen Johanna* der Humor nur beiläufig in Nebenszenen zum Zuge kommt, spürt man darin jene Aufmüpfigkeit, die das Wesen des englischen Humors ausmacht. Man spürt sie erst recht bei Eliza Doolittle und ihrem proletarischen Vater, während sie in vielen anderen Stücken des Autors etwas Besserwisserisches hat und nach Rechthaberei schmeckt. Aufmüpfig war Shaw selber wie wenige seiner Zeitgenossen, doch nicht mit der Tendenz des englischen Humors, jegliche Autorität vom Sockel zu stoßen, sondern mit dem Bestreben, den gesunden Menschenverstand als Autorität auf den Sockel zu heben.

Humor und Nostalgie im ausklingenden Empire

Kulturell machte sich in England gegen Ende des 19. Jahrhunderts fin de siècle-Stimmung breit, die bis zum Beginn des Ersten Weltkriegs anhielt. Aber auch danach lag die viktorianische Tradition wie das milde Licht eines *Indian summer* über dem Land. Für den Humor blieb Dickens das Vorbild, das von Gilbert Keith Chesterton (1874–1936) mit missionarischem Eifer propagiert wurde. Typisch für diesen menschenfreundlichen, mild-skurrilen Humor ist das Buch *Three Men in a Boat* (1889; *Drei Mann in einem Boot*) von Jerome K. Jerome, das weltweit zu einem Bestseller wurde und lange Zeit als Klassiker des englischen Humors galt. Trotz einer unübersehbaren Tendenz zur Idylle zeigt es doch die typischen Züge der Selbstironie und der *bottom up*-Perspektive, allerdings ohne sonderliche Aufmüpfigkeit. Kälter und schärfer ist der Humor in den Erzählungen von H. H. Munro, der unter dem Pseudonym Saki schrieb. Hier wird mit sprachlichem *deadpan face* gesellschaftliches Verhalten auf eine subtil-grausame Weise bloßgestellt. Von ähnlicher Art ist der Humor Max Beerbohms, der in *Zuleika Dobson* (1911) mit der männermordenden Titelheldin schwarzen Humor bietet. Im selben Jahr erschien das Buch *Nonsense Novels* von Stephen Leacock. Wie milde der darin enthaltene Nonsens im Vergleich zum heutigen vom Schlage Monty Pythons ist, zeigt das folgende Textbeispiel. Es ist der Anfang der Geschichte *Gertrud, die Gouvernante*:

Zusammenfassung der vorhergehenden Kapitel:
Es gibt keine vorhergehenden Kapitel
Es war eine wilde und stürmische Nacht an der Westküste Schottlands. Das

aber ist unwichtig für die folgende Geschichte, da sie nicht im Westen Schottlands spielt. Was das Wetter betrifft, so war es genauso schlecht an der Ostküste Irlands.

Doch diese Geschichte hat ihren Schauplatz im Süden Englands und sie spielt in und um Knotacentinum Towers (was wie Noshem Tors ausgesprochen wird), dem Landsitz von Lord Knotacent (sprich Nosh).

So könnte auch ein Sketch von Loriot beginnen, der sich über stereotype Romananfänge und über die Sonderbarkeiten der englischen Aussprache von Eigennamen lustig macht.

Wie stark die englische Literatur und mit ihr der in Texten dokumentierte Humor durch die «gentrifizierte» Kultur geprägt blieb, zeigt sich daran, dass die Romane und selbst die Dramen überwiegend oder ganz im Milieu der Gentry spielen. Der in viktorianischer Zeit vom arrivierten Bürgertum bevorzugte Lebensstil des Landadels prägt die Literatur bis in die ersten Jahrzehnte nach dem Zweiten Weltkrieg. Erst in den 60er Jahren treten London und die großen Industriestädte an die Stelle der Landsitze des niederen Adels und der ländlichen Pfarrhäuser als Schauplätze von Romanen. Der bekannteste und sicher typischste Vertreter des *gentrified humour* ist P. G. Wodehouse, dessen berühmtes Gespann Jeeves und Bertie Wooster bereits näher betrachtet wurde. Wodehouse selber ist beispielhaft für die anachronistische Harmlosigkeit des englischen Humors in der Zeit des heraufziehenden Faschismus; denn als er 1940 in Südfrankreich in deutsche Gefangenschaft geriet und sich in argloser Naivität dazu bewegen ließ, von Berlin aus harmlosen Witz über den Rundfunk zu verbreiten, brachte ihm das nach dem Krieg eine Anklage wegen Vaterlandsverrats ein. Deshalb zog er es vor, in die USA zu gehen, wo er 1955 die Staatsbürgerschaft annahm.

Im Theater, wie bereits erwähnt, kreierten Gilbert und Sullivan eine typisch englische Form von musikalischem Humor, während im reinen Sprechtheater sogenannte *West End Comedies* das Feld beherrschten. Das waren und sind Gesellschaftskomödien, die von englischen Stückeschreibern noch immer mit großer Perfektion hergestellt werden. In den 20er und 30er Jahren war es vor allem Noël Coward, der diesen Markenartikel ablieferte. Daneben schuf er ironisch-witzige Lieder, von denen eins bis heute als typisches Beispiel englischer Selbstironie bekannt blieb. Sein Text beginnt so: *Mad dogs and Englishmen go out in the midday sun* (Nur tollwütige Hunde und Engländer gehen in der Mittagssonne aus).

Fasst man die europäische Kultur der ersten Hälfte des 20. Jahrhunderts insgesamt in den Blick, so fällt auf, dass in England die Moderne nur durch wenige Repräsentanten vertreten ist, von denen die prominentesten nicht einmal gebürtige Engländer waren. James Joyce war Ire, T. S. Eliot Amerikaner und Joseph Conrad Pole. Nur Virginia Woolf und D. H. Lawrence waren Engländer, wobei auch sie in gewisser Weise Außenseiter waren, sie als Frau und er als Arbeiterkind. Insgesamt war die *Mainstream*-Kultur Englands in jener Zeit viel stärker der Tradition verhaftet als ihr deutsches und französisches Gegenstück. Das gilt auch für den Humor. Der große Umbruch kam erst nach dem Zweiten Weltkrieg, als 1960 mit dem Prozess gegen *Lady Chatterley's Lover* die viktorianische Prüderie offiziell beerdigt wurde und in den neuen Medien, zuerst im Rundfunk und dann im Fernsehen, auf breitester Front die Popkultur Einzug hielt, in der England bald die Führung in Europa übernehmen sollte.

Die großen Repräsentanten des Humors aus der spät- und nachviktorianischen Zeit waren die Iren Shaw und Wilde, während «echte» Engländer bzw. Briten die humorvolle Weltliteratur vor allem um großartige Kinderbücher bereicherten, darunter *The Wind in the Willows* (1908; *Der Wind in den Weiden*) von Kenneth Grahame (1859–1932), *Winnie-the- Pooh* (1926; *Puh der Bär*) von A. A. Milne (1882–1956) und das Theaterstück *Peter Pan* (1904) des Schotten Sir James M. Barrie (1860–1937). Bildhaft noch präsenter sind in England die Figuren der Beatrix Potter (1866–1943), die mit ihrem Erstling *The Tale of Peter Rabbit* (1901; *Die Geschichte von Peter Hase*) ebenfalls einen Klassiker der Kinderliteratur schuf, dem sie bald weitere folgen ließ. Die massenhafte Reproduktion ihrer Figuren auf Geschenkartikeln aller Art beweist, dass auch Engländer ein Verlangen nach Niedlichkeit haben.

Der weltweit bekannteste und wohl auch beliebteste englische Humorist aus der ersten Hälfte des 20. Jahrhunderts ist allerdings jemand, der von den meisten für einen Amerikaner gehalten wird, nämlich Charlie Chaplin. Dabei ist er als Straßenkind in Südlondon aufgewachsen und wurde dort der *underdog*, der er sein Leben lang blieb. Chaplin verkörpert die *bottom up*-Haltung in reinster Form, aber er hat sie vom grausamen Teil des englischen Humors weitgehend getrennt und mit der Figur des Tramp einen universalen Archetypus geschaffen, mit dem sich Menschen in aller Welt identifizieren können. In den Filmen, die ihn berühmt machten, verkörpert er das mythische Kind, dass der Welt auf rührend-rührselige Weise ausgeliefert ist und trotzdem mit naiver Dreistigkeit triumphiert. Darin geht er weit über Dickens hinaus, dem er ansonsten nahe kommt. Die verdrängte kalte Seite des englischen Humors kam in ihm erst spät zum Vorschein, und zwar in dem Film *Monsieur Verdoux*, in dem er einen sanften Frauenmörder spielt. Doch es gelingt ihm nicht, diese Seite lebendig zu machen. So ist es denn nur richtig und gerecht zugleich, dass die Engländer in ihm keinen Repräsentanten ihres Humors sehen, während die Welt ihn als den genialsten Clown des 20. Jahrhunderts liebt und bewundert.

Winston Churchill

Aus der ersten Hälfte des 20. Jahrhunderts ragt eine Gestalt heraus, deren Bedeutung als Repräsentant des englischen Humors von George Mikes noch höher eingeschätzt wird als die von Dr. Johnson zweihundert Jahre zuvor. Es ist Sir Winston Churchill. Als Lieferant von Zitaten hat er gegenüber dem Doktor zwar nur ein Viertel der Einträge im *Oxford Dictionary of Quotations*

Abb. 42: Die Bulldogge hat Flügel (1942).
Karikatur von Leslie Illingworth.

aufzuweisen, doch bei der Zahl tatsächlicher Zitierungen dürfte er weit vor ihm liegen. Es heißt, er sei nach der Bibel und Shakespeare die meistzitierte englische Textquelle. Neben eigenen Aussprüchen kursieren über ihn unzählige Anekdoten, die ihn als einen typischen Vertreter des John Bull-Humors ausweisen. Etwas Bulliges oder besser Bulldoggenhaftes geht bereits von seiner physischen Erscheinung aus. Er selbst hat diesen Eindruck während des Krieges bewusst kultiviert, und die Karikaturisten haben daraus ein stereotypes Motiv gemacht (Abb. 42).

Im öffentlichen wie im privaten Umgang war Churchill bei Freund und Feind wegen seiner scharfzüngigen Schlagfertigkeit gefürchtet. Welche der Aussprüche und Anekdoten authentisch und welche nur gut erfunden sind, ist oft schwer auszumachen. Doch die schiere Quantität der ihm zugeschriebenen Bonmots und Sottisen weist ihn als einen typischen Vertreter des englischen Humors aus; denn immer teilt er seine Hiebe *bottom up* aus, scheut vor keiner Grausamkeit zurück und reagiert selbst in den bedrohlichsten Situationen mit schwarzem Galgenhumor. Im Internet überbieten sich Churchills Bewunderer im Auflisten seiner witzigen Aussprüche, und gedruckte Sammlungen gibt es zuhauf. Mikes zitiert einen anderen bekannten Vertreter des englischen Humors, den Schriftsteller und zeitweiligen Parlamentsabgeordneten A. P. Herbert, der über den Humoristen Churchill sagte: «Selbst wenn er nichts anderes geleistet hätte, wäre er allein dadurch berühmt geworden.»

Mikes gibt auch zwei seiner bekanntesten Ausfälle gegenüber Lady Astor wieder, mit der er notorische Scharmützel hatte. Die Lady, eine gebürtige Amerikanerin, hatte 1919 für den Sitz ihres Mannes im Unterhaus kandidiert, als dieser den Adelstitel erbte und damit ins Oberhaus aufrücken musste. Sie wurde auch prompt gewählt und war die erste und anfangs einzige Frau im Parlament, in dem sie bis 1945 mit scharfer Zunge konservative Politik verfocht. An Witz und Schlagfertigkeit hatte sie kaum ihresgleichen. Da konnte es nicht ausbleiben, dass bei jedem Zusammentreffen mit Churchill die Funken sprühten. Die von Mikes wiedergegebene Anekdote, die in anderen Quellen mit anderem Wortlaut erscheint, geht auf eine Begegnung der beiden in Blenheim Palace, dem Stammsitz der Churchills, zurück. Dort soll sie zu ihrem Widerpart gesagt haben: «Winston, wenn Sie mein Mann wären, würde ich Ihnen Gift in den Kaffee tun.» Darauf Churchill: «Nancy, wenn Sie meine Frau wären, würde ich ihn trinken.» Wer mit solcher Schlagfertigkeit gesegnet ist, braucht keinen politischen Gegner zu fürchten. Makabren Humor bewies er nicht selten auch in öffentlichen Reden und sogar in Rundfunkansprachen. So schickte er am 21. Oktober 1940 in einer Botschaft an das französische Volk den folgenden Satz über den Äther: «Wir warten auf die Invasion, – das tun auch die Fische.» Als Hitler in Russland einmarschierte, rief er seine Nation auf, die Gunst der

Stunde zu einem massierten Angriff zu nutzen, wobei er das englische Sprichwort *Make hay while the sun shines* (Mach Heu, solange die Sonne scheint) umformte in *Make hell while the sun shines*. Selbst Verbündete schonte er nicht. In einer Rede vor dem Unterhaus am 16. August 1945 sagte er über Polen, das während des Krieges in London eine Exilregierung unterhielt: «Es gibt wenige Tugenden, die die Polen nicht besitzen – und es gibt wenige Fehler, die sie jemals vermieden haben.» Ähnliches sagte er über die Amerikaner, die seiner Meinung nach «am Ende immer alles richtig machen, aber erst, nachdem sie alle falschen Alternativen ausprobiert haben.» Berühmt ist auch der Satz, mit dem er sich über die zunehmende Tendenz lustig machte, die Präpositionen an das Ende eines Relativsatzes zu setzen. Der bewusst falsch konstruierte Satz, der in vielen Büchern über die englische Sprache zitiert wird, lautet: *Ending a sentence with a preposition is something up with which I will not put.* Richtig müsste es seiner Meinung nach heißen: ... *with which I will not put up*, obwohl ... *which I will not put up with* inzwischen auch als korrekt gilt.

Obgleich die Briten ihren Kriegspremier gleich nach dem Sieg aus dem Amt wählten, weil sie seine Forderungen an die Nation als soziale Kälte empfanden, kürten sie ihn ein halbes Jahrhundert später in einer Fernsehabstimmung zum Größten ihrer Nation, vor dem Ingenieur Brunel und Prinzessin Diana, während Shakespeare erst hinter Darwin auf Platz fünf rangiert. Von allen Premierministern seit der Einführung dieses Amtes dürfte er derjenige sein, in dem sich John Bull am ehesten wiedererkennt. Gerade deshalb ist ein solcher Mann den Briten als Regierungschef schwer erträglich. Ohne den Krieg wäre er nie ins Amt gekommen; denn John Bull fürchtet nichts so sehr wie einen John Bull an der Macht, außer wenn die englische Bulldogge einem äußeren Feind die Zähne zeigen muss. Seinen sanftmütigen Nachfolger Attlee bezeichnete er als «Schaf im Schafspelz», und als Attlee den Amtssitz des Premiers bezog, soll Churchill gesagt haben: «Ein leeres Taxi hielt vor Downing Street Nr. 10, und heraus stieg Attlee.» Später wurde aber auch er sanfter und widmete sich seiner historiographischen Schriftstellerei, für die er 1953 den Literaturnobelpreis erhielt. Darin ist sein Humor nur noch in der lebendigen Anschaulichkeit seines Stils zu spüren. Es mag paradox klingen, wenn hier einem machtbewussten und auch machthungrigen Politiker ein Humor attestiert wird, dessen Grundprinzip es ist, Autoritäten vom Sockel zu holen. Doch wird man kaum einen Briten finden, der Churchill auf ähnlich hohem Sockel sieht, wie beispielsweise Charles de Gaulle gesehen wird und sich selber sah. Gewiss war Sir Winston kein Verfechter von sozialer Egalität, doch kulturell hatte er das nivellierende Prinzip des englischen Humors genauso verinnerlicht wie die große Mehrheit seiner Landsleute. Er selber hat es in einem seiner vielzitierten Aussprüche so zum Ausdruck gebracht: «Ich mag Schweine; Hunde schauen zu dir auf, Katzen schauen auf dich herab, Schweine behandeln dich wie ihresgleichen.»

Englischer Humor heute

Der heutige Humor der Briten zeigt sich zwar weiterhin in der Literatur und den Printmedien, doch die hundert-, wenn nicht tausendfache Menge ergießt sich tagaus, tagein aus den Fernsehkanälen über das Publikum. Manches davon wurde und wird auch von deutschen Sendern ausgestrahlt, so zum Beispiel *Monty Python's Flying Circus* und Rowan Atkins' *Mr. Bean*. Beide Serien fügen sich nahtlos in das Bild, das hier vom englischen Humor gezeichnet wurde. Bei Monty Python dominieren Nonsens und schwarzer Humor, bei Mr. Bean exzentrische Skurrilität und Geschmacksverletzung. Wo das englische Fernsehen sich an das heimische Publikum wendet, ist die Bandbreite des Humors erheblich größer. Vieles davon lässt sich kaum exportieren. Das gilt vor allem für so genannte *stand-up comedians*, die hauptsächlich mit den Mitteln des Sprachwitzes arbeiten. Ein hoch geschätztes

Team waren 1961 bis 1978 Eric Morecambe und Ernie Wise. Sie boten ihrem Publikum Unterhaltung auf einer Ebene des niveauvollen Witzes, die danach mehr und mehr der Blödelei gewichen ist. Nicht exportierbar war auch die zwischen 1968 und 1977 von der BBC ausgestrahlte Serie *Dad's Army*, die während des Zweiten Weltkriegs spielt und auf eine gutmütig witzige Weise die Inkompetenz eines Kommandeurs der Home Guard zeigt, der die Heimatfront organisieren soll. Typisch daran ist, dass der kritische Hieb nicht direkt, sondern beiläufig durch bloßes Lächerlichmachen erfolgt.

In der Form des verhüllten Moralisierens gibt es auch in England etwas, das dem deutschen politischen Kabarett entspricht. Eins der frühesten Beispiele war die 1939 beginnende wöchentliche Serie der BBC mit dem kryptischen Titel *ITMA*, was die Abkürzung von *It's That Man Again*! (Schon wieder dieser Kerl!) ist. Mit dem Kerl war Adolf Hitler gemeint, der die Engländer fünf Jahre lang in Schrecken versetzte, während er sie gleichzeitig zum Lachen brachte. Die zur Institution gewordene Sendung wurde bis zum Tode ihres Starsprechers Tommy Handley 1949 fortgesetzt. Zwei Jahre später begann die Serie *Crazy People* (Verrückte Leute), die ein Jahr später in *The Goon Show* umbenannt wurde und von da an bis 1960 eine englische Institution war. Spike Milligan, Peter Sellers und Harry Secombe schufen mit ihr den Typus der zwischen Blödelei, schwarzem Humor und schierem Wahnsinn entlang balancierenden komischen Unterhaltung, die bald ins Medium des Fernsehens überwechselte und dort mit *Monty Python's Flying Circus* Furore machte. John Cleese, der Star der Serie, setzte seinen Erfolg in der Serie *Fawlty Towers* (BBC 1975–79) fort. Selbst Sendungen, die dem deutschen Kabarett sehr nahe kommen, wie die BBC-Serie *That Was the Week That Was* (1962–63) und die ab 1983 ausgestrahlte Serie *Spitting Image*, vermeiden die moralisierende Frontalattacke und wählen stattdessen das Mittel der erbarmungslosen Verulkung der aktuellen Politik und ihrer Repräsentanten. Alle typischen Züge des englischen Humors finden sich auch in der 2003 angelaufenen BBC-Serie *Little Britain*, deren selbstironische Stoßrichtung bereits durch den Titel angezeigt wird.

Nicht minder produktiv waren und sind die Produzenten komischer Kinofilme, von denen ebenfalls viele wegen der Konkurrenz Hollywoods nicht in die deutschen Kinos gelangen. Zu einem festen Begriff wurden die so genannten *Ealing comedies*, die in den späten 40er und frühen 50er Jahren von den Ealing Studios produziert wurden. *Adel verpflichtet* (*Kind Hearts and Coronets*, 1949), *Einmal Millionär sein* (*The Lavender Hill Mob*, 1951) und *Ladykillers* (1955), alle drei mit Alec Guinness, waren auch in Deutschland erfolgreich, während die in mancher Hinsicht noch typischere, weil selbstironische Komödie *Passport to Pimlico* (1949) nur im England der Nachkriegszeit verstanden werden konnte. In den 60er Jahren wirbelten die Beatles mit ihrer Musik und bald auch mit Filmen wie *A Hard Day's Night* (1964) das englische Establishment durcheinander, während zur gleichen Zeit die Rolling Stones mit ihrer radikaleren Rockmusik die letzten Reste viktorianischer Zurückhaltung hinwegfegten. Die 68er Bewegung führte auch in England zu einem Umbruch in der Kultur. Mit dem Musical *The Rocky Horror Show* (1973), dessen ein Jahr später entstandene Filmversion *The Rocky Horror Picture Show* rasch zum Kultfilm wurde, war der letzte Damm gebrochen. Seitdem ist der Humor, der sich jahrhundertelang als Schmiermittel der englischen Gesellschaft bewährt hatte, eine Flut, in der sich alles, was früher ernst genommen wurde, aufzulösen scheint. Darin mag man den Ausdruck der zu Ende geführten Demokratisierung oder aber das Ende einer Kultur des guten Geschmacks und den Beginn jenes Spaßzeitalters sehen, das Neil Postman mit dem Buchtitel *Amusing Ourselves to Death (Wir amüsieren uns zu Tode)* charakterisierte. Jüngstes Beispiel für diese Tendenz ist der schon früher erwähnte Film *Borat. Cultural Learnings of America for Make Benefit Glorious Nation of Kazakhstan* (2006) von Sacha Baron Cohen, der mit kaum zu überbietender Geschmacklosigkeit dem Publikum eine satirisch blödelnde Pseudo-Dokumentation bietet, für die sogleich das Fachwort *mockumentary* erfunden wurde. Hier sind die typischen Züge des englischen Humors noch extremer ausgeprägt als in *Little Britain.*

Vergleicht man die englischen Filme und Fernsehserien mit dem, was jeweils zur gleichen Zeit dem deutschen Publikum geboten wurde, so springen die Unterschiede unmittelbar ins Auge. Den *Ealing comedies* könnte man nur die Filme von Kurt Hoffmann entgegenstellen, der mit *Wir Wunderkinder* (1959) den Versuch machte, in kabarettistischer Form auf ironisch-bittere Weise die deutsche Nachkriegsentwicklung an den Pranger zu stellen. Er tat es aber nicht nach Art der englischen Selbstpersiflage, sondern als moralisierendes Exempel, wobei er der an den Pranger gestellten Korruption bezeichnenderweise die gemütliche Idylle gegenüberstellte. Ganz zur idyllischen Seite senkte sich die Waage in *Ich denke oft an Piroschka* und *Das Wirtshaus im Spessart* (1957). Ein neuer, am englischen Vorbild orientierter Humor kam erst nach der Umwälzung durch die 68er Bewegung auf. Allerdings waren die ersten Jahre danach eher durch Humorlosigkeit geprägt. Es war die Zeit ideologischer Agitation, in der der Witz fest an die moralinsaure Satire gekettet war. Doch Mitte der 70er Jahre gab Otto (Waalkes) sein Debüt, der erste deutsche Komiker, der in seine Blödeleien weder Satire noch Lebensweisheit verpackte, sondern Nonsens um seiner selbst willen betrieb. Das trug bereits gewisse englische Züge, die noch englischer dadurch wurden, dass Otto respektlos gegen jede Art von Wertanspruch war, den eigenen eingeschlossen. Unenglisch war nur die Art der Präsentation; denn Otto trug immer eine lachende Miene zur Schau, die das optische Signal für gemütliches Einverständnis war, selbst wenn das betont hektische Lachen sich selber auszulachen schien. Noch auffälliger ist das Lachen über die eigenen Witze bei Dieter Hallervorden, den Engländer deshalb wohl nicht sehr komisch finden würden. Das unterscheidet ihn von seinem englischen Pendant Marty Feldmann, der noch glubschäugiger daherkam, dabei aber nicht lachte. Nonsens pur nahm in den 80er Jahren in den deutschen Medien immer mehr zu und näherte sich in den 90ern dem englischen Vorbild an. Die Verulkung der Politiker im Stil von *Spitting Image* drang schließlich sogar in die Nachrichtensendungen ein, womit man vor allem die junge Generation erreichen wollte, die nach ihrer Abwendung von den 68er-Idealen das Dauerbad in der reinen Spaßkultur suchte. Typisch dafür sind Komiker wie Helge Schneider, der sich selber als «singende Herrentorte» bezeichnete. Am Vorbild englischer und vor allem amerikanischer Late Night Shows orientiert sich auch Harald Schmidt, der mit seiner hinterlistigen Respektlosigkeit und dem Wechsel zwischen *deadpan face* und verzerrter Grimasse dem ungemütlichen englischen Humor am nächsten kommt.

Frei von einer Tendenz zum Gemütlichen ist aber auch der englische Humor nicht, nur zeigt sie sich hier auf andere Weise. Es ist nicht die deutsche Gemütlichkeit, die eine spannungsfreie Geselligkeit vom engsten Familienkreis bis hin zur kollektiven Umarmung im Fasching anstrebt. Vielmehr ist es die latente Sehnsucht nach einer ländlichen Sphäre, in der Merry England noch in Ordnung ist. An früherer Stelle wurde gesagt, dass der soziale Horizontalisierungsprozess in England von zwei Mittelschichten vorangetrieben wurde, dem städtischen Bürgertum und dem Landadel, der Gentry. Das hat zu einer für England charakteristischen Kultur geführt, die der Historiker Lewis Namier als «amphibisch» bezeichnete, weil sie sich in der Weltstadt London urban und auf dem Lande aristokratisch-rural ausbildete. Das Besondere daran ist, dass die ländliche Gentry-Kultur in England nichts von Provinzialität an sich hat. Im 18. Jahrhundert, als das Stadtbürgertum nach oben strebte, wurden die Vertreter des Landadels zwar oft noch als ungehobelte *Squires* dargestellt. Doch im 19. Jahrhundert gab es für reich gewordene Kaufleute nichts Erstrebenswerteres, als sich einen Landsitz zu kaufen und dort den Lebensstil eines *landed gentleman* zu pflegen. Diese Tendenz zur *gentrification* lässt sich bis in die ersten Jahrzehnte nach dem

Zweiten Weltkrieg beobachten und ist erst durch die rigorose Umkrempelung des Landes durch Margaret Thatcher in den Hintergrund gedrängt worden. Latent ist die Sehnsucht nach der Gentry-Kultur aber noch immer sehr stark, wie sich unter anderem an dem Unternehmen Past & Present ablesen lässt, das mit Erfolg Reproduktionen typischer Gentry-Artikel auf den Markt bringt.

Auf sehr englische Weise kam die Gentry-Nostalgie in John Boormans Film *Hope and Glory* (1987) zum Ausdruck, in dem die Erlebnisse einer Familie während der Luftangriffe auf London im Zweiten Weltkrieg gezeigt werden. Dort sind viele der typischen Züge des englischen Humors versammelt: die *bottom up*-Perspektive, die Respektlosigkeit gegenüber Moral und staatlicher Autorität und der schwarze Humor, mit dem das Bombeninferno als Abenteuerspielplatz für Kinder gezeigt wird. Am Ende aber flüchtet die Familie aufs Land zu einem skurril-raubeinigen Großvater, der alles Fortschrittliche hasst und wie ein Squire aus dem 18. Jahrhundert über sein kleines Anwesen herrscht. Hitler ist für ihn nicht der zu bekämpfende Feind, sondern nur ein lästiger Störenfried. Diese eigentümliche, von einer rauen Oberfläche verdeckte Romantik ist typisch für die Mentalität der Engländer im Allgemeinen und für ihren Humor im Besonderen. Direkte Sentimentalität ist bei ihnen ebenso verpönt wie belehrendes Moralisieren. Doch hinter der Maske des *deadpan face* verbirgt sich durchaus etwas Sentimentales und hinter der amoralischen Respektlosigkeit steht die Forderung nach Moral. Die humoristische Distanzierung von beidem sorgt aber dafür, dass man sich seine innere Freiheit bewahrt. Freiheit ist für die Engländer, wie Sicherheit für die Deutschen, der Leitwert schlechthin. Er hat die englische Mentalität von der Magna Charta bis heute geprägt.

Dass die Deutschen keinen Humor haben, ist in den Augen der Briten eine erwiesene Tatsache. Davon lassen sie sich weder durch den alljährlichen deutschen Karneval noch durch Oktoberfeste, Love Parades oder sonstige Ausbrüche deutschen Frohsinns abbringen. George Mikes ging sogar so weit, die deutsche Humorlosigkeit für zwei Weltkriege verantwortlich zu machen, und er fügte hinzu: «Das ist kein Pauschalurteil, sondern die nüchterne Bewertung einer historischen Wahrheit.» Umgekehrt ist der englische Humor in den Augen der Deutschen seit mindestens zwei Jahrhunderten ein Markenartikel von besonderer Qualität, was sie ebenfalls nicht für ein Pauschalurteil halten, sondern für eine erwiesene Tatsache.

Hätte man die Engländer vom 14. bis 16. Jahrhundert befragt, wären sie wohl zu einem anderen Urteil gekommen. Damals galten die Deutschen keineswegs als humorlos. Ganz im Gegenteil, man hielt sie viel eher für ein trinkfreudiges, etwas raubeiniges, doch keineswegs sauertöpfisches Volk. Zum Beweis braucht man nur auf Till Eulenspiegel zu verweisen, dessen Streiche auch in England nacherzählt wurden. Dass dieser Archetypus des deutschen Stadtbürgerhumors kein Einzelfall war, lässt sich an der reichen Schwankliteratur ablesen, die damals in Deutschland in Umlauf war. Der Humor, der darin zum Ausdruck kommt, ist in seinen Grundzügen so, wie der englische noch heute ist: respektlos-aufmüpfig mit einem Zug zum Anarchischen und damit Ausdruck einer Egalisierungstendenz. Das kann auch nicht weiter verwundern; denn er entstand in der gleichen aufblühenden Stadtkultur.

Mit dem Niedergang der Städte und ihrer fast völligen Vernichtung im Dreißigjährigen Krieg empfing auch der deutsche Stadtbürgerhumor den Todesstoß. Seine Wiederauferstehung erlebte er nach dem Ende des Krieges, doch nun unter dem Banner der Aufklärung nicht als Stadt- sondern als Staatsbürgerhumor. Für die

Deutschen des 18. Jahrhunderts war nicht mehr die Bürgerstadt, sondern der aufgeklärte Staat die politische Einheit, nach der sie sich sehnten. In einer Bürgerstadt muss jeder bestrebt sein, sich die Mitbürger vom Leibe zu halten, um möglichst viel eigenen Freiraum zu haben. Vom Staat aber erwarten die Bürger, dass er sie vor äußeren Feinden schützt und im Inneren für Rechtssicherheit sorgt. Da die Deutschen im Dreißigjährigen Krieg die Erfahrung gemacht hatten, den starken Nachbarstaaten hilflos ausgeliefert zu sein, sehnten sie sich nun im Geist der Aufklärung nach einem eigenen starken, moralisch legitimierten und später von Hegel sogar metaphysisch begründeten Staat, der ihnen jene Geborgenheit bieten konnte, die Thomas Mann noch mitten im Ersten Weltkrieg in seinen *Betrachtungen eines Unpolitischen* als «machtgeschützte Innerlichkeit» beschwor.

Dieses Gefühl von Geborgenheit versuchen die Deutschen mit Hilfe ihres Humors herzustellen. Während der Stadtbürger sich mit Gelächter Ellbogenraum verschafft, sehnt sich der Staatsbürger nach einem Raum, in dem er die Ellbogen nicht einzusetzen braucht. Seit dem 18. Jahrhundert entwickelten die Deutschen die beiden Formen von *top down*-Humor, die bereits im Zusammenhang mit dem englischen *bottom up*-Humor genannt wurden: den gemütlichen und den moralisierenden. Der Gemütlichkeitshumor versucht, einen störungsfreien Innenraum zu schaffen; der moralisierende strebt das gleiche an, indem er den Störer hinauslacht. In beiden Fällen steht der Lacher auf der Seite der Ordnung und lacht auf den Störer herab.

Heißt das nun, dass die Deutschen ein autoritätshöriges Volk sind? Ganz gewiss nicht. Ihre Sehnsucht nach Ordnung ist auf Grund ihrer nationalen Geschichte gut zu verstehen. Da sie ein Jahrtausend lang keine staatliche Einheit, keine nationale Identität und keine sicheren Grenzen hatten, war es nur natürlich, dass für sie nach dem Niedergang der Städte nicht Freiheit, sondern Sicherheit zum Leitprinzip wurde. Dieses Sicherheitsdenken ist der Grund für das, was inzwischen in der ganzen Welt als *Ger-*

man angst bezeichnet wird. Es lag ihrer Kultur der Innerlichkeit zugrunde, die sie im 19. Jahrhundert als Ausdruck ihres Wesens ansahen; und es ließ ihren moralisierenden Gemütlichkeitshumor entstehen, den sie noch immer haben, wenn auch in abnehmendem Maße. Nach dem Zweiten Weltkrieg sind sie – anfangs zögernd, dann immer williger – zum früheren Stadtbürgerhumor zurückgekehrt. Den Staatsbürgerhumor haben sie trotzdem nicht abgelegt. So haben sie, die angeblich so Humorlosen, heute zwei Arten des Humors: einen, für den die Briten keine Antenne haben, und einen, den diese als schlechte Kopie ihres eigenen empfinden. Die heutigen Deutschen genießen grausamen Nonsens à la Monty Python ebenso wie gemütvolle Menscheleien à la Eugen Roth. Die Briten hingegen empfinden die deutsche Gemütlichkeit als Sentimentalität, die man allenfalls bei einer Deutschlandreise als Lokalkolorit genießt, ansonsten aber belächelt; und das Moralisieren geht ihnen erst recht gegen den Strich.

Seit sich der deutsche Staatsbürgerhumor vom alten Stadtbürgerhumor trennte, haben die Engländer für den deutschen Humor kein Verständnis mehr. Es gibt aus dieser Zeit nur ein einziges deutsches Humorerzeugnis, das auch die Engländer anerkannten und das deshalb in die Weltliteratur Eingang fand, der *Struwwelpeter*. Doch ihre Wertschätzung für Heinrich Hoffmanns Kinderbuch hatte ihren Grund darin, dass sie es anders lasen als die Deutschen. Intendiert waren die Geschichten von ihrem Autor zweifellos in moralisierender Absicht. Er wollte seine Kinder durch abschreckende Beispiele zu gutem Verhalten ermahnen. Die Engländer lasen und lesen das Buch aber nicht als didaktische Schrift, sondern als skurrilen Nonsens. Ihre Sympathie liegt auf Seiten des Struwwelpeter, des Zappelphilipp und des Hans-guck-in-die-Luft, die allesamt gegen die Norm guter Erziehung verstoßen und so ihre Freiheit behaupten, während deutsche Eltern, jedenfalls bis zum Aufkommen der antiautoritären Erziehung, von ihren Kindern erwarteten, dass sie mit der Ordnung gegen die Störer lachten.

Ein Missverständnis in umgekehrter Richtung verhalf Freddy Frintons Sketch *Dinner for One* zu der Ehre, ab 1974 alljährlich zu Silvester auf deutschen Fernsehkanälen in englischer Sprache ausgestrahlt zu werden. Viele Deutsche halten den Einakter für den Inbegriff von englischem Humor und freuen sich jedes Jahr von neuem darauf. Engländer stehen kopfschüttelnd vor solcher Begeisterung. In ihrem Land ist das Stück so gut wie unbekannt. Für Leser, die mit dem Silvesterritual nicht vertraut sind, sei kurz der Inhalt referiert. Eine alte Dame feiert wie jedes Jahr ihren Geburtstag, zu dem sie auch diesmal ihre vier alten Freunde eingeladen hat. Das Missliche ist nur, dass alle vier schon lange tot sind. Dennoch lässt sie für vier Gäste decken und servieren. Zwischen den Gängen muss der arme Butler in die Rollen der vier Gäste schlüpfen und in deren Sprechhabitus auf die Gesundheit der Jubilarin trinken. Ein besonderer Gag des Stückes besteht darin, dass der immer betrunkener werdende Butler beim Servieren mit immer unsichereren Schritten den immergleichen Kopf eines Tigerfells zu überwinden hat, wobei der Lachreiz nicht durch Schadenfreude ausgelöst wird, sondern durch die Erleichterung, mit der der Zuschauer das Ausbleiben des erwarteten Malheurs quittiert.

Das ist ein durch und durch gutmütiger, von Sympathie getragener Humor, der die akrobatische Kunst des immer am Rande des Sturzes vorbeitaumelnden Butlers begleitet. In deutschen Zuschauern ruft so etwas ein Gefühl warmer Anteilnahme wach, während Engländer darüber zwar ebenfalls lachen, aber diese Form der humorvollen Reaktion offensichtlich nicht so intensiv empfinden, dass sie sich den Sketch ein zweites Mal ansehen würden. Typisch englisch ist in dem Stück nur der allerletzte Satz. Der geplagte Butler, der vor jedem Trinkspruch mit flehendem Blick die alte Dame fragt *Same procedure as last year?* und darauf die Antwort erhält *The same procedure as every year, James*, soll sie zuletzt ins Bett bringen. Und als er auch diesmal die gleiche Antwort erhält, hievt er die Dame die Treppe hoch und sagt von dort, dem Publikum zuzwinkernd: *I'll do my very best.* Die darin versteckte Anzüglichkeit ist das einzige Pfefferkorn in dieser gemütlichen, wenngleich brillant gespielten Komödie.

Abgesehen von der Schlusspointe entspricht der Sketch viel eher dem deutschen als dem englischen Humor. Schon die Situation einer Geburtstagsfeier, bei der die Gäste nur in der Vorstellung der Gastgeberin anwesend sind, hat jene wehmütige Gemütlichkeit, die im 19. Jahrhundert, um nur ein einziges Beispiel zu nenen, dem Erzähler Wilhelm Raabe den Ruf eines deutschen Humoristen einbrachte. Wie ließe sich der Sketch in einen typisch englischen verwandeln? Zum Beispiel dadurch, dass man das Herrin-Diener-Verhältnis umkehrt und die Lady an den Fäden des Butlers tanzen lässt. Das ist das Schema, das den humoristischen Romanen von P. G. Wodehouse ihr englisches Aroma gibt. In *Dinner for One* bleibt der Butler aber in der Rolle des Dieners und muss auch mit zunehmender Trunkenheit seinen Pflichten nachkommen. Indem er es tut und seine Herrin vollauf zufriedenstellt, entsteht eben jene Gemütlichkeit, die die warme Seite des deutschen Humors ausmacht. Gewiss lieben auch Engländer gesellige Harmonie; und Dickens gibt in seinen Romanen dafür Beispiele in Hülle und Fülle, weshalb gerade er sich von Anfang an beim deutschen Lesepublikum großer Beliebtheit erfreute. Doch die gebildeten englischen Leser haben seinen Hang zur Idylle immer als künstlerischen Mangel empfunden. Wer Dickens' Humor rühmt, der denkt nicht an die windstillen Winkel, in die sich seine Helden und Heldinnen am Ende zurückziehen, sondern an seine Exzentriker, die sich gegen den normativen Zwang der Gesellschaft behaupten.

Während sich der englische Humor im Zuge des neuzeitlichen Horizontalisierungsprozesses spätestens seit Chaucer dem hingab, was man mit dem bekannten Wort Thomas Manns als «die Wonnen der Gewöhnlichkeit» bezeichnen kann, hielten die Deutschen nach dem Dreißigjährigen Krieg bis ins 20. Jahrhundert an einem vertikalen Ordnungsdenken fest. Für sie blieb der Ernst

dem Unernst stets übergeordnet, auch wenn sie de facto vermutlich nicht weniger lachten als die Briten. Nur wären sie nie auf den
Gedanken verfallen, dem nivellierenden Gelächter einen so hohen
Wert beizumessen und es zu einer nationalen Tugend zu erklären.
Erst die Niederlage im Zweiten Weltkrieg zwang auch sie in die
Demokratie und damit in die Horizontalität, wodurch der Rückkehr ihres alten Stadtbürgerhumors das westliche Tor weit geöffnet wurde. Dabei wäre zu wünschen, dass er den um Niveau bemühten Staatsbürgerhumor nicht ganz verdrängt, sondern eher
eine Verbindung mit ihm eingeht. Dass dies möglich ist, beweist
der Humorist, der 2007 von seinen Landsleuten bei einer Publi-
kumsabstimmung im deutschen Fernsehen zum beliebtesten und
besten auf diesem Felde gekürt wurde: Vicco von Bülow, besser
bekannt als Loriot. Bei ihm findet man den Sprachwitz, das Hinterlistige, die Grausamkeit, skurrilen Nonsens und vieles andere,
was den englischen Humor auszeichnet. Doch Geschmacklosigkeit ließ und lässt er sich so gut wie nie zuschulden kommen. Das
ist weder anarchischer *bottom up-* noch moralisierender *top down-*
Humor, sondern einer, der sich mit befreiendem Gelächter über
die Wirklichkeit erhebt, ohne auf diese verächtlich herabzuschauen.
Solange ein Deutscher, noch dazu ein Preuße, so etwas kann, sollten die Briten ihren kontinentalen Vettern den Humor nicht gänzlich absprechen.

Sollte der hier endende Vergleich zu sehr nach teutonischem Sche-
matismus geschmeckt haben, möge ihm die folgende Kurzfassung
nachträglich ein wenig englischen Geist einhauchen:

> The humour of Brits loves to tease
> and that of the Krauts wants to please.
> While the Brits think that Krauts
> are humourless louts,
> the Krauts look at Brits with more ease.

Quellen

Textzitate

(Soweit nicht anders vermerkt, werden die Quellen der Originaltexte angegeben. Die Übersetzungen stammen vom Verfasser. Bei Anekdoten wurde auf eine Quellenangabe verzichtet.)

S. 11: Kate Fox, «Es wird furchtbar viel Quatsch erzählt»
Aus: K. F., Watching the English. The Hidden Rules of English Behaviour (London, Hodder 2004), S. 61.

S. 12: Paul Binding, «Der Humor muss von der Position …»
Aus: The Independent. Magazinbeilage vom 11.9.1993.

S. 13: Hippolyte Taine, «Diese Denkweise produziert …»
Zitiert nach: Harold Nicolson, The English Sense of Humour and other Essays (London, Constable & Co. 1956), S. 21.

S. 14: George Mikes, «Der englische Humor gleicht dem …»
Aus: G. M., English Humour For Beginners (London, André Deutsch 1980), S. 9 u. 149.

S. 16: Charles Darwin, «Die Lachlaute werden dadurch …»
Aus: Ch. D., Der Ausdruck der Gemüthsbewegungen bei dem Menschen und den Thieren (Stuttgart 1872), S. 204.

S. 16: Immanuel Kant, «Das Lachen ist ein Affekt aus …»
Aus: I. K., Kritik der Urteilskraft (Berlin 1790), S. 225.

S. 17: Friedrich Nietzsche, «Wenn man erwägt, dass der Mensch …»
Aus: F. N., Menschliches, Allzumenschliches I. Viertes Hauptstück, Nr. 169. In: Sämtliche Werke. Hg. v. G. Colli u. M. Montinari. Bd. 2. (München, dtv 1980), S. 157 f.

S. 19: Sigmund Freud, «Wir stehen nun am Ende unserer …»
Aus: S. F., Der Witz und seine Beziehung zum Unbewußten (Leipzig, Deuticke 1905), S. 204 f.

S. 22: Thomas Hobbes, «a sudden glory arising from …»
Aus: Th. H., Human Nature (1650). In: Body, Man and Citizen. Hg. v. R. S. Peters. 2. Aufl. (New York 1967), S. 219.

S. 27: Jean Paul, «Der Humor, als das umgekehrte Erhabene»

Aus: J. P., Vorschule der Ästhetik. Kleine Nachschule zur ästhetischen Vorschule, hg. u. kommentiert v. Norbert Miller (München, Hanser 1963), S. 125.

S. 27: Georg Wilhelm Friedrich Hegel, «Zum wahren Humor, der ...»
Aus: G. W. F. H., Ästhetik. Hg. v. Friedrich Bassenge. Bd. I (Berlin, Aufbau Verlag 1965), S. 576.

S. 28: Wolfgang Iser, «Der Humor zeigt an, daß Subjektivität ...» und «Doch gerade weil Subjektivität ...»
Aus: W. I., Laurence Sternes «Tristram Shandy» (München, Fink 1987), S. 144 f.

S. 32: Matthew Arnold, «Der gelehrte Martinus Scriblerus ...»
Aus: M. A., Culture and Anarchy. An Essay in Political and Social Criticism (London, Smith, Elder & Co. 1869), S. 71.

S. 34: «Der Vikar von Bray» (The Vicar of Bray)
Aus: Oxford Book of Light Verse. Hg. v. W. H. Auden (Oxford, UP 1938), S. 260.

S. 36: William Blake, «Als Klopstock England den Handschuh ...» (When Klopstock England defied ...)
Aus: W. B., The Complete Poems. Hg. v. W. H. Stevenson (London, Longman 1971), S. 467 f.

S. 37: William Makepeace Thackeray, «Die Leiden Werthers» (The Sorrows of Werther)
Aus: Verse and Worse. A Private Collection by Arnold Silcock (London, Faber & Faber 1952), S. 216.

S. 39: P. G. Wodehouse, «Das Ergebnis ist, dass dieser Thron ...»
Aus: P. G. W., «Thrillers». In: Louder and Funnier. Zitiert nach: The Albatross Book of English Humour (Leipzig 1938), S. 149.

S. 53: Heinrich Heine, «Nächst Boxen und Hahnenkampf ...»
Aus: Florentinische Nächte (1837). Zitiert nach: Henning Schlüter, Ladies, Lords und Liederjane (Dortmund, Harenberg 1981), S. 162.

S. 53: George Mikes, «Die Erklärung ist einfach ...»
Aus: G. M., English Humour For Beginners. S. 67.

S. 72: Edward Lear, «On the Coast of Coromandel»
Aus: Edward Lear's Complete Nonsense (London, Folio Society 1996), S. 238.

S. 81: Alan P. Herbert, «Lines on a Book Borrowed from ...»
Aus: Sir Alan Herbert, A. P. H. – His Life and Times (London, Heinemann 1970), S. 65.

S. 92: George Bernard Shaw, «An Inge-nious Rhyme on ...»
Aus: A Choice of Comic and Curious Verse. Hg. v. J. M. Cohen (London, Penguin Books 1975), S. 397.

S. 94: Fredrick Sidgwick, «His Hirsute Suit». Ebenda, S. 358.
S. 94: «There was a young lady of Riga».
Aus dem Gedächtnis zitiert.
S. 95: Edward Lear, «There was an Old Man of Kilkenny»
Aus: Edward Lear, Lewis Carroll etc., A Book of Nonsense. Hg. v.
Ernest Rhys (London, Dent 1927), S. 11.
S. 96: «The limerick form is complex»
Aus: The Limerick. Hg. v. G. Legman (London, Jupiter Books 1974),
S. 334.
S. 97: «There was a Lady from Exeter»
Aus: Limericks, Limericks, S. 138.
S. 97: «There was a young lady of Chichester»
Aus: The Limerick, S. 111.
S. 98: «A fly and a flea in a flue»
Aus: Limericks, Limericks, S. 112.
S. 98: «There was a young lady of Lynne».
Aus: Limericks, Limericks, S. 99.
S. 99: «Here lies a lewd fellow»
Aus: Awful Ends. The British Museum Book of Epitaphs. Hg. v. David
M. Wilson (London, British Museum Pr. 1992), S. 24.
S. 100: John Gay, «Life is a jest and all things show it»
Aus: Awful Ends. S. 90.
S. 100: William Blake, «I was buried near this dyke».
Aus: The Oxford Book of Comic Verse. Hg. v. John Gross (Oxford
UP, 1994), S. 78.
S. 101: «Here lies John Bun»
Aus: Awful Ends, S. 87.
S. 101: «Stranger, approach this spot with gravity!»
Aus: Awful Ends. S. 70.
S. 102: William S. Gilbert, «Alptraum» (Nightmare)
Aus: Oxford Book of Light Verse, S. 480.
S. 113: Dr. John Arbuthnot, «Bull war im Kern ein ehrlicher …»
Aus: Dr. J. B., The History of John Bull (Dodo Pr. o. O. u. J.), S. 6.
S. 115: Charles Dibdin, «Nongtongpaw»
Aus: Verse and Worse. S. 48.
S. 162: Dr. Samuel Johnson, «Wer London satt hat …»
Zitiert nach: The Oxford Dictionary of Quotations. 3. Ausg. (Oxford
UP, 1979).
S. 163: Laurence Sterne, «Wenn doch mein Vater oder meine Mutter …»
Aus: L. St., Das Leben und die Ansichten Tristram Shandys. Übers. v.
Rudolf Kassner. (Leipzig: Paul List 1989), S. 5.

S. 169: Jane Austen, «Noch bevor Miss Taylor aufhörte ...»
Aus: J. A., Emma, Kap. 1, Anfang.

S. 172: Charles Lamb, «O rede niemand einem geborenen Londoner ...»
Aus: Ch. L., The Complete Works and Letters (New York, The Modern Library 1935), S. 981.

S. 173: Ders., «First Thoughts on Several ...» Ebenda, S. 546 f.

S. 178: Charles Dickens, «Da der Familienname meines Vaters ...»
Aus: Ch. D., Great Expections. Hg. v. Edgar Rosenberg. Norton Critical Edition (New York, Norton 199), S. 9.

S. 191: J. B. Priestley, «Dieses kleine Buch steht in ...»
Aus: J. B. P., English Humour (London, Longmans 1929), S. 116.

S. 196: Stephen Leacock, «Zusammenfassung» (Gertrude the Governess)
Aus: The Albatross Book of English Humour, S. 110.

Abbildungen

Abb. 1: F. S. Townshend, «... Waterloo ...»
Aus: The Punch Cartoon Album. 150 Years of Classic Cartoons. Hg. v.
Amanda-Jane Doran (London, Grafton 1991), S. 115.

Abb. 2: John Donegan, «... Marcus ...» Ebenda, S. 144.

Abb. 3: George Bickham, «Götzendienst ...»
Aus: Jürgen Döring, Eine Kunstgeschichte der frühen englischen Kari-
katur. Schriften zur Karikatur und kritischen Grafik (Hildesheim,
Gerstenberg 1991), S. 277.

Abb. 4: Holte (Trevor Holder), «Sie sagten: ‹Du wirst niemals ...›»
Aus: The Punch Cartoon Album, S. 64.

Abb. 5: Ronald Searle, «Verbinden Sie mich bitte ...»
Aus: R. S., Hurrah for St. Trinians's and other lapses (London, Macdonald, 1948), S. 74.

Abb. 6/7: Pont (Graham Laidler), «Geduld/Anpassungsfähigkeit».
Aus: Pont, The British Character. Studied and Revealed by (Leipzig,
Albatross 1940), S. 33 u. 41.

Abb. 8: Fougasse (Kenneth Bird), «Cricket».
Aus: The Punch Cartoon Album, S. 217.

Abb. 9: Walter Goetz, «Nudistenparty».
Aus: George Mikes, English Humour for Beginners (London, André
Deutsch 1980), S. 57.

Abb. 10: John Leech, «Ein echtes Ekel»
Aus: The Punch Cartoon Album, S. 205.

Abb. 11: Pont, «Die Fähigkeit herzlos zu sein».
Aus: The Punch Cartoon Album, S. 218.

Abb. 12: Frank Reynolds, «Sie können jetzt reinkommen».
Aus: The Punch Cartoon Album, S. 153.
Abb. 13: Ken Pyne, «... Ein-Mann-Frau ...»
Aus: The Punch Cartoon Album, S. 88.
Abb. 14: Ronald Searle, «... Rauchen verboten».
Aus: Hurrah for St. Trinian's, S. 23.
Abb. 15: ffolkes (Michael Davies), «Solche Rahmen ...»
Aus: The Punch Cartoon Album, S. 47
Abb. 16: Pont, «... kein Intellektueller zu sein ...»
Aus: The British Character, S. 81.
Abb. 17: John Tenniel, «Die Cheshire Katze».
Aus: Lewis Carroll, Alice's Adventures in Wonderland and Through the Looking-Glass, illustrated by John Tenniel (Harmondsworth, Penguin 1965), S. 288.
Abb. 18: John Donegan, «Ich bin nicht übermäßig stolz ...»
Aus: The Punch Cartoon Album, S. 225.
Abb. 19: Mike Williams, «Haarwuchsmittel».
Aus: Pick of Punch. Hg. v. David Thomas (London: Harper-Collins 1992), S. 34.
Abb. 20: Thomas Rowlandson, «Die Jagdgesellschaft».
Aus: Thomas Rowlandson, Katalog der Ausstellung im Wilhelm-Busch-Museum Hannover von 2001, S. 79.
Abb. 21: Ronald Searle, «Mädchen, Mädchen ...»
Aus: Hurrah for St. Trinian's», S. 52.
Abb. 22: Thomas Rowlandson, «Die Gaukler».
Aus: The Amorous Illustrations of Thomas Rowlandson. Einl. v. William G. Smith (London, Bibliophile Books 1983), S. 34.
Abb. 23: G. L. Stampa, «Ich kann dich nicht ...» (1939).
Aus: The Punch Cartoon Album, S. 122.
Abb. 24: George Cruikshank, «Oliver bittet um mehr».
Aus: Charles Dickens, Oliver Twist. Library Edition. Bd.12. (London, Chapman & Hall o. J.), S. 13.
Abb. 25: Charles Williams, «Der britische Atlas» (1816). British Museum Satires Nr. 12786.
Aus: M. Dorothy George, English Political Caricatures 1793–1832. A Study of Opinion and Popaganda (Oxford, Clarendon Pr. 1959), Tafel 67.
Abb. 26: James Gillray, «John Bull und die Hutsteuer».
Aus: James Gillray. Meisterwerke der Karikatur. Katalog der Ausstellung im Wilhelm-Busch-Museum Hannover 1986. (Stuttgart, Hatje 1986), S. 124.

Abb. 27: Woodward und Rowlandson, «Das Familienoberhaupt bei gutem Humor» (1809). British Museum Satires Nr. 11213.
Aus: M. Dorothy George, English Political Caricatures. Tafel 47.

Abb. 28: Leonard Raven-Hill, «Gewarnt».
Aus: Michael Wynne Jones, The Cartoon History of Britain (London, Tom Stacey 1971), S. 221.

Abb. 29: «Mr. Pickwick».
Aus: Die Welt des Charles Dickens. Hg. v. E. W. F. Tomlin. (Hamburg, Hoffmann u. Campe 1969), S. 239.

Abb. 30: William Hogarth, «Enthusiasmus, exakt gezeichnet».
Aus: Bernd W. Krysmanski, Hogarth's Enthusiasm Delineated. Bd. 2. (Hildesheim, Olms 1996), S. 1026.

Abb. 31: William Hogarth, «Bier-Straße».
Aus: William Hogarth 1697–1764, Ausstellungskatalog (Staatliche Kunsthalle Berlin 1980), S. 153.

Abb. 32: William Hogarth, «Gin-Gasse». Ebenda, S. 156.

Abb. 33: William Hogarth, «Eine Wahlunterhaltung». Ebenda, S. 221.

Abb. 34: James Gillray, «Der Zenith des französischen Ruhms ...» (1993).
Aus: James Gillray, Meisterwerke der Karikatur, S. 76.

Abb. 35: George Cruikshank, «Königliche Liebhabereien ...» (1819).
Aus: George Cruikshank 1792–1878. Karikaturen zur englischen und europäischen Politik und Gesellschaft im ersten Viertel des 19. Jahrhunderts. Ausstellungskatalog der Wilhelm-Busch-Gesellschaft (Stuttgart: Hatje 1983), S. 84.

Abb. 36: John Leech, «Mr. Fezziwigs Ball».
Frontispiz von Charles Dickens, Christmas Books. In: Works of Ch. D., Library Edition. Vol. 22 (London, Chapman & Hall o. J.).

Abb. 37: Titelblatt von The Punch Cartoon Album (1991).

Abb. 38: John Leech, «Die Bart-Bewegung».
Aus: The Punch Cartoon Album, S. 199.

Abb. 39: George du Maurier, «Landsleute im Ausland».
Aus: The Punch Cartoon Album, S. 16.

Abb. 40: Ed McLachlan, «... Lourdes ...»
Aus: The Punch Cartoon Album, S. 116.

Abb. 41: David Haldane, «Bücherverbrennung».
Aus: The Punch Cartoon Album, S. 164.

Abb. 42: Leslie Illingworth, «Die Bulldogge ...»
Aus: The Cartoon History of Britain, S. 259.

Verzeichnis der Karikaturisten

Bickham, George (1706–1771)
Cruikshank, George (1792–1878)
Donegan, John
du Maurier, George (1834–1896)
ffolkes alias Michael Davies (1925–1988)
Fougasse alias Kenneth Bird (1887–1965)
Gillray, James (1757–1815)
Goetz, Walter (1911–1995)
Haldane, David (* 1954)
Hogarth, William (1697–1764)
Holte alias Trevor Holder (?)
Illingworth, Leslie (1902–1979)
Leech, John (1817–1864)
McLachlan, Ed (* 1940)
Pont alias Graham Laidler (1908–1940)
Pyne, Ken (* 1951)
Raven-Hill, Leonard (1867–1942)
Reynolds, Frank (1876–1953)
Rowlandson, Thomas (1756–1827)
Searle, Ronald (* 1920)
Stampa, George L. (1895–1951)
Tenniel, John (1820–1914)
Townshend, Fredrick Henry (1868–1920)
Williams, Mike (* 1940)
Woodward, George (1760?-1809)

Literatur (chronologisch)

Was ist Humor?

Bibliographie

Don Lee Fred Nilsen, Humor Scholarship. A Reasearch Bibliography. Westport, Conn., Greenwood Pr. 1993.

Zur Geschichte des Begriffs ‹Humor›

Wolfgang Schmidt-Hidding (Hg.), Humor und Witz. Europäische Schlüsselwörter. Wortvergleichende und wortgeschichtliche Studien. Bd. I. München, Max Hueber 1963.

Über das Lachen und den Humor

Thomas Hobbes, «Human Nature» (1650). In: Body, Man and Citizen. Hg. v. R. S. Peters. 2. Aufl. New York, Collier 1967.

Anthony Ashley Cooper, 3rd Earl of Shaftesbury, Sensus Communis: An Essay on the Freedom of Wit and Humour (1708). In: Characteristicks of Men, Manners, Opinions, Times. London 1711. Nachdruck Indianapolis/New York 1964.

Immanuel Kant, Kritik der Urteilskraft (1790). Hg. v. Karl Vorländer. Unveränd. Nachdr. der Ausg. v. 1924. Hamburg, Meiner 1954.

Jean Paul, Vorschule der Ästhetik (1804). In: Bd V. der Jean-Paul-Ausgabe des Carl Hanser Verlags. München, Hanser 1963.

William Hazlitt, «Of Wit and Humour» (1819). In: W. H., The Complete Works. Bd. 6. Centenary Ed. Hg. v. P. P. Howe. London, J. M. Dent 1931. S. 5–29.

Georg Wilhelm Friedrich Hegel, Ästhetik (Vorlesungen gehalten 1817 und 1818; erstmals gedruckt 1842). 2 Bde. Hg v. Friedrich Bassenge. Berlin, Aufbau-Verlag 1965.

Arthur Schopenhauer, Die Welt als Wille und Vorstellung (Bd. 1., 1818; Bd. 2, 1844). 2 Bde. Zürich, Diogenes 1977.

Friedrich Theodor Vischer, «Über das Erhabene und Komische» (1837). In: Über das Erhabene und Komische und andere Texte zur Ästhetik. Einl. v. Willi Oelmüller. Frankfurt a. M., Suhrkamp 1967.

Charles Darwin, The Expression of the Emotions in Man and Animals. London, Murray 1872.
Dt.: Ch. D., Der Ausdruck der Gemüthsbewegungen bei dem Menschen und den Thieren. Stuttgart, Schweizerbart'sche Verlagshandung 1872.

Julius Bahnsen, Das Tragische als Weltgesetz und der Humor als ästhetische Gestalt des Metaphysischen. Lauenburg, Ferley 1877.

Friedrich Nietzsche, «Herkunft des Komischen». In: Menschliches Allzumenschliches (1878). Viertes Hauptstück, Nr. 169. F. N., Sämtliche Werke. Hg. v. G. Colli u. M. Montinari. Bd. 2, München, dtv 1980. S. 157 f.

Herbert Spencer, «Physiology of Laughter». In: Macmillan's Magazine 1. S. 395. Wiederabdruck in: Essays, scientific, political and speculative. Bd. 2. New York 1891.

Theodor Lipps, Komik und Humor. Eine psychologisch-ästhetische Untersuchung. Leipzig, Voss 1898.

Henri Bergson, Le rire. Essai sur la signification du comique (1900). Dt.: Das Lachen. Zürich, Die Arche 1972.

Sigmund Freud, «Der Humor» (1927). In: Studienausgabe der Werke von S. F. Bd. IV. Frankfurt a.M., Fischer 1974. S. 277–282.

Ralph Piddington, The Psychology of Laughter. A Study in Social Adaption (1933). 2. Aufl. New York, Gamut Pr. 1968.

Joachim Ritter, «Über das Lachen» (1940). In: J. R., Subjektivität. Frankfurt a. M., Suhrkamp 1974.

Helmuth Plessner, «Lachen und Weinen. Eine Untersuchung der Grenzen menschlichen Verhaltens» (1941). In: H. P., Philosophische Anthropologie. Frankfurt a.M., Fischer 1970.

Albert Rapp, The Origins of Wit and Humor. New York 1951.

Edmund Bergler, Laughter and the Sense of Humor. New York, International Medical Book Corp. 1956.

Georgina Baum, Humor und Satire in der bürgerlichen Ästhetik. Zur Kritik ihres apologetischen Charakters. Berlin, Rütten & Loening 1959.

Michael Bachtin, Literatur und Karneval. Zur Romantheorie und Lachkultur. Aus dem Russ. übers. v. Alexander Kaempfe. München, Hanser 1969.

D. E. Berlyne, «Laughter, Humor, and Play». In: The Handbook of Social Psychology. Bd. 3. Hg. v. Gardner Lindzey und Elliott Aronson. 2. Aufl. Reading, Mass., Addison-Wesley 1969. S. 795–852.

Harvey Cox, Das Fest der Narren. Das Gelächter ist der Hoffnung letzte Waffe. Stuttgart, Kreuz-Verlag 1970.

Anton C. Zijderfeld, Humor und Gesellschaft. Eine Soziologie des Humors und des Lachens. Aus dem Niederländischen übers. v. Diethard Zils. Graz, Styria 1976 (Originalausg. 1971).

Jeffrey H. Goldstein u. Paul E. McGhee (Hgg.), The Psychology of Humor: Theoretical Perspectives and Empirical Issues. New York, Academic Pr. 1972.

Martin Grotjahn, Vom Sinn des Lachens. Psychoanalytische Betrachtungen über den Witz, das Komische und den Humor. München, Kindler 1974 (amerik. Original 1957).

A. J. Chapman u. H. C. Foot (Hgg.), Humour and Laughter: Theory, Research and Applications. London, Wiley 1976.

Raymond A. Moody, Lachen und Leiden. Über die heilende Kraft des Humors. Reinbek, Rowohlt 1979 (amerik. Original 1978).

Paul E. McGhee, Humor: Its Origin and Development. San Francisco: Freemann 1979.

Norman Norwood Holland, Laughing. A Psychology of Humor. Ithaca, New York, Cornell UP 1982.

Paul E. McGhee u. J. H. Goldstein (Hgg.), A Handbook of Humor Research. 2 Bde. New York, Springer 1983.

John D. Morreal (Hg.), Taking Laughter Seriously. Albany, New York, State Univ. Pr. 1983.

Dieter Hörhammer, Die Formation des literarischen Humors. Ein psychoanalytischer Beitrag zur bürgerlichen Subjektivität. München, Fink 1984.

Volker Klotz, Bürgerliches Lachtheater. Komödie, Posse, Schwank, Operette. München, dtv 1984.

Mahadev L. Apte, Humor and Laughter. An Anthropological Approach. Ithaca, Cornell UP 1985.

Renate Jurzik, Der Stoff des Lachens. Studien über Komik. Frankfurt a.M., Campus 1985.

Dietmar Kamper u. Christoph Wulf (Hgg.), Lachen – Gelächter – Lächeln. Reflexionen in drei Spiegeln. Frankfurt a.M., Syndikat 1986.

Wolfgang Iser, «Der Humor». In: W. I., Laurence Sternes «Tristram Shandy». München, Fink 1987. S. 133–150.

John D. Morreal (Hg.), The Philosophy of Laughter and Humour. Albany, New York, State Univ. Pr. 1987.

Michael Mulkay, On Humour. Its Nature and Its Place in Modern Society. Cambridge, Polity Pr. 1988.

Dietz-Rüdiger Moser, «Lachkultur des Mittelalters? Michael Bachtin und die Folgen seiner Theorie». In: Euphorion 84 (1990), S. 89–111.

Thomas Vogel (Hg.), Vom Lachen: einem Phänomen auf der Spur. Tübingen, Attempto Verlag 1992.

Arthur Asa Berger, An Anatomy of Humor. New Brunswick, N.J., Transaction Publ. 1993.

Keith Cameron, Humour and History. Bristol, Intellect books 1993.

Jerry Palmer, Taking Humour Seriously. London, Routledge 1994.

Lothar Fietz (Hg.), Semiotik, Rhetorik und Soziologie des Lachens. Vergleichende Studien zum Funktionswandel des Lachens vom Mittelalter zur Gegenwart (13. Blaubeurer Symposion). Tübingen, Niemeyer 1996.

Peter L. Berger, Redeeming Laughter. The Comic Dimensions of Human Experience. Berlin, de Gruyter 1997.

Jan Bremmer u. Herman Roodenburg (Hgg.), Kulturgeschichte des Humors von der Antike bis heute. Aus d. Engl. übers. v. Kai Brodersen. Darmstadt, Wissenschaftliche Buchgesellschaft 1999 (Originalausgabe 1997).

Charles R. Gruner, The Game of Humor: A Comprehensive Theory of Why We Laugh. New Brunswick, N. J., Transaction Publ. 1997.

Manfred Geier, Worüber kluge Menschen lachen: kleine Philosophie des Humors. Reinbek, Rowohlt 2001.

Jörg Räwel, Humor als Kommunikationsmedium. Konstanz, UVK-Verl. 2005.

Zur Komik

George Meredith, An Essay on Comedy and the Uses of the Comic Spirit (1897). Rev. ed. 1918. Neuausg. Ithaca, Cornell UP 1956.

Friedrich Georg Jünger, Über das Komische (1936). 3. Aufl. Frankfurt a.M., Vittorio Klostermann 1948.

Wolfgang Hirsch, Worüber lachen wir? Vom Geheimnis des Komischen. Heidelberg, Kemper Verlag 1963.

Elder Olson, The Theory of Comedy. Bloomington, Indiana UP 1968.

Morton Gurewitsch, Comedy. The Irrational Vision. Ithaca, Cornell UP 1975.

Karlheinz Stierle, «Komik der Handlung, Komik der Sprachhandlung, Komik der Komödie». In: K. St.: Text als Handlung. München, Fink 1975.

Wolfgang Preisendanz u. Rainer Warning (Hgg.), Das Komische. München 1976 (darin auch Stierles Aufsatz).

Reinhold Grimm u. Walter Hinck (Hgg.), Zwischen Satire und Utopie. Zur Komiktheorie und zur Geschichte der europäischen Komödie. Frankfurt a.M., Suhrkamp 1982.

Andras Horn, Das Komische im Spiegel der Literatur. Versuch einer systematischen Einführung. Würzburg, Königshausen & Neumann 1988.

Bernhard Greiner, Die Komödie. Eine theatralische Sendung: Grundlagen und Interpretationen. Tübingen, Francke 1992.

Zum Witz

Sigmund Freud, Der Witz und seine Beziehung zum Unbewußten. Leipzig, Deuticke 1905.

Milo Dor u. Reinhard Federmann, Der groteske Witz. München, Desch 1968.

Wolfgang Preisendanz, Über den Witz. Antrittsvorlesung. Konstanz 1970 (Konstanzer Universitätsreden 13).

Bernhard Marfurt, Textsorte Witz. Möglichkeiten einer sprachwissenschaftlichen Textsortenbestimmung. Tübingen, Niemeyer 1977.

Lutz Röhrich, Der Witz. Figuren, Formen und Funktionen. Stuttgart, Metzler 1977.

Christopher P. Wilson, Jokes. Form, Content, Use and Function. London, Academy Pr. 1979.

Otto F. Best, Der Witz als Erkenntniskraft und Formprinzip. Darmstadt, Wiss. Buchgesellschaft 1989.

Eike Christian Hirsch, Der Witzableiter oder Schule des Lachens. Überarb. Neuaufl. München, C. H. Beck 2001.

Wesenszüge des englischen Humors

Anthologien

The Albatross Book of English Humour. Leipzig, Albatross 1938.

The Oxford Book of Light Verse. Hg. v. W. H. Auden. Oxford, UP 1938.

Verse and Worse. A Private Collection by Arnold Silcock. London, Faber & Faber 1952.

The Annotated Mother Goose. With an Introduction and Notes by William S. Baring-Gould u. Ceil Baring-Gould. New York, Bramhall House 1962.

A Choice of Comic and Curious Verse. Hg. v. J. M.Cohen. London, Penguin 1975.

The Faber Book of Nonsense Verse with a Sprinkling of Nonsense Prose. Hg. v. Geoffrey Grigson. London, Faber & Faber 1979.

Ladies, Lords und Liederjane. Präsentiert von Henning Schlüter mit einem Essay von Philippe Jullian ‹Der exzentrische Engländer›. Dortmund, Harenberg 1981.

The New Oxford Book of Light Verse. Hg. v. Kingsley Amis. Oxford, UP 1987.

The Penguin Book of British Comic Writing. Hg. v. Patricia Craig. London, Penguin 1992.

The Oxford Book of Comic Verse. Hg. v. John Gross. Oxford, UP 1994.

Present Laughter. An Anthology of Modern Comic Fiction. Hg. v. Malcolm Bradbury. London, Weidenfeld & Nicolson 1994. (Enthält auch Texte nicht-britischer Autoren)

Zum englischen Humor allgemein

William Hazlitt, «Merry England» (1825). In: Uncollected Essays. The Complete Works. Centenary Ed. Bd. 17. Hg. v. P. P. Howe. London, J. M. Dent 1933. S. 152–162.

John Boynton Priestley, English Humour. London, Longmans 1929.

Sir Alan Herbert, The English Laugh. Presidential Address to The English Association 1950.

Harold Nicolson, The English Sense of Humour and Other Essays. London, Constable 1956.

John Bourke, Englischer Humor. Göttingen, Vandenhoeck & Ruprecht 1965.

George Mikes, English Humour for Beginners. London, André Deutsch 1980.

Learning English Humor I. anglistik & englischunterricht. Bd. 15. Trier 1981.

Learning English Humor II. anglistik & englischunterricht. Bd. 17. Trier 1982.

Günther Blaicher, Merry England. Zur Bedeutung und Funktion eines englischen Autostereotyps. Tübingen, Narr 2000.

Dietmar Markenke, Britischer Humor im interkulturellen Kontext. Diss. Univ. Braunschweig 2003 (vollständig im Internet).

Kate Fox, Watching the English. The Hidden Rules of English Behaviour. London, Hodder & Stoughton 2004.

Typische Merkmale

Bathos

Alexander Pope, «Peri Bathous, or Martinus Scriblerus His Treatise on the Art of Sinking» (1727). In: The Prose Works of Alexander Pope. Hg. v. Rosemary Cowler. Bd. II. Oxford, Basil Blackwell 1986, S. 171–276.

Matthew Arnold, Culture and Anarchy. An Essay in Political and Social Criticism. London, Smith, Elder & Co. 1869.

Understatement

R. Haferkorn, «Über das englische Understatement». In: Festschrift für H. M. Flasdieck. Hg. v. Wolfgang Iser u. Hans Schabram. Heidelberg, Winter 1960. S. 129–141.

Selbstironie

Pont (Graham Laidler), The British Character. Studied and Revealed. With an Introduction by E. M. Delafield. Leipzig u. a., Alabatross 1940.

Exzentrik

George Cheyne, The English Malady: or, a Treatise of Nervous Diseases of all Kinds, As Spleen, Vapours, Lowness of Spirits, Hypochondriacal, and Hysterical Distempers, &c. London 1733. Nachdruck Delmar, Scholar's Facsimiles and Reprints 1976.

Edith Sitwell, English Eccentrics. A Gallery of Weird and Wonderful Men and Women. London, Faber & Faber 1933.
> Dt.: Englische Exzentriker. Eine Galerie höchst merkwürdiger und bemerkenswerter Damen und Herren. Übers. v. Kyra Stromberg. Berlin, Wagenbach 1988.

Raymond Lamont-Brown, A Book of British Eccentrics. London, David & Charles 1984.

Sprachspiele

Annemarie Schöne, Englische Wortspiele und Sprachscherze. Bonn, Dümmler 1968.

Walter Redfern, Puns. Oxford, Blackwell 1984.

Jonathan Culler (Hg.), On Puns. The Foundation of Letters. Oxford, Blackwell 1988.

Richard J. Alexander, Aspects of Verbal Humor in English. Tübingen, Narr 1997.

Peter Koch, Th. Krefeld u. Wulf Oesterreicher (Hgg.), Das kleine Buch der Sprachwitze. München, C. H. Beck 1997.

Nonsens

Edward Lear, A Book of Nonsense (1846). Zusammen mit vier weiteren Büchern von 1871, 1872, 1877 und 1985 in: Edward Lear's Complete Nonsense. Introduced by Quentin Blake. London, Folio Society 1996.

Lewis Carroll, Alice's Adventures in Wonderland (1865). Through the Looking Glass and What Alice Found There (1872). Beide in: The Annotated Alice. With an Introduction and Notes by Martin Gardner. Rev. ed. Harmondsworth, Penguin 1970.

Edward Lear, Lewis Carroll and Others, A Book of Nonsense. Hg. v. Ernest Rhys. London, Everyman's Library 1927.

Annemarie Schöne, Englische Nonsense- und Gruselballaden. Göttingen, Vandenhoeck & Ruprecht 1970.

Dieter Petzold, Formen und Funktionen der englischen Nonsense- Dichtung im 19. Jahrhundert. Nürnberg 1972. (Erlanger Beiträge zur Sprach- und Kunstwissenschaft, 44).

Klaus Reichert, Lewis Carroll. Studien zum literarischen Unsinn. München, Hanser 1974.

Wim Tigges, An Anatomy of Literary Nonsense. Amsterdam, Rodopi 1988.

Jean-Jacques Lecercle, Philosophy of Nonsense. The Intuition of Victorian Nonsense Literature. London, Routledge 1994.

Noel Malcolm, The Origins of English Nonsense. London, HarperCollins 1997.

Schwarzer Humor

John O. Thompson (Hg.), Monty Python. Complete and Utter Theory of the Grotesque. London, BFI Publ. 1982.

Michael Hellenthal, Schwarzer Humor. Theorie und Definition. Essen, Die blaue Eule 1989.

Alan R. Pratt (Hg.), Black Humour. Critical Essays. New York, Garland 1993.

Lisa Colletta, Dark Humor and Social Satire in the Modern British Novel. New York, Palgrave Macmillan 2004.

Erotischer und obszöner Humor
a) Texte und Bilder:

Wit and Mirth; or, Pills to Purge Melancholy. Gesammelt von Thomas D'Urfey. 6 Bde. London 1719–20.

The Merry Muses of Caledonia (ca. 1800). Gesammelt von Robert Burns. Neuausgabe London, Panther Books 1965.

Merry Songs and Ballads Prior to the Year A.D. 1800. Hg. v. John S. Farmer. Einl. v. Gershon Legman. 5 Bde. New York, Cooper Square 1964.

The Amorous Illustrations of Thomas Rowlandson (ab 1812). Introduced by William G. Smith. London, Bibliophile Books 1983.

Bawdy Songs of the Early Music Hall. Selected and introduced by George Speaight. London, Pan Books 1975.

The Bawdy Beautiful. The Sphere Book of Improper Verse. Hg. v. Alan Bold. London, Sphere Books 1979.

b) Sekundärliteratur:

Peter Fryer, Mrs. Grundy: Studies in English Prudery. London, Dobson 1963.

Gershon Legman, The Horn Book. Studies in Erotic Folklore and Bibliography. New Hyde Park, New York, University Books 1964.

Ders., The Rationale of the Dirty Joke. An Analysis of Sexual Humor. 1. Teil. London, Jonathan Cape 1969. 2. Teil. No Laughing Matter. Wharton, Breaking Point 1975. 1.+ 2. Teil. London, Panther 1976. Dt.: G. L., Der unanständige Witz: Theorie und Praxis. Hamburg, Hoffmann u. Campe 1976.

Paul Ferris, Sex and the British. London, Michael Joseph 1993.

Geoffrey Hughes, Swearing: A Social History of Foul Language, Oaths and Profanity in English. London, Penguin 1998.

Limericks, Grabsprüche, D'Oyly Carte-Opern und Pantomimes

Gershon Legman, The Limerick. 1700 Examples with Notes and Index. London, Jupiter Books 1964.

Jürgen Dahl (Hg.), Limericks, Limericks. Frankfurt a.M., Fischer Taschenbuch 1967.

William S. Baring-Gould, The Lure of the Limerick. An Uninhibited History. London, Rupert Hart-Davis 1968. 2. erw. Aufl. 1974.

David M. Wilson, Awful Ends. The British Museum Book of Epitaphs. London, British Museum Press 1992.

Thomas Fredrick Dunhill, Sullivan's Comic Operas. A Critical Appreciation. Whitefish MT, Kessinger Publ. 2005.

Millie Taylor, British Pantomime Performance. Bristol, Intellect Books 2007.

John Bull

John Arbuthnot, The History of John Bull (1712). Moderner Nachdruck in Dodo Press, o. O. u. J.

Max O'Rell, John Bull and his Island. London, Leadenhall Pr. 1883.

Tamara L. Hunt, Defining John Bull. Political Caricature and National Identity in Late Georgian England. Aldershot, Ashgate Publ. 2003.

Zum Gentleman-Ideal

Philip Dormer Stanhope, Earl of Chesterfield, Letters Written by the Earl of Chesterfield to his Son Philip Stanhope (1774). Dt.: Briefe an seinen Sohn Philip Stanhope über die anstrengende Kunst ein Gentleman zu werden. Übers. v. I. Gellius. Ausgewählt, bearb. u. hg. v. Friedemann Berger. Leipzig u. Weimar, Gustav Kiepenheuer 1983. (Bibliothek des 18. Jahrhunderts).

Simon Raven, The English Gentleman. An Essay in Attitudes. London, Anthony Blond 1961.

Philip Mason, The English Gentleman. The Rise and Fall of an Ideal. London, André Deutsch 1982.

Zur Geschichte des englischen Humors

Nachschlagewerke und bibliographische Hilfsmittel

Steven H. Gale (Hg.), Encyclopedia of British Humorists. Geoffrey Chaucer to John Cleese. 2 Bde. New York, Garland 1996.

Don Lee Fred Nilsen, Humor in British Literature, from the Middle Ages to the Restoration: a Reference Guide. Westport, Conn., Greenwood Pr. 1997.

Ders., Humor in Eighteenth- and Nineteenth-Century British Literature: a Reference Guide. Westport, Conn., Greenwood Pr. 1998.

Ders., Humor in Twentieth-Century British Literature: A Reference Guide. Westport, Conn., Greenwood Pr. 2000.

Gesamtdarstellungen

Rev. A. G., L'Estrange, History of English Humour. With an Introduction upon Ancient Humour. 2 Bde. London 1878. Facsimilenachdruck New York, Burt Franklin o. J.

Louis Cazamian, The Development of English Humour. Durham, North Carolina, Duke Univ. Pr. 1952 (Teil I. bis zum Spätmittelalter erschien 1930; Teil II. bis zum frühen 18. Jh. 1952).

England – vorwiegend heiter. Kleine Literaturgeschichte des britischen Humors. Hg. v. E. G. Linfield und E. Larsen. Vorwort v. Erich Kästner. München, Bassermann 1962.

Allan Rodway, English Comedy. Its Role and Nature from Chaucer to the Present Day. London, Chatto & Windus 1975.

Claude Rawson (Hg.), English Satire and the Satiric Tradition. Oxford, Basil Blackwell 1984.

Manfred Pfister (Hg.), A History of English Laughter: Laughter from Beowulf to Beckett and Beyond. Amsterdam, Rodopi 2002.

Chaucer und Skelton

Arthur Ray Heiserman, Skelton and Satire. Chicago, Univ. of Chicago Pr. 1961.

Jean E. Jost (Hg.), Chaucer's Humor: Critical Essays. New York, Garland 1994.

Shakespeare

(Die umfangreichste Studie zu Shakespeares Humor findet sich in Cazamians Buch: The Development of English Humor)

Volker Schulz, Studien zum Komischen in Shakespeares Komödien. Darmstadt, Wiss. Buchgesellschaft 1971.

Michael Mangan, A Preface to Shakespeare's Comedies: 1594–1603. London, Longman 1996.

Darl Larsen, Monty Python, Shakespeare, and English Renaissance Drama. Jefferson, N. C., McFarland & Co. 2003.

Ekkehart Krippendorf, Shakespeares Komödien. Berlin, Kadmos Verlag 2007.

Restaurationszeit

Edward Ames Richards, Hudibras in the Burlesque Tradition. New York, Columbia UP 1932 (Nachdruck 1972).

Rose A. Zimbardo, Wycherley's Drama. A Link in the Development of English Satire. New Haven, Yale UP 1965.

Pope und Swift

Johann Norbert Schmidt, Satire: Swift und Pope. Stuttgart, Kohlhammer 1977 (Sprache und Literatur 101).

Wolfgang Weiß, Swift und die Satire des 18. Jahrhunderts. München, C. H. Beck 1992.

Humor im 18. Jahrhundert

William Hazlitt, Lectures on the English Comic Writers (1819). In: W. H., The Complete Works. Centenary Ed. Bd. 6. Hg. v. P. P. Howe. London 1931, S. 1–168.

William Makepeace Thackeray, The English Humorists of the Eighteenth Century: A Series of Lectures (1853). Hg. mit Einl. und Anmerkungen v. J. C. Castleman. London, Macmillan 1910.

Stuart M. Tave, The Amiable Humorist. A Study in the Comic Theory and Criticism of the Eighteenth and Early Nineteenth Centuries. Chicago, UP 1960.

Hogarth

a) Ausstellungskataloge:

William Hogarth 1697–1764. Ausstellungskatalog der Staatlichen Kunsthalle Berlin, Anabas-Verlag 1980.

William Hogarth. Der Kupferstich als moralische Schaubühne. Hg. v. Herwig Guratzsch. Stuttgart, Hatje 1987.

b) Sekundärliteratur:

Frederick Antal, Hogarth und seine Stellung in der europäischen Kunst. Dresden, Verlag der Kunst 1966 (engl. Original 1962).

Derek Jarrett, The Ingenious Mr. Hogarth. London, Joseph 1976.

Bernd W. Krysmanski, Hogarth's Enthusiasm Delineated. Eine Werkanalyse. Zugleich ein Einblick in das sarkastisch-aufgeklärte Denken eines «Künstlerrebellen» im englischen 18. Jahrhundert. 2 Bde. Hildesheim, Olms 1996.

Die goldene Zeit der englischen Karikatur
a) Ausstellungskataloge:

Thomas Rowlandson. Grazie, Galanterie, Groteske – englische Bildsatire zwischen Rokoko und Romantik. Mit einem Essay von Karl Janke. Ausstellungskatalog des Wilhelm-Busch-Museums Hannover 2001.

James Gillray. Meisterwerke der Karikatur. Hg. von der Wilhelm-Busch-Gesellschaft. Stuttgart, Hatje 1986.

George Cruikshank 1792–1878. Karikaturen zur englischen und europäischen Politik und Gesellschaft im ersten Viertel des 19. Jahrhunderts. Hg. von der Wilhelm-Busch-Gesellschaft. Stuttgart, Hatje 1983.

b) Sekundärliteratur:

M. Dorothy George, English Political Caricature 1793–1832. A Study of Opinion and Propaganda. Oxford, UP 1959.

The English Satirical Print 1600–1832. 7 Einzelbände. Hg. v. Michael Duffy. Cambridge: Chadwyck-Healey 1986.

– Verfasser und Titel der einzelnen Bände:

– H. T. Dickinson, Caricatures and the Constitution 1760–1832.

– John Brewer, The Common People and Politics 1750–1790s.

– Michael Duffy, The Englishman and the Foreigner.

– Paul Langford, Walpole and the Robinocracy.

– John Miller, Religion in the Popular Prints 1600–1832.

– J. A. Sharpe, Crime and the Law in English Satirical Prints 1600–1832.

– D. G. Thomas, The American Revolution.

Jürgen Döring, Eine Kunstgeschichte der frühen englischen Karikatur. Schriften zur Karikatur und kritischen Grafik. Bd. I. Hildesheim, Gerstenberg 1991.

Diana Donald, The Age of Caricature. Satirical Prints in the Reign of George III. New Haven, Yale UP 1996.

Dr. Johnson

James Boswell, Life of Johnson (1791). Hg. v. R. W. Chapman, rev. v. J. D. Fleeman mit neuer Einleitung von Pat Rogers. Oxford, UP 1980 (World's Classics).

Laurence Sterne

John M. Stedmond, The Comic Art of Laurence Sterne. Convention and Innovation in Tristram Shandy and A Sentimental Journey. Toronto, Univ. of Toronto Press 1967.

Melvyn New, Laurence Sterne as Satirist. A Reading of «Tristram Shandy». Gainesville, Univ. of Florida Press 1969.

Wolfgang Iser, Laurence Sternes «Tristram Shandy». Inszenierte Subjektivität. München, Fink 1987.

Jane Austen

John Odmark, An Understanding of Jane Austen's Novels. Character, Value and Ironic Perspective. Oxford, Blackwell 1981.

Jillian Heydt-Stevenson, Austen's Unbecoming Conjunctions: Subversive Laughter, Embodied History. New York, Palgrave-Macmillan 2005.

Dickens und Thackeray, viktorianischer Humor

Ulrich Broich, Ironie im Prosawerk W. M. Thackerays. Bonn, Bouvier 1958.

James R. Kincaid, Dickens and the Rhetoric of Laughter. Oxford, Clarendon Pr. 1971.

Michael Hollington, Dickens and the Grotesque. London, Croom Helm 1984.

Jennifer A. Wagner-Lawlor (Hg.), The Victorian Comic Spirit. New Perspectives. Aldershot, Ashgate 2000.

Snob und Dandy

William Makepeace Thackeray, The Book of Snobs (1848). Hg. v. John Sutherland. Hemel Hempstead, Prentice Hall 1978.

Ellen Moers, The Dandy. Brummell to Beerbohm. London, Secker & Warburg 1960.

Punch und die englische Karikatur bis heute

Ronald Searle, Hurrah for St. Trinian's! and other lapses. Vorwort von D. B. Wyndham Lewis. London, Macdonald 1948.

R. G. G. Price, A History of Punch. London, Collins 1957.

Michael Wynne Jones, The Cartoon History of Britain. London, Tom Stacey 1971.

Frank E. Huggett, Victorian England as Seen by Punch. London, Sidgwick & Jackson 1978.

The Punch Cartoon Album. 150 Years of Classic Cartoons. Hg. v. Amanda-Jane Doran. London, Grafton 1991.

Pick of Punch. Hg. v. David Thomas. London, Harper Collins 1992.

Oscar Wilde

Eike Schönfeld, Der deformierte Dandy. Oscar Wilde im Zerrspiegel der Parodie. Frankfurt a.M., Lang 1986.

George Bernard Shaw

Fred Mayne, The Wit and Satire of George Bernard Shaw. London, Edward Arnold 1967.

Charles A. Carpenter, Bernard Shaw and the Art of Destroying Ideals. Madison, Univ. of Wisconsin Pr. 1969.

David J. Gordon, Bernard Shaw and the Comic Sublime. Basingstoke, Macmillan 1990.

P. G. Wodehouse

George Mikes, «P. G. Wodehouse» in: Eight Humorists. London, Allan Wingate 1954.

Robert A. Hall, The Comic Style of P. G. Wodehouse. Hamden, Conn., Archon Books 1974.

James H. Heinemann u. Donald R. Benson (Hgg.), P. G. Wodehouse. A Centenary Celebration 1881–1981. London, OUP 1981.

Vom Empire zum Commonwealth

George Mikes, Eight Humorists. London, Allan Wyngate 1954. (Zu Charlie Chaplin, Stephen Leacock, Punch, Evelyn Waugh, Wodehouse u. a.).

Winston Churchill

James C. Humes, The Wit and Wisdom of Winston Churchill. A Treasury of More Than 1000 Quotations and Anecdotes. With a foreword by Richard M. Nixon. London, HarperCollins 1994.

Zum Humor der heutigen Engländer

Kate Fox, Watching the English. The Hidden Rules of English Behaviour. London, Hodder & Stoughton 2004.